U0908760

中国人才研究丛书

四川人才发展报告

(2019)

Report on Talent Development in Sichuan（2019）

王辉耀　主编

陈　涛　副主编

西南财经大学发展研究院
全球化智库（CCG）　编

社会科学文献出版社
SOCIAL SCIENCES ACADEMIC PRESS (CHINA)

《四川人才发展报告》
编　委　会

主要编撰者简介

王辉耀 博士，教授，博士生导师，国务院参事，西南财经大学发展研究院院长，全球化智库（CCG）理事长，中国国际人才专业委员会会长，中国人才研究会副会长，欧美同学会/中国留学人员联谊会副会长，商务部中国国际经济合作学会副会长，九三学社中央经济委员会副主任，中国华侨历史学会副会长，国务院侨办专家咨询委员会专家，北京市政协委员。曾任中国经贸部国际经济合作司官员，中组部国际人才竞争战略专题研究组组长，国家中长期人才发展规划纲要2010~2020起草组专家，还曾担任世界银行专家。担任北京市政府专家咨询委员会专家以及多家地方政府顾问，主持过国家多个部委课题研究，向中央和国家有关部委以及地方政府提交多项专题研究和政策性报告。此外，目前担任联合国国际移民组织（IOM）顾问、国际大都会（International Metropolis）国际执委会执委、杜克－昆山大学顾问委员会成员、耶鲁大学亚洲顾问委员会成员、加拿大毅伟（Ivey）商学院亚洲顾问委员会成员、巴黎和平论坛执委会成员、德国劳动力研究所（IZA）研究员、国际猎头协会（AESC）顾问等。

留学欧美，获得加拿大温莎大学工商管理硕士学位、在加拿大西安大略大学和英国曼彻斯特大学攻读博士研究生，获得国际管理博士学位，并在美国哈佛大学肯尼迪政府学院担任高级研究员和在布鲁金斯学会担任客座研究员。曾先后兼任北京大学、清华大学、中国政法大学、中国农业大学、西安交通大学、广东外语外贸大学、哈尔滨工业大学、首都经济贸易大学、华侨大学、加拿大西安大略大学等多所大学及研究机构的兼职教授或博士生导师。并多次为中央党校、国家行政学院和中国浦东干部学院等授课，现任清华大学全球胜任力委员会顾问。

在全球化战略、人才发展、企业国际化、智库研究、中美关系、国际商务、华人华侨和中国海归创新创业和智库等领域有丰富的研究，出版中英文著作70余部，并连续多年主编《国际人才蓝皮书－中国留学发展报告》、《企业国际化蓝皮书》、《国际人才蓝皮书－中国国际移民报告》、《国际人才蓝皮书——海外华侨华人专业人士报告》、《国际人才蓝皮书——中国区域人才竞争力报告》、《中国海归发展报告》、《世界华商发展报告》等，以及出版相关图书《大国智库》、《全球化VS逆全球化》、《大转向：谁将推动新一波全球化》、《那三届》、《人才战争》、《人才战争2.0》、《人才成长路线图》、《著名专家论人才创新——中国人才50人论坛文集》、《新加坡的人才战略与实践》、《国际人才战略文集》、《国际人才竞争战略》、《国际猎头与人才战争》、《国家战略——人才改变世界》、《当代中国海归》、《百年海归 创新中国》、《移民潮，中国怎样留住人才》、《技术移民法立法与引进海外人才》、《哈佛肯尼迪政府学院精英课》，以及英文图书 *China's Domestic and International Migration Development*; *Entrepreneurship and Talent Management from a Global Perspective*: *Global Returnees*; *Reverse Migration in Contemporary China*; *Globalizing China*: *The Influence*, *Strategies and Successes of Chinese Returnees* 等。

陈　涛　博士，副教授，博士后，西南财经大学发展研究院副院长。获得厦门大学教育研究院高等教育学博士学位，读博期间受国家留学基金委（CSC）资助，赴比利时荷语鲁汶天主教大学（KUL）教育与社会实验室进行为期一年的联合培养博士学习。博士论文荣获中国高等教育学会第12届优秀博士论文奖，该奖项是相关学科领域同行评议的最高荣誉。电子科技大学经济与管理学院从事人力资源管理、创新创业博士后研究。

在教育人才资源开发、教育经济政策分析、高等教育基本理论等研究领域，以独立或第一作者身份公开在《教育研究》、《北京大学教育评论》、《高等教育研究》、《比较教育研究》、《复旦教育论坛》等学科权威刊物发表论文20余篇，其中部分文章被《新华文摘》、《人大复印资料》

全文转载；主持或主研多项国家社科基金、教育部人文社科基金、中央高校科研基金及横向委托课题等；合著和参与编写《四川人才发展报告》《中国区域国际人才竞争力报告》《中国留学发展报告》等多部智库研究成果。

西南财经大学发展研究院简介

西南财经大学发展研究院（Institute of Development Studies）成立于2009年9月12日，是西南财经大学四个学术特区之一。发展研究院是一家以服务国家、行业和地方的发展需要为己任的新型高校智库机构，着力研究经济社会发展中具有全局性、战略性、前瞻性的重大理论和实践问题，聚焦人才发展、绿色发展、城乡发展和教育发展，不断增强西南财经大学服务社会的能力。

发展研究院由国务院参事、欧美同学会副会长、全球化智库（CCG）理事长/主任王辉耀担任院长，第一任院长、著名经济学家李晓西教授现担任名誉院长，著名经济学家张卓元教授、刘诗白教授为学术委员会主席，著名经济学家厉以宁教授等知名专家为学术顾问，卢中原、刘伟等一批著名专家学者为学术委员。发展研究院与经济学院共同建设发展经济学博士点和硕士点，于2014年开始联合招收硕士生和博士生；设有研究机构“西南财经大学绿色经济与经济可持续发展研究基地”。

发展研究院成立10年来，秉承“经世济民，孜孜以求”的西财精神，坚持“以项目为基础，以成果为导向，以科研为主体，以合作为关键”的协同创新发展模式，精心策划，协调组织，积极开拓，搭建了“金帝雅论坛”“都江堰国际论坛”“中国人才五十人论坛”“西部人才论坛”“发展与展望论坛”等一系列高层次交流平台，编制了《中国绿色发展指数报告》《中国经济形势分析与预测（季度报告）》《中国绿色金融报告》《人类绿色发展报告》《四川人才发展报告》《中国区域国际人才竞争力报告》《中国留学发展报告》《中国国际移民报告》《中国企业全球化报告》等一系列高水平研究成果，有效提升了西南财经大学在国内外相关领域的社会影响力。

全球化智库（CCG）简介

以全球视野，为中国建言；以中国智慧，为全球献策

全球化智库（CCG），中国领先的国际化社会智库，成立于2008年，总部位于北京，在国内外有十余个分支机构和海外代表，目前拥有全职智库研究和专业人员百余人，致力于全球化、全球治理、国际关系、人才国际化和企业国际化等领域的研究。

CCG是中联部“一带一路”智库联盟理事单位、财政部“美国研究智库联盟”创始理事单位，拥有国家颁发的博士后科研工作站资质，是中央人才工作协调小组全国人才理论研究基地、人社部中国人才研究会中国国际人才专业委员会所在地。CCG也是被联合国授予“特别咨商地位”唯一的中国智库。

CCG成立十年来，已发展成为中国推动全球化的重要智库。在全球最具影响力的美国宾夕法尼亚大学《全球智库报告2018》中，CCG再次跻身全球顶级智库百强榜并排名第94位，是首个进入世界百强的中国社会智库，在国内外多个权威智库排行榜单中均被评为中国社会智库第一。

摘要

党的十九大以来，在习近平新时代中国特色社会主义思想的指引下，四川人才发展及其工作再创佳绩。为了继续反映四川人才发展新情况、新特征，呈现四川人才发展的新理念、新实践和新成效，发现并探究发展过程中出现的新变化、新问题和新挑战，我们组织编写了《四川人才发展报告(2019)》。全书由总报告、管理实践、政策研究、行业发展、专题分析和社会调查六部分构成。

总报告首次提出四川人才强省战略将迈入3.0时代。加快升级人才治理体系，全面提升人才治理能力现代化水平，已成为新时代四川人才发展及其工作的核心课题。总报告系统梳理了新阶段四川人才工作取得的主要成效；从人才体制改革、人才政策创新、人才工程实施、人才平台建设和人才服务保障五个方面分析了新时期四川人才治理体系的路径探索。同时，总报告指出了新形势下四川人才治理面临的新挑战，在借鉴京津冀协同发展和粤港澳大湾区建设中区域人才治理经验基础上，提出新时代四川人才治理现代化发展策略：一是树立全域创新开放协调的人才治理现代化基本理念；二是构建融入国家重大战略的人才治理现代化发展思路；三是提供引领西部放眼全球的人才治理现代化建议方案。

管理实践篇包括两个部分，这两项研究均来自成都市委组织部近年来在成都人才发展工作方面的优秀管理经验。一是以人力资源协同发展为理念，紧密围绕“人力资源协同是什么”、“为什么要推动人力资源协同”、“怎么看成都人力资源协同现状”和“推动人力资源协同需要做什么”四个问题，系统分析了人力资源协同的内涵特征、现实意义、成都实践以及路径提升；二是聚焦成都66个主导产业功能区的人才集聚问题，系统梳理国内外成熟经验，并在此基础上归纳出五点规律认识，结合成都人才发展具体情况，提出了加速产业功能区人才集聚的总体思路和五项建议。

政策研究篇包括三个部分，一是通过将四川与广东、江苏、浙江、山东和河南五个 GDP 大省的人才实力及人才政策进行比较，指出四川人才政策的优势、不足及对策建议；二是聚焦近年来四川人才国际化建设现状及其人才政策创新，并通过问卷调查分析了四川人才国际化的政策认知、发展环境和安居状况，进而对存在的问题提出相应的政策建议；三是对近年来四川省人才政策进行综合分析，其中人才引育政策效果明显，但同时也指出政策制定时应重点关注人才分布的均衡性、人才引进后的培育和保留等关键性问题。

行业发展篇包括四个部分，一是抓住新一轮西部大开发的历史性机遇，重新审视国际型金融人才的特征与标准，从政府、产业和高校三方出发，探究国际型金融人才培养模式，致力于推动西部地区经济转型升级；二是从世界范围看中国城市金融人才发展现状及其人力资源的重要作用，着重把成都与国内主要金融城市进行对比评价，进而为四川金融人才发展提出若干建议；三是以四川省科技人才为研究对象，梳理了四川科技人才发展现状与人才发展战略，分析了发展过程中存在的主要问题，并从补足短板和发挥优势两个方面提出相应的策略；四是全面回顾近十多年来中国国际游客发展特征，以成都为典型案例城市，分析了成都旅游发展现状及优势，借助其入境旅游发展经验思考国际人才引进与培养问题。

专题分析篇包括四个部分，一是通过构建城市人才环境竞争力指标体系，对包括成都在内的 18 个城市的人才环境竞争力进行了量化综合评价，进而提出了聚焦成都人才环境问题及其优化路径；二是分析了新形势下四川人才供给侧改革的新要求，以及改革的主要做法和成效，并对存在的主要问题提出了具体的建议；三是以四川省民族地区公务员队伍为研究对象，通过问卷调查和实地调研，分析了四川民族地区公务员发展现状及存在的主要问题，并着眼于长效发展提出了应对之策；四是围绕成都天府新区人才发展现状，通过 SWOT 分析法梳理了人才发展的内外部环境和优劣势，并结合

“一干多支”战略布局提出了人才协同发展的路径与模式。

社会调查篇包括四个部分，一是以四川大学国际课程周（UIP）为例，根据国际化人才核心素质，对四川大学本科人才国际化素质培养进行了实证调查，提出充分利用暑期学校和完善人才培养措施的建议，旨在为“双一流”大学本科国际化人才培养提供经验；二是从四川新型职业农民需求出发，围绕财政支持问题展开研究，通过分析职业农民培育现状中的困境和问题，提出了相应的财政支持体系和对接机制；三是通过实证调查，分析四川在校大学生创业意愿和创业能力，发现在校大学生创业意愿与创业能力不匹配，为此提出要根据不同类型高校及学生特点开发具有针对性的创业教育课程；四是基于四川省高校毕业生就业质量报告文本，对 2018 届四川省高校研究生就业情况及特点进行分析，集中围绕教育理念、专业设置、培养目标和模式以及就业指导等问题展开了讨论和思考。

序　言

人才是立国之本、兴国之源，是支撑社会发展的第一资源、是实现民族振兴、赢得国际竞争主动的战略资源。党的十九大以来，中国特色社会主义已全面进入新时代，在习近平新时代中国特色社会主义思想指引下，坚持党管人才，聚天下人才而用之，加快人力资源强国的建设，实施创新发展战略，推动我国由人力资源大国向人力资源强国转变，实现中华民族伟大复兴的必然选择。

四川人才发展及其工作始终坚持党管人才原则，把人才作为产业转型升级的核心力量，作为四川经济社会发展的基础性、战略性资源，以敢为天下先的气度不断推进人事人才体制机制改革和政策创新，紧扣治蜀兴川方略谋篇布局，将人才协同发展纳入四川区域协同发展的战略规划，突出“高精尖缺”人才导向，重点实施省“千人计划”“天府万人计划”“创新创业人才支持计划”“科技副职选派计划”等重大人才工程，积极探索区域协同发展的政策与规划，推出川南经济区、川东北经济区、攀西经济区和川西北生态示范区人才协同发展支持政策，形成区域人才发展“一盘棋”思想，促进人才政策共创共建共享，实现区域内人才协同发展，营造开放、包容、和谐、有序的人才环境。

该报告是由本人主编，西南财经大学发展研究院、全球化智库（CCG）研究人员联合编写完成，这也是继 2017 年、2018 年后连续三年推出的聚焦四川人才发展的智库研究成果。报告分为六个部分，包括总报告、管理实践、政策研究、行业发展、专题分析和社会调查，共 18 篇，汇集了成都市委组织部/人才办、中国科学院成都文献情报中心、中国科学院科技战略咨询研究院、四川省社会科学院、四川省发展与改革研究所、四川大学、四川师范大学、西南财经大学、全球化智库（CCG）、深圳前海中铁资产管理有限公司等十余所单位的研究成果。特别是成都市委组织部部长、成都市人才工作领导小组组长胡元坤，成都市委组织部副部长、成都市人才办主任彭崇实欣然接受我们的约稿，对本报告的研究工作给予了大力支持。这里，非常感谢成都市委组织部人才处处长、市人才办副主任阳夷对报告研究工作的帮助。

2019 年，我们聚焦四川现代人才治理体系，总报告提出四川人才强省已经迈入 3.0 时代，加快升级人才治理体系，全面提升人才治理能力现代化水平，积极构建全域、创新、开放、协调的人才发展理念及相应的落地机制，已成为新时代四川人才发展及工作的核心课题。报告整体选题内容丰富，理论、政策和实践兼有，具有较高的学术和现实价值，希冀为四川人才发展及其工作乃至西部人才高地建设，提供决策建议与智力支持。

高校作为高层次人才培养的摇篮，肩负着向劳动力市场输送高层次创新人才的重要任务，是人才第一资源、科技第一生产力及创新第一动力的重要结合点，对社会的经济与发展将产生重要的意义。当前，西南财经大学正站在“双一流”大学建设的新起点，迈上了加快建设国际知名财经特色鲜明高水平研究型大学的新征程，学校秉承人才强校、人才兴校的战略理念，积极面向海内外广揽优秀人才，继续为国家与地方培养一流财经人才。

本报告的出版，恰逢中华人民共和国成立 70 周年，也是西南财经大学发展研究院建院 10 周年。衷心感谢四川地方政府领导的指导和帮助，感谢赵德武书记、卓志校长、史代敏副校长等学校领导的关爱和支持，感谢长期参与和关注《四川人才发展报告》的专家、学者、研究人员以及各界朋友。我们将不忘初心、不负众望，努力把《四川人才发展报告》办成地方智库研究品牌，为四川人才发展及其工作贡献“西财智慧”。

西南财经大学发展研究院院长
全球化智库（CCG）理事长
欧美同学会/中国留学人员联谊会副会长
中国人才研究会副会长
王辉耀教授

目　录

Ⅰ　总报告

Ⅱ　管理实践

Ⅲ　政策研究

Ⅳ 行业发展

Ⅴ 专题分析

Ⅵ 社会调查

总 报 告

General Report

B.1

四川人才强省迈入3.0时代：纵深推进现代人才治理体系引领全域创新开放协调发展

王辉耀　陈　涛　吴　戈*

摘　要：党的十九以来，四川人才工作成效显著，人才强省战略不断升级，已迈入3.0时代，全面提升人才治理能力现代化水平成为新时代四川人才发展及工作的核心课题。近年来，四川省委、省政府坚定落实党管人才原则，在人才体制改革、人才政策创新、人才工程实施、人才平台建设和人才保障服务五个方面，形成了新时期四川人才治理体系及基本路径。与

* 王辉耀，博士，教授，博士生导师，国务院参事，西南财经大学发展研究院院长，全球化智库（CCG）理事长，中国人才研究会副会长，欧美同学会副会长，主要从事人才发展与全球化研究；陈涛，博士，博士后，副教授，西南财经大学发展研究院副院长，主要从事高等教育与人才发展研究；吴戈，博士，西南财经大学发展研究院讲师，主要从事管理科学与人才发展研究。

此同时，新形势下四川人才治理仍然面临诸多新的挑战。为了应对这些挑战，本研究以京津冀协同发展和粤港澳大湾区建设中区域人才治理经验为参照，提出了新时代四川人才治理现代化发展策略：一是树立全域创新开放协调的人才治理现代化基本理念；二是构建融入国家重大战略的人才治理现代化发展思路；三是提供引领西部放眼全球的人才治理现代化建议方案。

关键词：　四川人才强省战略　3.0 时代　治理能力现代化　全域创新开放协调

四川省委、省政府高度重视党中央关于人才发展的指示和精神。2010年10月，根据《国家中长期人才发展规划纲要（2010～2020年）》，围绕四川省经济社会发展的总体部署，四川省委、省政府制定了《四川省中长期人才发展规划纲要（2010～2020年）》，这一指导性文件标志着四川人才强省战略开始步入1.0时代，旨在形成西部人才高地的系列支撑节点。党的十八大以来，以习近平同志为核心的党中央高瞻远瞩、奋发有为，深刻洞察国内外发展大势，做出了实施创新驱动发展战略的重大部署。同时，习近平总书记在百余次不同场合和会议上强调人才发展的重要性以及人才与创新的关系，并明确指出“人才是创新的根基，是创新的核心要素。创新驱动实质上是人才驱动”。习近平总书记的这一重要论断，指明了人才发展是创新驱动发展的突破口和着力点。2016年3月，党中央颁布《关于深化人才发展体制机制改革的意见》，着力破除体制机制障碍，加快推进人才引育留用等关键环节改革。同年7月，四川省委、省政府认真贯彻党中央精神，发布《关于深化人才发展体制机制改革　促进全面创新改革驱动转型发展的实施意见》，该文件堪称四川史上最强“人才新政”。从中央到地方的全面发力，意味着四川人才强省战略进入2.0时代，旨在形成人才发展治理体系，全面支撑四川社会经济发展。

2017年10月，党的十九大胜利召开。这是我们党在全面建成小康社会决胜阶段、中国特色社会主义进入新时代的关键时期召开的一次重要会议。习近平总书记在报告中指出："人才是实现民族振兴、赢得国际竞争主动的战略资源。"据统计，整个报告提到"人才"的地方多达14处，涉及党政人才、科技人才、教育人才、医疗卫生人才、文化人才、企业家人才、技能人才、青年人才和军事人才等。① 显然，人才强国战略在一系列强国战略中居于重要位置，它既是有效实施其他强国战略的基础，也是积极应对国际激烈竞争和解决国内发展难题的保障。在这一思想的指引下，四川省委、省政府继续深入落实人才强省战略，近年来着力在体制改革、政策创新、工程实施、平台建设和保障服务五个方面系统构建人才治理体系，有效应对东部地区及一线和同类城市"人才争夺战"，积极释放人才政策红利，努力做到不仅能"引进来"，关键还能"留得住、用得好"，这对四川人才治理水平提出了新的更高要求。显然，四川人才强省战略将迈入3.0时代。加快升级人才治理体系，全面提升人才治理能力现代化水平，已成为新时代四川人才发展及工作的核心课题，这将为推动治蜀兴川再上新台阶提供新思路。

一　新阶段四川人才工作取得的主要成效

（一）人才规模持续增长

近年来，四川人才总量快速增长，人才素质不断提升。截至2017年底，四川人才资源总量达到715.54万人，比2012年增长30.7%。其中，高级专业技术人员、高技能人才较2012年分别增长88.5%和64.8%；两院院士59人，获中国绿卡的外国专家数和留学回国人员，分别较2012年增长122%

① 何宪：《人才工作的新定位新要求新任务——学习十九大报告关于人才工作论述体会》，《中国组织人事报》2017年11月10日，第6版。

和248%；[①] 通过四川“千人计划”支持引进1008名高端人才和92个创新创业团队；入选国家“千人计划”“万人计划”分别达到296人和110人，均居西部第一。[②] 仅2016～2018年，四川入选长江学者34人，国家杰出青年13人；入选近三批次国家“千人计划”120人，国家“万人计划”112人。[③] 其中，除国家“千人计划”以电子科技大学入选最多外，其他均以四川大学为主。此外，川报全媒体集群大数据工作室联合猎聘网针对四川省中高端人才流动情况做出专题大数据分析后发现，四川省中高端人才呈现年轻化趋势，25～35岁占67.28%。从学历层次上看，60.02%为本科，高中及以下学历仅占0.79%。显然，四川人才规模呈现高学历和精英增长态势。

（二）人才引进卓有成效

1. 汇聚国内国外高端人才

西南财经大学发展研究院和全球化智库（CCG）联合发布的《中国区域国际人才竞争力报告（2017）》数据显示，2011～2015年来川的境外专家逐年递增，由2011年的8947人次增长到2015年的11607人次（目前，这一数值已达到每年1.2万人次）。“十二五”时期，来川工作交流的各类境外专家共50885人次，相较“十一五”时期增长78%，位居中西部第一。其中，依托国家和四川省各类引进外国技术、管理人才专项，资助高校、科研院（所）、企事业单位共实施引智专项项目706项，引进急需紧缺境外高层次专家8300余人次；建立国家级引智基地和示范单位6个、国家级学科创新引智基地13个、省级引智基地和示范单位24个。2015年，四川省外专局组织实施的引智项目多达551个，资助用人单位引进外国专家2100余人次，有2名外国专家入选国家“千人计划”外专项目，获国家外专局批

---

① 黄名扬：《四川人才资源总量达715万人》，http：//www.nbd.com.cn/articles/2018－09－07/1252905.html，2018年9月7日。

② 林凌：《217名专家20个团队入选“千人计划”》，《四川日报》2018年4月9日，第1版。

③ 根据各年份长江学者、国家杰青、国家“千人计划”“万人计划”入选名单统计。

准的高端和重点引智项目36项，引进高端专家69人，新增创新引智基地3个。① 2017年4月，自实行外国人来川工作许可改革以来，四川省已有326人被认定为外籍高层次人才，签发外籍华人长期签证和居留许可124件，签发外国人工作类居留许可6031件。② 截至2018年底，共有25位外国专家被授予“天府友谊奖”，③ 以表彰他们为积极促进四川对外交流和友好合作做出的重要贡献。

2017年，四川“千人计划”共引进217名海内外高端人才（创业领军人才29名，创新领军人才长期项目45名，创新领军人才短期项目24名，青年人才101名，专项引进18名）和20个创新创业团队（创新团队8个，创业团队12个，共聚集高端人才138人）。在217名引进人才中，包括海外院士2名、国家“千人计划”入选者47名（含外省入选后来川16人）、长江学者4名。从学历层次来看，94.5%的人才具有国内外知名高校博士学位，47.9%的人才具有博士后工作经历。从所属单位来看，有65%为高校和科研院所科技人才，有35%为企业类人才。从产业类型来看，有75.5%属于电子信息、生物医药、新能源新材料及装备制造类领域，20个入选团队均在新兴产业领域，共聚集高端人才138人，④ 体现了四川省在人才引进和选拔中向产学研紧密结合，向全面创新改革重点区域，向“双一流”高校建设发展集聚。

2. 留学人员归蜀趋势明显

留学人才是我国人才资源的重要组成部分，随着中国经济社会的快速发展和国际影响力的不断提升，留学生回国发展逐渐成为一大潮流，高层次人才回流趋势愈发明显。教育部数据显示，2017年我国留学人员回国人数达到48.09万人，其中获得硕、博研究生学历及博士后出站人员22.74万人。1978～2017年四十年间，累计313.2万名留学生在完成学业后选择回国发

① 王辉耀：《中国区域国际人才竞争力报告（2017）》，社会科学文献出版社，第164～165页。

② 朱虹：《四川实施外国人来华工作许可制度，完善永久居留申报渠道》，人民网，http://sc.people.com.cn/n2/2018/0524/c345167-31623033.html，2018年5月24日。

③ 刘春华：《5名外国专家被授予“天府友谊奖”》，《四川日报》2018年9月9日，第2版。

④ 林凌：《从数字看省“千人计划”评选背后》，《四川日报》2018年4月9日，第5版。

展，占到已完成学业留学生人数的83.73%，[①] 归国留学生正成为我国国际化人才队伍的重要组成部分。

根据全球化智库（CCG）发布的《2018年中国海归就业创业调查报告》，多数海归回国后首先去往生源地城市，其次是考虑各城市经济发展程度从优选择。从海归群体的现居住地来看，北京、上海和广东等东部省市是其选择区域发展的重点目标，三地海归群体迁入数量分别占海归群体总量的12%、8%和6%，即在假设生源地为北京、上海和广东的海归群体回国后均未发生迁移的基础上，有额外12%、8%和6%的其他生源地海归群体迁移到这三个省市。相比而言，东北地区和中西部地区人才流失较为严重。就四川省而言，海归群体生源地占比约为4%，位居全国第八。而现居住地在四川的海归占比约为5%，仅次于北京、广东、上海、山东和江苏，意味着在假设生源地为四川的海归群体回国后仍在四川工作的基础上，有额外1%的其他生源地海归流入四川省。在发生海归迁移的省份中，四川省的这一流入比重与浙江、江苏和陕西一致，共同排在第四位，仅次于北京（13%）、上海（8%）和广东（7%），是唯一属于流入省份的西部省份（见图1）。据相关统计，2009年以来，四川省留学生回国人数年均增速超过40%，四川省留学人员服务中心办理海外学历学位认证的人数累计达到1.7万人，年均增幅25%以上。[②] 与此同时，归国留学生的引入还直接促进了四川省创新创业浪潮。2017年，在122个众创空间和64个国家备案众创空间中，由留学归国人员创业的个数分别达到185个和148个。[③] 在成都、绵阳高新区建成的留学人员创业园中，有880多名留学回国人才共创办企业500多家，推动四川省高新技术产业的升级转型。[④]

① 全球化智库（CCG）：《2018年中国海归就业创业调查报告》，2018年12月。

② 黄名扬：《四川人才资源总量达715万人》，每经网，http://www.nbd.com.cn/articles/2018-09-07/1252905.html，2018年9月7日。

③ 四川省科技统计中心：《2017年四川省科技企业孵化器/众创空间统计调查简报》，2018年12月10日。

④ 唐千惠、易陟：《五年来四川技能人才增加130万人，到2020年技能人才总量达1000万人》，《四川经济日报》2017年9月30日，第1版。

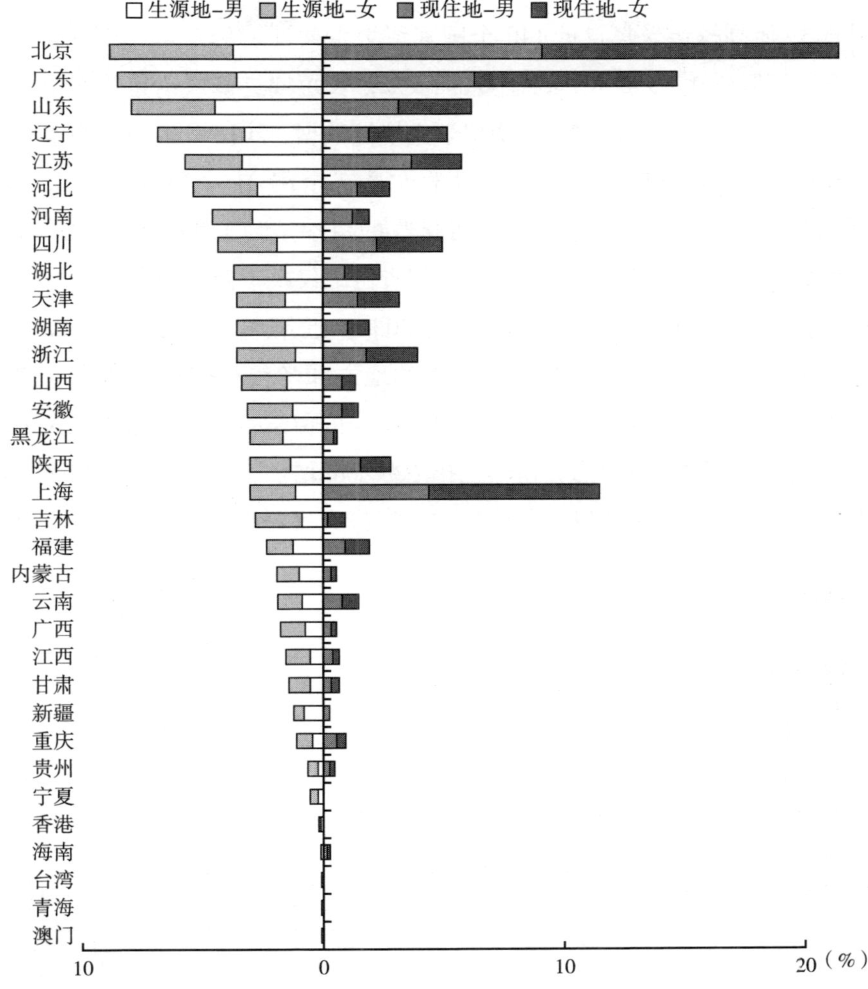

图1 海归群体生源地与现住地对比

资料来源：全球化智库《2018年中国海归就业创业调查报告》，2018年12月。

3. “留学四川”国际品牌显现

在经济全球化进程中，国际人才流动推动着留学教育的兴起。随着我国“一带一路”倡议的持续推进，四川省内城市国际化程度不断加深，外国留学生交流频繁。“留学四川”计划的实施，广泛吸引了全球优秀青年来川留学，他们将成为四川国际人才的后备力量。据四川省教育厅统计，2017 年四川省 39 所高校接受来自近 140 个国家留学生共计 11982 人，其中接受学历教育的国际学生 6556 人，占总数的 55%；长短期进修或语言生 5426 人，占总数的 45%。[①] 根据教育部来华留学生统计数据，2018 年共有来自 196 个国家和地区的 492185 名各类外国留学人员在全国 31 个省（区、市）的 1004 所高等院校学习，其中由四川省接收的留学生为 13990 名，占总人数的 2.84%，[②] 位居全国第十二名，在西部省份中仅次于云南和广西。与 2016 年相比，四川省来华留学生人数增长近 30%。近年来，四川省通过设立外国留学生政府奖学金政策，鼓励有条件的地方和学校相应设立留学生奖学金，逐步形成政府主导、学校支持、社会参与的留学生奖学金体系，大大增强了对外国留学生的吸引力，留学生招生数不断增加，全面优化学校来华留学生结构，来华留学事业发展总体呈现良好势头（见图 2）。

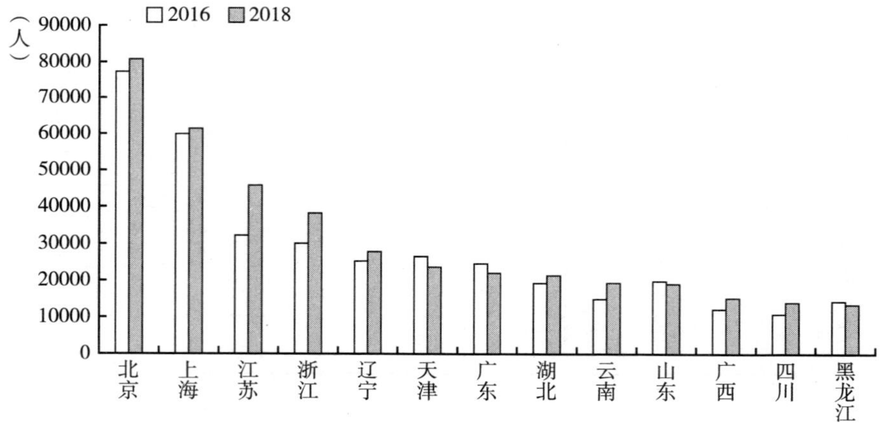

图 2　2016 年和 2018 年部分省份来华留学生人数

资料来源：《2016 年来华留学统计》、《2018 年来华留学统计》。

---

① 陈淋、习淑祎：《到 2020 年，四川力争在川留学生当年人数超 1.5 万人》，四川新闻网，http://scnews.newssc.org/system/20180524/000879406.html，2018 年 5 月 24 日。

② 教育部：《2018 年来华留学统计》，http://www.moe.gov.cn/jyb_xwfb/gzdt_gzdt/s5987/201904/t20190412_377692.html，2019 年 4 月 12 日。

以四川大学为例，2011～2017年，该校留学生总人数年均增长11.6%。截至2017年底，来华留学生人数达到3421人，其中学历生1857人，占留学生人数的54.3%，大多数学历生主要攻读本科学位，硕博研究生在学历生中的比重约为30%。通过“一带一路”来华留学生奖学金项目来校的留学生为682人，占比为19.9%。在最新的2019年大学国际化发展水平排名中，四川大学以2.75%的留学生比例指标，即统计年度学校学历留学生数占在校生（本科生、硕士生、博士生）总数比例，居学生国际化排名第95位。[①] 显然，这一数据充分体现四川大学在“留学四川”的良好环境下，形成较高的国际声誉和较强的国际化办学实力（见表1）。

表1　四川大学2011～2017年来华留学生人数

单位：人

年份	本科生	硕士生	博士生	其他类型长期生	短期生	留学生总数
2011	543	132	33	729	340	1777
2012	591	153	44	643	525	1956
2013	665	159	52	783	487	2146
2014	793	168	70	766	510	2307
2015	904	161	85	816	744	2710
2016	958	278	129	973	812	3150
2017	1857			1564		3421

资料来源：2011～2016年数据来自晏世经著《开拓创新，深化改革，全面提升四川大学来华留学生教育质量》，《世界教育信息》2016年第24期，第26～28页。2017年数据来自四川大学官网。

（三）人才培养成果丰硕

1. 高层次本土育才落地

为适应推动四川高质量发展需求，加快培养造就一支转型发展、创新发展、跨越发展急需的紧缺的高层次人才队伍，提升本土人才队伍核心竞争力，四川省启动“天府万人计划”。2018年，首批有245名本土优秀人才入

① 《四川大学2019年学生国际化排名概述》，千栀网，https://www.zjut.cc/article－39364－10610.html，2019年3月9日。

选“天府万人计划”（含15名原院士培养工程入选者自然纳入天府杰出科学家项目），享受资金资助、团队建设、项目支持、成果转化等11项支持政策，其中168名高层次人才入选国家“万人计划”。[①] 2019年，还会遴选支持230名左右本土高层次人才。

2. 技能型成才氛围渐浓

四川省委省政府积极推进“技能四川”建设，打造享誉全国的“天府工程”，培养庞大的“技能川军”，为构建现代产业体系和推进四川高质量发展提供坚实有力的技能人才支撑。从四川省人社厅获悉，截至2016年底，四川省技能人才达到680万人，比2012年增加130万人，增幅达23.6%，其中，高技能人才110万人。[②] 同时，近年来四川技工教育得到逐步完善。2017年四川省建有技工学校84所，较2016年新增3所；毕业生达到32730人，增幅为8.6%；在校生达113961人，增幅为6.8%；教职工达10775人；共培训社会人员达127922人，较2016年新增10589人，其中培训失业人员7561人，培训农村劳动者29794人（见图3）。

目前，四川大力推行终身职业技能培训制度，全面推行企业新型学徒制，持续开展高校毕业生、新生代农民工等重点培训行动计划，创新职业培训模式，实施重点培训项目。2017年，四川省共设职工技术培训学校133所，毕业生达294766人；农村成人文化技术培训学校（机构）4021所，毕业生达2041531人；其他培训机构332所，毕业生达154535人。[③] 此外，截至2016年，四川省建有专家服务基地33个、继续教育基地133个、高技能人才培训基地63个、技能大师工作室63个、职业技能鉴定机构703个，高技能人才年增长量从6.2万人上升至16万人，高技能人才在技能人才总量中的占比从10.2%提高至16.2%。2017年，新增国家级高技能人才培训基

① 林凌：《2018年四川人才工作十件大事出炉！看看哪些你最关注?》，四川在线，https://sichuan.scol.com.cn/ggxw/201903/56843897.html，2019年3月29日。

② 李丹：《至2016年底，四川技能人才680万人，高技能人才110万人》，四川新闻网，hhttp://scnews.newssc.org/system/20170929/000821056.html，2017年9月29日。

③ 《四川统计年鉴2018》。

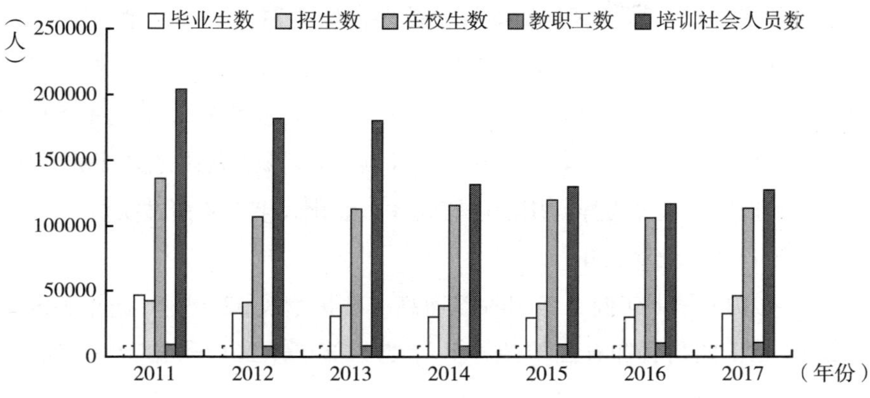

图 3 2011～2017 年四川省技工学校基本情况

资料来源：《四川统计年鉴 2018》。

地 5 个、国家级技能大师工作室 5 个、省级高技能人才培训基地 9 个，逐渐形成更加健全、高效、完整的省域高技能人才培训体系。①

3. 贫困县人才振兴显效

为打赢脱贫攻坚战，四川省启动了深度贫困县人才振兴工程，推进人才扶贫工作。2018 年，四川省委、省政府投入财政资金 4500 余万元，首批定向招录 4945 名大学生、农村实用人才和乡村医生，开展免费订单式培养。②深度贫困县专项计划实际录取新生 3474 名（不含凉山州 76 名林业人才），实有 3362 名新生签约报到，户籍地在甘孜州、阿坝州、凉山州的考生共 3264 人，占招生总数的 94%，其中少数民族考生有 2736 人。③ 大力支持 2673 名基层干部、农村技术人员参加在职学历提升；优选 1376 名干部人才援彝援藏；遴选 422 名优秀年轻干部挂任乡镇党委副书记；选派 5700 余名干部人才到凉山州开展综合帮扶；从深度贫困县选派 900 余名干部人才到省

① 《砥砺奋进的五年——党的十八大以来我省人才人事亮点工作成就》，四川省人社厅，http：//www. sc. hrss. gov. cn/ywzl/jczwnxysjd/ldcg/201710/t20171013_64963. html，2017 年 10 月 13 日。

② 《四川订单培养贫困县紧缺人才》，《中国组织人事报》2018 年 10 月 26 日，第 1 版。

③ 《今年我省深度贫困县专项计划实录新生 3474 名》，四川省人民政府网站，http：//www. sc. gov. cn/10462/10464/10797/2018/12/19/10465498. shtml，2018 年 12 月 19 日。

直有关单位或对口支援地区挂职锻炼。此外，首批74个团370余名专家开展科技扶贫万里行，开展集中培训835场次、现场技术指导2168场次，培养科技示范户2400余户、本土人才1.5万余名，指导建立科技示范基地501个，推广应用新品种、新技术、新模式908个（项），为深度贫困地区产业发展提供有力技术指导和人才支撑，用活用好人才，强化人事人才精准扶贫。①

4. 高校育才质量双提升

2008～2018年十年间，四川省普通高校数量增长52.6%。据相关统计，截至2018年，四川省拥有高等院校共计119所，较2017年新增10所。在校生数、招生数和毕业生数稳步上升（见图4）。截至2017年，四川省普通高校在校生数近150万人，较2008年增长51.3%。截至2018年8月31日，2018届四川省高校毕业生（含研究生、本科生、专科生）共42.8万人。其中，1.34%的毕业生（0.57万人）选择留学，成为新的国际人才储备力量。从学历上看，2018届高校毕业生中，研究生、本科生和专科生占比分别为5.97%、44.11%和49.92%，专科毕业生人数上升得更为明显。随着2018年10所专科院校的设立，未来四川省高校专科毕业生数量将有大幅提升。

除了人才培养数量增加外，作为“质量维度”的创新创业教育，不仅是大学生发展与培养的重要环节，也是检验人才培养成果的重要指标。2017～2018学年，四川省本科院校大学生创业项目数6177项，参与学生3万余人，休学创业项目数90项。创新创业教育专职教师6278人，参与校外创新创业培训1477人次。创新创业示范基地26个，其中，国家级9个，省部级17个。参与创新训练项目全日制本科在校学生数9.2万余人，创新创业项目入选国家级和省部级共计21388项，其中国家级创新项目7646项，国家级创业项目1488项。② 在第四届“互联网+”大学生创新创业大赛全国总决赛中，四川高校获主赛道金奖4项、银奖4项、铜奖20项，综合排名全国第二。成都信息工程大学等11所高校为“第二批省级深化创新创业教育改革

---

① 林凌：《深度贫困县人才振兴组合拳见成效》，《四川日报》2019年3月3日，第1版。

② 四川省教育厅：《四川省2017～2018学年普通高等学校本科教学质量分析报告》，2018年12月。

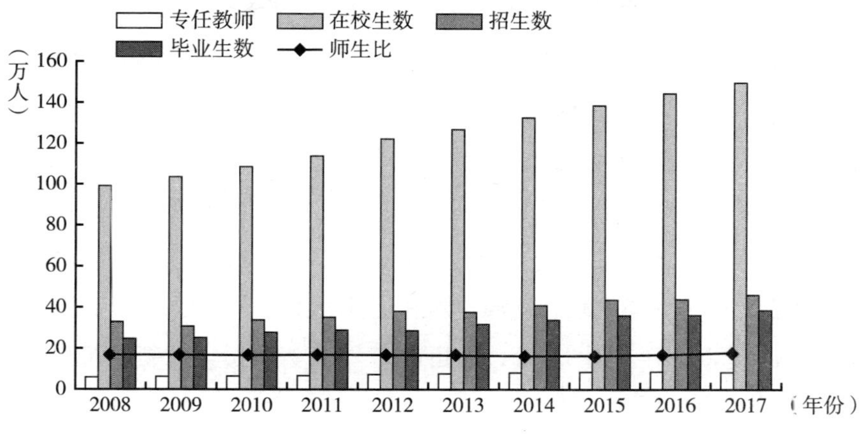

图4 2008～2017年四川省普通高校师生规模

资料来源：《四川统计年鉴2018》。

示范高校”；成都理工大学等4所高校获批“全国第二批深化创新创业教育改革示范高校”；成都职业技术学院大学生创新创业俱乐部入选2018年“中国100家特色空间”，受到全国人大有关领导的高度肯定。①

（四）人才留川意愿凸显

近年来，随着四川省一系列人才政策的出台，一大批人才选择落户四川、成就事业。国家“千人计划”“中关村高端领军人才”专家宣奇武，继7年前在成都经开区成立阿尔特（成都）汽车设计有限公司后，又在经开区相继成立新能源汽车研发中心和核心零部件生产基地，注册四川阿尔特新能源汽车有限公司，为成都经开区汽车产业专心升级注入强劲动力；德国亚琛工业大学汽车工程学院硕士、清华大学博士刘力，在成都经开区成立云科新能汽车技术有限公司，主攻新能源汽车智能网联软硬件的系统研发。2018年营业额突破7000万元。②

① 四川省教育厅：《四川省2018届高校毕业生就业质量年度报告》，2018年12月。

② 李洁：《发放44张“蓉城人才绿卡”成都经开区（龙泉驿区）系列举措聚智引才》，新华网，http://www.sc.xinhuanet.com/content/2018-09/19/c_1123454633.htm，2018年9月19日。

2016～2018 届四川省高校毕业生中，每年有 75% 以上选择留在四川省内就业，这些省内高校自主培养的毕业生构成了四川省人才队伍中的重要组成部分。在留川就业的 2018 届毕业生中，72.75% 的生源地在四川，其余 27.25% 的毕业生则属于外省份生源流入，[①] 表明四川省培养的大学生流失并不显著，反而体现出了较强的留川工作意愿。尤其是 2017 年 7 月 20 日成都市发布“人才新政十二条”，鼓励青年人才来蓉落户后，落户成都的人才骤增。据成都市公安局户政管理局户籍和证件处工作人员介绍，人才新政实施以来，截至 2019 年 4 月 17 日，已超过 27.5 万人通过人才新政落户成都，八成为 30 岁以下的青年人才。[②]

（五）人才效能成效显著

人才使用效率和人才贡献率持续提升，科技成果转化率不断提高，涌现出“歼－20”、“华龙一号”等一批重大的科研成果，四川制造的全球首颗双核人工智能商业卫星成功发射。根据表 2 的统计结果，2017 年四川省科技成果登记项目共 3329 项，以企业横向项目为主（2921 项，占比 87.7%），国家计划项目和地方计划项目次之（174 项和 143 项，占比分别为 5.2% 和 4.3%）。上述科技成果中 3261 项为应用技术类，占比 98%。从成果水平上看，28.9% 和 40.3% 的成果分别属于国际先进和国内领先水平。在 281 项奖励项目中，28 项为国家科学技术奖。其中，国家技术发明奖 3 项，包括一等奖 1 项，二等奖 2 项；国家科学技术进步奖 25 项，包括特等奖 1 项、一等奖 5 项、二等奖 19 项。[③] 2018 年，四川省在这一国家奖项上获奖项目增至 32 项，位列西部第一，全国第六。在国家科技奖励“减少奖励数量、提高奖励质量”的大背景下，四川获奖数量保持持续增长，反映了其综合

① 《四川省 2018 届高校毕业生就业质量年度报告》。

② 《人才新政实施一年多27.5 万“蓉漂”在成都落户扎根》，《成都商报》2019 年4 月18 日，第3 版。

③ 《国家科技奖励大会召开——四川 28 项成果获奖》，四川省科技厅网站，http://www.scsti.org.cn/scsti/kjxx/20180109/13161.html，2018 年1 月9 日。

科技实力和自主创新能力不断提升。① 据统计，2017 年四川省申请专利 167484 项，签订技术合同 12853 项，合同成交额 419.68 亿元，技术交易额 229.93 亿元。② 随着创新创业能力和水平的提升，2018 年四川省新增专利授权量 8.7 万多件，技术合同认定登记额首次突破千亿元，高新技术产业主营业务收入达 1.7 万亿元，军民融合产业 3400 多亿元，科技对经济增长的贡献率提高两个百分点。③

表 2　2017 年四川省部分科技成果

单位：项

类别	合计	科研机构	大专院校	企业	其他
基本情况					
登记项目数	3329	377	709	2096	147
鉴定项目数	256	50	21	165	20
奖励项目数	281	90	56	110	22
成果计划					
国家计划项目	174	40	86	31	17
部门计划项目	64	22	16	8	18
地方计划项目	143	68	25	36	14
部门基金项目	11		5	2	4
地方基金项目	16	3	5	4	4
其他	2921	244	572	2015	90
成果类别					
基础理论	45	14	27		4
应用技术	3261	360	669	2094	138
软科学	23	3	13	2	5
成果水平					
国际领先	81	20	18	36	7
国际先进	246	47	60	120	19
国内领先	343	55	35	217	36
国内先进	182	36	14	107	25

资料来源：《四川统计年鉴 2018》。

① 《四川省 2018 年度国家科学技术奖获奖数量创新高》，四川省科技厅网站，http://www.scsti.org.cn/scsti/kjxx/20190123/34448.html，2019 年 1 月 23 日。

② 《四川统计年鉴 2018》。

③ 《全国推广 36 条全面创新改革试验经验 16 条来自四川》，央视网网站，http://news.cctv.com/2019/06/17/ARTIkdyryHDUM9DqwKgrtBug190617.shtml，2019 年 6 月 17 日。

二　新时期四川人才治理体系的路径探索

（一）落实党管人才原则，深化人才体制改革

党管人才是中国特色人才制度优势的集中体现，也是深化人才发展体制机制改革的根本原则。四川省委省政府落实党管人才原则，提出坚持“五抓”并举，即抓政治引领、抓改革落地、抓重大工程、抓资源整合和抓保障服务。坚持重物质与重精神并举，力争实现增“人数”与得“人心”的有机统一。依托四川省委组织部高端人才服务中心、四川省人力资源社会保障厅专家服务中心设立引进人才服务窗口，负责协调落实有关特殊支持政策。一是定期举办如高层次专家、“千人计划”专家、青年专家等国情省情考察研修班等，通过座谈交流、专题讲座和现场教学等形式，帮助专家了解国情省情，增强政治认同、思想认同，激发专家人才活力和潜能，投身治蜀兴川事业。二是完善党委联系专家工作制度，努力做到政治上关怀、工作上支持、生活上关心，当好后勤部长。

坚持统筹协调与鼓励创新并举。人才工作是个系统工程，涉及多部门多区域。在四川省委、省政府领导和省人才工作领导小组指导下，由省委组织部、省委统战部、省发展改革委、省经济和信息化委、教育厅、科技厅等二十余个部门共同组建高层次人才工作协调小组，负责相关人才工作的组织领导和统筹协调。与此同时，鼓励各部门和地区对人才体制改革进行积极探索，创新人才治理机制。在人才工作目标考核中，将全省21个市（州）分为ABCD四类，分别设置不同的考核指标和分值权重，突出实绩考核，鼓励基层创新。对各市（州）采取“现场述职+PPT演示+提问答辩+专家打分+领导现场点评”方式，既有“成绩单”又开出“诊断书”。在2018年人才工作目标考核中，共产生38个创新类、29个成效类项目，成都、泸州、绵阳、广元、宜宾、广安、巴中7市，四川省发展和改革委员会、科技厅、人力资源和社会保障厅、教育厅、农业农村厅、卫生健康委、团省委7

个成员单位，累计总分位居前列。①

深化人才体制改革，是构筑人才制度优势、实现更高质量更高水平发展的战略之举。2016 年 3 月，四川省委、省政府出台《关于深化人才发展体制机制改革、促进全面创新改革驱动转型发展的实施意见》（以下简称《实施意见》），为省人才体制机制的改革指明了目标和方向。《实施意见》提出，三年基本构建起与全面创新改革相适应的人才制度体系，建立健全导向鲜明、激励有效、科学规范的人才培养、引进和使用模式，形成人才推动创新改革、人才支撑跨越发展的生动格局。五年基本形成与实施“三大发展战略”相匹配的规模宏大、结构优化、布局合理、富有创新精神的高层次创新型人才队伍，形成科学规范、开放包容、运行高效的人才发展治理体系，实现由“人才大省”向“人才强省”转变。为实现这一目标，需要在人才吸引制度、人才培养模式、人才评价激励机制、人才顺畅流动机制、人才创新创业生态环境等方面打破藩篱、融化“坚冰”，依靠“改革红利”释放“人才红利”，具体共涉及 23 条实施意见和 49 项改革任务。

围绕人才体制改革和《实施意见》任务落实，各地积极进行探索，亮点纷呈：①成都市破除人才评价中唯学历、唯职称、唯论文的“三唯论”，提出差异化设置评审条件、建立评审协作机制、健全层级设置、下放评审权、推行网上办五大职称制度改革举措。②德阳市开展高素质技术技能型人才培养改革试点，探索职业教育办学典型模式及职业教育服务发展能力的提升路径。③绵阳市研究提出极具地方特色的“1 + 16”人才政策体系，在发展科技型企业、建设创新平台、推动科技和金融结合、实施专利保护、推进军民融合等方面，为军地人才创新创业搭建起全生命周期的支持系统。通过《绵阳市扩大高等学校科研院所医疗卫生机构人事自主权十条政策》的颁布，允许和鼓励高校聘用企业家担任兼职教师，允许市属高校和科研院所等事业单位自主考核招聘人才，在高校设立首席科学家、首席研究员、首席工

① 林凌：《四川 2018 年人才工作目标考核结果出炉：38 个创新类、29 个成效类项目》，四川在线，https：//sichuan. scol. com. cn/ggxw/201904/56844953. html，2019 年 4 月 1 日。

程师，全面推进 8 大类 17 项近百个改革任务。④泸州市以自贸区作为改革试点突破口，率先开展干部人才管理制度改革，根据“两总控、五自主”原则，建立人才体制机制创新示范点和“双轨运行”管理模式。⑤自贡市围绕人才“引育用留”改革，推出“增动力、添活力”的重大政策 25 项。⑥攀枝花市全面启用“攀枝花市高层次人才管理服务系统（人才智库）”，首次实现人才管理服务工作信息化、规范化、便捷化；首次在失业保险滚存结余中安排 1600 余万元专项资助“众创空间建设”等项目，强力推动人才创新创业平台建设，打造引进集聚人才新高地。截至 2018 年底，《实施意见》涉及的改革任务基本完成，全省人才政策制度、人才开放合作、人才队伍支撑、人才智力扶贫、党管人才工作“五个体系”基本形成。在全国两批复制推广的 36 条支持创新相关改革举措中，四川贡献出 5 项人才改革措施。[①]

（二）加大人才政策创新，构建人才政策体系

近年来，四川坚持“聚天下英才助川发展”理念，围绕《实施意见》精神，不断创新人才政策，出台了一系列人才政策及配套实施办法（见表 3），逐步构建起与全面创新改革相适应的人才制度体系，而且在多个人才发展领域取得成效。

表 3　2017 ~ 2019 年以来四川省级人才政策（部分）

年份	政策名称	颁布机构
2017	《关于建设四川省人才之家服务高层次人才十二条措施》	四川省人才办
	《四川省引进海内外高层次人才“千人计划”实施办法》	四川省委组织部
	《四川省技能人才队伍建设“十三五”规划》	四川省委组织部、省人社厅
	《关于加强技能人才队伍建设大力培养高素质产业大军的意见》	四川省委办、省政府办公厅
	《关于实施深度贫困县人才振兴工程的意见》	四川省委办、省政府办公厅

① 林凌：《2018 年四川人才工作十件大事出炉！看看哪些你最关注?》，四川在线，https：//sichuan. scol. com. cn/ggxw/201903/56843897. html，2019 年 3 月 29 日。

续表

年份	政策名称	颁布机构
2018	《四川省"天府万人计划"实施办法》	四川省委组织部等13部门
	《关于大力引进海外人才、加快建设高端人才汇聚高地的实施意见》	四川省委办、省政府办公厅
	《"天府工匠"培养工程实施方案》	四川省政府办公厅
	《"天府万人计划"天府工匠项目实施方案》	四川省人社厅
	《"天府万人计划"天府文化领军人才项目实施方案》	四川省委宣传部
	《"天府万人计划"天府创业领军人才项目实施方案》	四川省委组织部、省科技厅、省人社厅
	《"天府万人计划"天府科技菁英项目实施方案》	四川省委组织部、省科技厅、省人社厅
	《深度贫困县高职（专科）技术技能人才免费定向培养计划实施方案》	四川省人才办
	《深度贫困县紧缺专业大学生免费定向培养管理办法（试行）》	四川省委组织部
2019	《四川省鼓励引导人才向基层流动十条措施》	四川省委办、省政府办公厅

1. 分层分级认定人才，分类施策不同群体

在立足四川自身发展现状的基础上，积极借鉴其他地区人才政策的优秀经验，制定符合四川地方发展实际的人才认定体系。通过对人才梯度进行详细划分，有利于明确引人育人目标及对不同层次类型人才特殊支持政策的精准制定。

以《四川省"天府万人计划"实施办法》为例，该政策将高层次人才按3大类12个小类进行培养和施政。其中，杰出人才类别设天府杰出科学家，培育对象为紧跟世界科技前沿、取得重大突破成果的高端人才；领军人才类别设天府创新领军人才、天府创业领军人才、天府文化领军人才、天府名师、天府名医、天府工匠、天府农业大师、天府金融英才，培育对象为处于行业领先地位、引领创新发展的高端人才；青年拔尖人才类别设天府科技菁英、天府社科菁英、天府金融菁英，培育对象为创新能力强、发展潜力大的青年高端人才。成都颁布的《成都实施人才优先发展战略行动计划》，是一系列"人才新政"后的又一政策创新，其一大亮点在于政策的全面性，不仅覆盖了各类人才，而且针对高层次人才、急需紧缺人才、青年人才、外

籍人才等不同人才群体分类施策（见表4），以“人人皆可成才”理念，实施全民技能提升计划，促进“人口红利”“人才红利”叠加释放。

表4 《成都实施人才优先发展战略行动计划》针对不同人才的分类政策

人才类型	人才层级	相关政策
高层次人才	顶尖创新创业团队	诺奖团队来蓉创业最高综合资助1亿元
	高层次创新创业人才	“两院”院士、国家“千人计划”“万人计划”专家等来蓉创新创业或做出重大贡献的本土创新型企业家、科技人才，给予最高300万元的资金资助
急需紧缺人才	产业和企业发展急需紧缺人才	可申领“蓉城人才绿卡”
	国际顶尖人才、国家级领军人才、地方高级人才、产业发展实用人才、青年大学生	分层分类提供住房、落户、配偶就业、子女入园入学、医疗、出入境和停居留便利、创业扶持等服务保障
外籍人才	支柱产业、优势产业和未来产业引进的外国专业人才	放宽学历、年龄等限制，办理来华工作许可等入境手续
	在蓉外籍人才和留学生	提供停居留和出入境便利
青年人才	具有普通全日制大学本科及以上学历的青年大学生	凭毕业证来蓉即可申请办理落户手续
	在本市同一用人单位工作2年及以上的技能人才	可凭单位推荐、人社部门认定办理落户手续

资料来源：根据《成都实施人才优先发展战略行动计划》整理。

2. 契合地方引育之需，精准对接战略目标

经济社会发展需要各类人才，包括学历型人才、创新创业型人才、技能型人才和专业型人才等，而各地在人力资本的禀赋以及发展战略导向上存在差异性，因此需要根据当地特色和人才需求进行引育人才，使人才政策与战略目标相匹配。总体而言，四川省人才新政突出“高精尖缺”导向，紧扣四川推进全面创新改革试验、建设自由贸易试验区、产业转型升级、军民融合深度发展、脱贫攻坚、绿色发展以及高等学校创建“双一流”和“双高”等重大战略，充分体现引进人才的不可替代性和行业领军性，通过引进高层次人才及团队提升自主创新能力和发展竞争力。

四川省各地人才政策也体现了地方特色和战略需求。例如：绵阳作为中国重要的科技城，推出以军民融合为特色的人才新政——“三大计划”“三大工程”。其中，“三大计划”包括：军民融合创业团队“聚变计划”，引进和支持一批开展技术创新、科技成果转化等的高层次“军转民”、“民参军”创业团队，推动高新技术和战略性新兴产业领域军民技术双向转移转化，对入选团队实行持续资助，每个团队累计资助金额最高2000万元；科技领军创业团队“涌泉计划”，引进和支持一批能够解决重大产业核心技术问题、推动产业向价值链中高端迈进，或发展未来先导产业、抢占新兴市场的高层次创业团队，对入选团队实行持续资助，每个团队累计资助金额最高2000万元；产业尖端创新团队“卓越计划”，支持重大招商引资项目引进为其提供核心技术支撑的高层次创新团队；支持重点企业对接高层次创新资源，引进培育具有影响力、推动企业发展的创新研发团队和技能技术领军人才团队。对每个入选团队给予最高100万元的资助。

自2016年德阳制定“领军人才”政策后，面向社会发布党政后备人才引进公告，针对国内“双一流”建设高校和海外知名高校，开展引进博士、硕士毕业生专项工作，并将其纳入党政后备干部人才队伍进行管理培养；围绕德阳急需紧缺专业，专项引进规划类硕士人才19名。2018年再次发布“英才计划”，重点围绕德阳产业发展和自主创新需求，采取分层分类遴选方式，市层面重点支持1000名卓越人才和300名青年拔尖人才（见表5），示范带动各县（市、区）支持培养5000名左右各类高层次人才，形成与市“领军人才计划”相互衔接的高层次人才队伍建设体系，为加快建设四川省经济副中心城市提供有力的人才支撑。

表5　德阳市“英才计划”人才政策

类别	项目	目标
卓越人才	科技卓越人才、军民融合卓越人才、文化卓越人才、教育卓越人才、德阳名医、首席技师、农业大师、金融英才	计划支持1000名，每年遴选一批，每批100名左右
青年拔尖人才	科技菁英、青年工匠、社工菁英	计划支持300名，每年遴选30名左右

3. 以国际视野引人才，推进国际人才发展

近年来，四川省在制定人才战略时，将视野投向全球，积极参与国际人才市场竞争。针对四川人才国际化程度与东部发达地区及一线城市存在的差距，2018 年四川省委、省政府发布《关于大力引进海外人才、加快建设高端人才汇聚高地的实施意见》，推出海外人才引进的“升级版”，打出让优秀人才引得进、用得好、留得住的“组合拳”，这标志着四川从西部内陆走向开放前沿迈出新步伐。根据这一政策要求，力争用 5 年时间，四川省“千人计划”专家累计达到 2000 人，海外留学回国人员、在川外国留学生、来川工作交流的外国专家每年分别达到 1 万人次、1.5 万人次、2 万人次，即在现有规模基础上实现前两类海外人才翻番和后两类海外人才规模增长 50% 以上。这一目标的设置，意味着四川省将以更大力度、在更高层次参与国际人才竞争，加快延揽海外优秀人才为川所用。

针对以往外籍人才在引才用才过程中的国籍制约问题，“新政”简化了出入境及居留程序，对外籍人才实施出入境及停居留便利政策，允许其担任重大项目主持人，同时开辟海外引进人才职称评审绿色通道，充分体现四川省的开放和自信，也有利于引进人才更好地融入创新驱动发展中，对人才的集聚起到很好的示范激励作用。针对以往只考虑通过筑巢引凤吸引海外人才来川发展，只关注人才单向流动的情况，新政基于国际化创新的生态体系进行引才策略探索，如通过建立中国（成都）海外人才离岸创新创业基地，积极探索海外预孵化和双向离岸创业模式，实现海外人才无须回国也能利用国内巨大的市场和创新机会进行创业。

4. 加大力度激励人才，完善科技成果转化

为提升人才政策的竞争力，四川省在政策制定过程中加大了人才奖补力度。例如：《“天府工匠”培养工程实施方案》（以下简称《方案》），设有多项人才奖补政策，力度大、导向明，均为四川省首创。[①] 一方面，明确对

① 向晓文：《四川真金白银推进“天府工匠”培养工程》，《四川工人日报》2019 年 4 月 25 日，第 1 版。

每个新设立的世界技能大赛国家集训主辅基地和省级技能竞赛集训基地分别给予500万元、300万元和50万元的经费补助；对获评中华技能大奖、全国技术能手的本省高技能人才分别给予15万元、6万元追加奖励，对入选世界技能大赛国家集训队的本省选手给予每人1万元的奖励，对获评四川省技能大师、四川省技术能手的分别给予每人5万元、2万元的奖励。另一方面，明确按不低于国家奖励标准奖励世界技能大赛和全国性职业技能竞赛本省获奖选手，对指导选手获奖的本省教练团队、技术指导专家团队给予获奖选手同等标准奖励；对四川省获奖选手的所在单位，按该单位每名获奖选手奖励标准的总和给予奖补。此外，成都市在《实施人才优先发展战略行动计划》政策中，提出对诺贝尔奖获得者等国际顶尖人才（团队）来蓉创新创业，给予最高1亿元的综合资助，这些人才激励政策前所未有。

在科研成果转化方面，积极探索高等学校、科研院所担任领导职务科技人才获得现金与股权激励管理办法。成都市出台了《成都市与在蓉高校院所协同引进海内外高层次创新创业人才的实施办法》，明确职务发明人与高校院所可按约定不低于7:3的比例共享科技成果知识产权，成为全国首个出台专项文件实施科技成果混合所有制改革的城市。这一政策的设计与实施，有利于高校科技成果在蓉就地转化，吸引集聚更多优秀科技人才来成都创新创业，为成都注入新的活力。

（三）着力实施人才工程，释放人才虹吸效应

1. 招才引智工程

四川省积极采取“人才＋项目”的方式，以省“千人计划”为牵引，统筹实施“天府高端引智计划”“留学人员回国服务四川计划”等引才引智工程。同时，通过“留学四川”计划，允许取得硕士及以上学位且毕业1年以内的优秀外国留学生在川就业。就“千人计划”而言，按个体引进、团队引进、专项引进三个类别10个引才项目予以实施，分别给予入选者每人50万～200万元，引进团队200万～5000万元的资金资助。面向国（境）外和省外发达地区，引进突破关键技术、发展新兴产业、引领创新发展的高

层次人才和高层次创新创业团队。就“天府高端引智计划”而言，旨在为提升四川自主创新能力、经营管理能力和产业核心竞争力提供国（境）外人才和智力支撑。每年柔性引进国（境）外高层次专家500人次以上、示范推广引智成果10项以上、建设引才引智基地10个以上，给予单个引智项目不超过80万元的资助总额，同时资助外国专家在川工作期间的部分食宿生活费、国际国内旅费及60%以内的工薪。就“留学回国人员服务四川计划”而言，旨在吸引海外高层次人才来川创新创业，2018年，四川共有18个留学人员回国创业启动项目和80个留学人员科技活动项目，获得从3万~30万元不等的资助。

当前，四川省推行刚性引进与柔性引进、国（境）外与省外发达地区、顶尖人才与青年人才、个人引进与团队支持“四个结合”，先后支持引进千余名高端人才和近百个顶尖团队。[①] 定期组团赴欧美、港澳地区开展专项招才，并借助海科会、科博会、中外知名企业四川行等活动招才引智。仅2018年开展赴外招才引智活动270余场、引进急需紧缺专业人才2.7万人。[②] 以海科会为例，创办二十多年来，已发展成为国家级综合性人才与智力交流合作平台，累计吸引6000余名海外高层人才来川考察，引进1700余名海外高端人才、1000多个科技项目扎根天府大地，投资金额达2000多亿元。[③] 尤其是第十六、第十七届大会（2016年和2017年），引智规模呈爆发式增长，签约人才达690人，占历史总量的40.3%，签约金额1082.76亿元，占历史总量的50.1%，[④] 为推动四川和中国西部地区经济高质量发展做出了积极贡献，如今“海科会”已成为四川招才引智的一张名片。

---

① 林凌：《栽好“政策树”，引来“金凤凰”》，《四川日报》2018年1月31日，第7版。

② 林凌：《2018年四川人才工作十件大事出炉！看看哪些你最关注？》，四川在线，https：//sichuan.scol.com.cn/ggxw/201903/56843897.html，2019年3月29日。

③ 岳依桐、徐杨祎：《第十七届“海科会”成都开幕　5名外国专家获颁“天府友谊奖”》，中国新闻网，http：//www.chinanews.com/cj/2018/09－10/8623571.shtml，2018年9月10日。

④ 《创新引领，万侨汇智》，《四川日报》2018年9月10日，第8版。

2. 高层次人才培育工程

近年来，四川以“天府万人计划”为抓手，实施高层次人才培育工程。作为2018年启动实施的重点人才工程，“天府万人计划”旨在加快培养造就四川创新发展急需紧缺的本土高层次人才队伍。2018～2027年，将重点围绕四川省产业发展和自主创新需求，重点支持100名左右杰出人才、1200名左右领军人才和1000名左右青年拔尖人才，示范带动各市（州）支持培养10000名左右各类高层次人才。将这些人才分3个类别12个项目进行分类培育。为鼓励入选者潜心研究，在资金资助、团建建设、项目支持、平台支持、成果转化、岗位职称等方面给予11条特殊支持政策。如：为入选者提供10万～100万元不等的支持经费，优先推荐申报各类人才项目和创新平台，支持所在单位为入选者量身组建创新创业团队，允许杰出人才、领军人才入选者所需绩效工资可在核定绩效工资总量时单列。凡入选者在管理期限内，还能享受每人每月1000～2000元不等的岗位激励资金、特约医疗待遇、子女一次性选学以及每年集中休假10～15天的优惠政策。

此外，四川“天府工匠”工程的实施涵盖高技能人才培养开发、全民职业培训提能、工匠培养平台提升、天府传统技艺振兴、天府技能大赛品牌和天府匠心筑梦激励等6大工程。2018年，首批评定10名天府工匠，并将其纳入“天府万人计划入选者”范畴，每人给予20万元的一次性资助，5年管理期内，每人除享受每月1500元的岗位津贴外，还将在子女入学、就医疗养等方面得到特殊支持；省级财政投入3150万元，支持新建省级高技能人才培训基地9个、技能大师工作室15个，每个分别给予300万元、30万元的一次性补助。对中国十九冶集团有限公司等4家企业单位第45届世界技能大赛国家集训辅导基地累计给予1200万元的经费补助；对杨尹渝等36名获得国家表彰的高技能人才和入围第45届世界技能大赛国家集训队的优胜选手累计给予130万元的奖励。

3. 深度贫困县人才振兴工程

2018年，四川省委、省政府着力打赢脱贫攻坚战，按照“治贫先治愚、扶贫同扶智（志）”的思路，启动实施“深度贫困县人才振兴工程”，通过

“订单招生、降分录取、免费就学、定制培养、定向就业”的方式，全面壮大深度贫困县人才队伍，以人才振兴推动深度贫困县稳定脱贫和振兴发展。该工程又具体包括了人才定向培养、在职培训、人才招引、人才援助、人才稳定“五大工程”。

一是人才定向培养工程：分类实施紧缺专业大学本科生、高职（专科）技能人才和乡村实用人才免费定向培养。在紧缺专业大学生培养方面，整合四川38所高校资源，采取定向招生、定向培养、定向上岗方式，实行最高降70分录取的特殊招生政策，3～5年毕业后将回原籍定向上岗或就业不少于6年。在实用人才培养方面，采取订单式，从深度贫困县选送983名具有一定技能的返乡创业农民、新型职业农民、乡村农林牧渔从业人员，集中开展1年免费职业教育，期满合格发放中专毕业证书。同时，招录600名在岗乡村医生，免费接受3年农村医学专业学历教育，毕业后颁发中专毕业证书，可在深度贫困地区报考执业助理医师。二是在职培训工程：采取顶岗锻炼、研修培养、短期培训等方式，实施专业技术人员继续教育及中小学教师、医疗卫生人员、林业专业技术人员、产业技能技术人才提升培训，藏区乡镇“9+3”学历干部充电提能“六大行动”。采取集中脱产、网络远程教育等方式，支持基层干部和农村技术人员参加在职学历提升。每年从深度贫困县选送1000名实用技能乡村人才开展为期1年的实训教育，选送600名在职村医到中职卫校接受3年农村医学专业学历教育。三是人才招引工程：实行差异化、特殊性人才招引政策，鼓励引导基层选调生、“三支一扶”计划、农村特岗教师、大学生志愿服务西部计划等志愿服务基层大学生等各类人才向深度贫困县流动。四是人才援助工程：坚持不求所有、但求所用，实现输血与造血相结合。遴选干部人才支援少数民族贫困地区开展综合帮扶，新增15个省级部门、76所高校、30家医院、17户国有企业和金融机构对45个贫困县进行定点帮扶，向受援地选派3000余名专业技术人员，为受援地培训培养专业技术骨干超过1万人。采取“人才+团队+项目”方式，开展科技扶贫万里行活动，组织专家开展组团式服务，帮助贫困县建立产业示范基地、开展技术指导、推广新技术新品种和培养本土人才。五是人才稳定工程：推行职称评审“地方粮票”，支持基层大学生提前1年申报职称，允许累计满15年、25年分别降低一个学历等次申报评审中、高级职称，推行基层事业单位“定向评价、定向使用”评定制度。

4. 创新创业人才及苗子工程

近年来，四川省统筹实施“创新创业人才扶持计划”，依托“杰出青年科技人才计划”“科技创新领军人才计划”“青年科技创新研究团队支持计划”和“苗子工程”等，整合各方面资源和项目，着力培养一批创新型企业家、优秀大学生和科技人才、高技能人才，为建设现代化产业体系、实现高质量发展提供有力的人才支撑。其中，“苗子工程”是四川在培养青年科技创新人才领域的新探索，旨在培养青年科技人才后备力量，按照“早起步、早发现、早培养”的工作思路，对具有一定专业基础知识和创新创业潜质、将来能成为优秀科技人才的苗子进行选拔和培养，资助对象为在川高校学生和毕业5年内且在川工作的毕业生。

该工程的实施推动了高校创新创业教育改革。首先，完善人才培养质量标准。进一步明确创新创业教育的目标要求，修订人才培养方案，促进人才培养与经济社会发展、创业就业需求紧密对接。其次，健全创新创业教育课程体系。面向全体大学生开设三类课程：通识性创新创业课程、具有行业特点且与创新创业密切相关的专业课程、提升学生综合实践能力的创新创业活动，有效提高大学生参与创新创业活动的实际能力，产生创新创业的热情甚至是激情。① 再次，加强教师创新创业教育教学能力建设。将创新创业教育融入教师教育教学全过程，加强对教师创新创业教育的考核评价，将创新创业教育业绩纳入教师专业技术职务评聘和绩效考核内容。如：成都理工大学已形成以“意识培育”为基础，以“苗子选育”为路径，以“协同共育”为特色的三级培育体系，推行“1+3+N”创新创业实践培育模式，打造“一心双环”创新创业生态文化圈。2018年，该校

① 刘文彬、邵云飞：《基于众创空间的创新创业人才引进和培育研究——以四川省的经验为例》，《景德镇学院学报》2017年第4期，第44~50页。

成功入选“全国创新创业典型经验高校”，该校大学生创新创业工作进入全国高校前列。

（四）依托人才平台建设，打造人才集聚高地

1. 建设高端科学技术创新平台

近年来，四川省着力推进企业院士专家工作站、博士后科研流动（工作）站和创新实践基地、工程技术（研究）中心、工程（重点）实验室、企业技术中心发展，重点组建一批产业技术创新联盟和产业技术研究院，促进创新链、人才链与产业链无缝对接。2018 年，新增东方电气集团东方锅炉股份有限公司等 10 个单位为四川省第七批院士（专家）工作站建站单位。截至目前，四川已建省级院士专家工作站 300 余个（含省级 80 个），各级工作站共引进院士 100 余名、高层次专家近 2000 名，合作开展科技项目 1000 项左右，更多高层次人才服务基层，在一线抢占发展“智高点”，发挥着“四两拨千斤”的作用。新增新华文轩、有色科技集团、中国网安、省建科院等 18 家博士后科研工作站和分站。截至 2018 年 10 月，四川拥有博士后科研流动站、工作站、创新实践基地各类型设站单位 386 家，累计招收博士后研究人员 5500 余人，出站博士后有 70% 以上留川工作，为四川经济社会的发展提供了强大的智力支持。[①] 设立国家企业技术中心 72 家，位列全国第七、西部第一；国家级工程研究中心（工程实验室）46 个；省级工程研究中心（工程实验室）103 个。[②] 成立四川石墨烯应用产业、汽车产业、东方主食产业、东坡中国泡菜产业等产业技术研究院，集聚领域尖端人才展开技术研发。

2. 建设科技双创人才孵化平台

近年来，四川为了加快建设众创空间、创业孵化基地、“双创”示范基

① 《我省新增博士后科研工作站创新高》，四川省人力资源和社会保障厅网，http：//www. sc. hrss. gov. cn/zwgk/zwyw/201810/t20181022_ 79270. html，2018 年 10 月 22 日。

② 庄灵辉：《四川拥有 72 家国家企业技术中心位列全国第七》，《成都商报》2018 年 10 月 13 日，第 2 版。

地等创新创业平台，对入驻的人才创业项目，免费提供办公场所或给予办公场所租金补贴、启动资金资助等扶持。特别是支持自贸区及天府新区、成都高新区、成都市郫都区等率先建设集海外研发及孵化中心、留学人员创业园、国际化学校、医院和社区于一体的海外高层次人才创新创业园，营造“类海外”的工作和生活环境。计划于2020年底前投入运营的天府新区海外高层次人才创新创业园项目总用地面积约370亩，主要建设总部办公、企业孵化中心、研发办公、展示中心、配套商业及公寓、其他基础配套设施等，建成后将成为集聚全球顶尖领军人物的重要平台。根据成都市创新创业服务平台数据，截至2019年7月，成都市共建各类双创载体289家，面积1708万平方米。其中，科技双创载体为191家，面积594万平方米。入驻双创企业团队28645家，其中高新技术企业3113家，技术先进型服务企业53家。

3. 建设海外人才离岸双创基地

当前，四川正在加快建设中国（成都）海外人才离岸创新创业基地（以下简称“离岸基地”），探索海外预孵化和双向离岸创业模式。通过“海外站点+国内载体”的平台体系，实现“区内注册、海外孵化、全球经营”，促使创新资源从全球向区内流动。依托海外站点为海外人才提供政策、知识产权、技术、投资对接等集成化的前置服务，进行“海外预孵化”；国内载体（即离岸基地）为海外人才提供区内公司注册、投融资等全方位服务和项目孵化平台。截至2019年7月，成都市已经在英国、德国、日本、韩国等地布局31个海外工作站点，离岸基地则分为成都高新南区和西区两部分。其中，南区涵盖总面积达9平方公里的街区组团，建有总面积达3000平方米的服务区；西区以环电子科大产业园区为中心，共享电子科技大学科研资源。依托该模式，柔性引进诺贝尔奖得主罗伯特·胡贝尔等海外高层次人才（团队），入驻离岸基地海外人才项目达15个。[①]

① 尹沁彤：《成都海外人才离岸创新创业基地已设立31个海外工作站》，《成都商报》2019年7月2日，第3版。

4. 建设省校院企战略合作平台

当前，四川正在深入推进省内校院企战略合作。首先，积极与综合实力排名靠前、同四川产业发展契合的国内名校名院名企建立全面战略合作关系。仅2014～2017年，四川省21个市州与清华大学、中国人民大学、上海交通大学、同济大学等12所国内名校开展重大科技及人才项目1991项、搭建产学研用合作平台406个，人才引进49139人。[①] 其次，努力与国（境）外知名大学和研究机构、境外世界500强企业基本建立合作关系。如：与英国诺丁汉大学签订的省校合作协议，是四川实施省校合作战略以来，首次与海外高校尤其是世界百强名校签订合作协议。作为全球十大孵化器之一的休斯敦技术中心将其在中国的首家分中心正式落户成都“侨梦苑”。此外，眉山市与加州中心签订加州智慧小镇协议，泸州市、绵阳市也分别与英国诺丁汉市签订友好合作框架协议。最后，支持区域中心城市建设“双城”（现代大学城和未来科技城），引导各类创新要素加快向四川集聚。目前，天府新区成都科学城正加快建设，宜宾市推进大学城和科技创新城建设，一年多来已与11所高校签署战略合作协议，6个产业技术研究院挂牌。[②]

（五）完善人才服务保障，创设良好人才环境

1. 完善人才服务保障措施

为了让引进的高层次人才能安心在川工作，四川省坚持以人为本，不断完善人才服务保障措施，出台了《高层次人才特殊支持办法》，解决引进人才在工作签证、居留许可、社会保障、配偶就业、子女上学、住房等方面的顾虑，让人才既能引得进、用得好，还能留得住，为四川社会经济的发展做出贡献（见表6）。

---

① 陈婷：《四川推进省校合作，打造转型发展新引擎》，四川在线，https：//sichuan. scol. com. cn/dwzw/201705/55914583. html，2017年5月17日。

② 《解读四川海外人才新政十大亮点》，四川政务服务网，http：//www. sczwfw. gov. cn/app/webAdivitise/newDetail？id＝1001956，2018年5月25日。

表6 四川省高层次引进人才服务保障政策

保障内容	具体措施
出入境与居留	实施出入境及停居留便利政策：允许外籍高层次人才申请办理5～10年有效的人才签证；外国专家短期来华的，免办工作许可；外籍高端人才凭与用人单位签订的合同期限，可直接办理最长5年有效的工作许可证（A类）。外籍高端人才（A类）入境后凭工作许可证明，可直接申请办理最长5年有效的工作类居留许可
	畅通中国“绿卡”申报渠道：除国家和省“千人计划”入选者外，获得外国人工作许可证（A类）的外籍高层次人才及其配偶、未成年子女，也可按规定申请在华永久居留。同时，对在自贸区或全创区工作的符合市场化认定标准的外籍人才，经工作单位推荐，可以申请在华永久居留，并允许其配偶和未成年子女随同申请
医疗保险	健全外国人才社会保障政策：引进人才在管理期间，凭《四川省特聘专家证书》，由省卫生计生委办理《特约医疗证》，享受优秀专家医疗待遇。引进人才及其配偶子女，可按有关规定参加四川省各类社会保险。用人单位在引进人才办理各项社会保险的基础上，可为引进人才购买商业补充保险。随引进人才来川定居或每年居住9个月以上的未就业配偶和子女，可按省委组织部、财政厅《关于对高层次引进人才未就业家属实行医保优待政策的通知》，参加四川省城镇职工基本医疗保险或城乡居民基本医疗保险
配偶安置子女入学	鼓励引进人才家属来川居留学习，其外籍配偶、未成年子女来川的，可按有关规定为其办理与本人工作许可期限相等的居留许可。引进人才配偶一同回国（来川）并愿意在四川省就业的，由用人单位按规定妥善安排其工作；暂时无法安排的，用人单位可参照单位人员平均工资水平，以适当方式为其发放生活补贴；确有困难的，当地组织、人事部门应积极帮助推荐就业。引进人才子女，无论是否具有中国国籍，在就读小学到普通高中期间可有一次自由选择公办学校机会。其中，就读义务教育的，在子女所在县（市、区）范围内选择；就读普通高中的，在子女所在市域范围内选择。华裔引进人才的子女报考国内高等学校以外的非义务教育的学校，可参照归侨、归侨子女、华侨子女予以加分照顾。引进人才的外国籍子女报考国内高等学校的，按接收外国留学生有关规定执行。积极推进自贸区和全创区建设外籍人员子女学校，为引进人才外籍子女就地入学提供便利
落户	引进人才及其配偶、未成年子女可不受住所、居住年限、年龄等条件限制，选择在居住地或工作地落户。具有中国国籍、未取得国外永久居留权的引进人才，不受出国前户籍所在地限制，可申请在省内落户。愿意放弃外国国籍、申请加入或恢复中国国籍并取得入籍或复籍证书，以及取得《批准定居通知书》和《台湾居民定居证》的引进人才，可申请在省内落户
住房	实施“家在四川”人才安居工程：引进人才购买自用商品住房，享受当地居民购房优惠政策。外籍引进人才购买取得外销许可证的商品房，有关部门应提供便利。引进人才未购买自用住房的，用人单位应为其提供便于其生活、工作的住房，或提供相应的房租补贴、购房房贷贴息等。有条件的地方和单位可修建人才公寓、公共租赁住房（单位租赁房），妥善解决引进人才的住房问题

资料来源：根据相关文件整理。

2. 搭建人才服务中心平台

为了支持四川人才服务工作，特别是自贸区建立国际人才“一站式”服务平台，为海内外人才来川创新创业提供优质服务，政府启动“四川省人才之家”，为高层次人才搭建资源信息共享、创新创业服务、学习充电交流和生活服务保障四大平台，邀请清华大学、中国人民大学、同济大学、北京外国语大学、上海交通大学、哈尔滨工业大学、中智公司等有关合作机构入驻，设立政策咨询热线、综合服务窗口等，定期开展政策解读、学习培训、需求对接、金融支持、项目路演、项目签约等主题活动，为高层次人才提供预约、上门、跟踪、受理、陪同、督办等“点对点、一对一”多样化服务。针对高层次人才服务工作存在“人才政策落地率不够、人才集约服务功能不强、人才服务力量不足”的三个“短板”，充分发挥“四川省人才之家”平台作用，四川省人才办整合相关部门资源，选定22个部门37名处级干部组建省级高端人才服务团，从政策宣传到回国入境，从创业发展到生活起居，为专家人才提供更加人性化、精准化、专业化的全链条式服务。

3. 营造尊重人才社会风尚

近年来，四川不仅在“硬件”层面为引才聚才搭平台，而且在“软件”层面大力弘扬识才爱才敬才的社会风尚，推出了一系列人才活动。譬如：成都市每年4月最后一周的星期六为“蓉漂人才日”，发布“蓉漂”双创指数、举办“蓉漂”高峰荟、开展招聘会等活动。在重要时段、重大活动期间，还会在地铁、公交、户外LED屏播放“蓉漂”形象广告片。开展“感知成都行”活动，每年暑期邀请国内外知名高校学生来蓉考察实践，感受天府文化、体验创新创业活力，营造“让蓉漂成为时代风尚”的社会氛围，塑造“以文化人”为向心力的软实力。

三　新形势下四川人才治理面临的新挑战

（一）省域人才发展结构仍不均衡

当前，四川与全国其他省市，特别是西部地区都面临着同一个人才发展难题，即省域人才发展结构的不均衡。从现有的四川人才分布来看，成都“一市独大”的局面始终未能被打破。据2018年测算，成都人才总量以年均12%的速度增长，[①] 截至2017年底人才总量约为516万人，占全省的72.1%，[②] 成都拥有在川院士的56%，科技研发人员占全省总数的54.8%，中高端专业技术人员占85.19%。2017年，吸引新落户本科及以上学历青年大学生人才22.7余万人，成都市人才净流入率位居全国前三，成功跻身“海归就业创业最爱城市”第三位，仅次于北京和上海。[③] 而这一喜人成绩在省域对比中却形成较大反差。近年来，在成都的辐射带领下，绵阳和德阳与成都建立的成德绵全面创新改革试验核心区等一系列一体化建设，促使绵阳和德阳位于四川省域第二梯队。绵阳、德阳两市拥有国家科技城和重大技术装备制造业、国家应急产业示范基地，其在科技创新和技术研发上的聚人成效明显，在川院士占比44%，科技研发人员占全省总数的25%，中高端专业技术人员占全省总数的4.1%。但除上述成德绵三市外，四川境内其余地区大多基础薄弱，人才增长乏力，少数民族地区和贫困山区人才发展更是匮乏。显然，人才发展与经济发展相互映射，凡人才集聚之地，其地区经济必然发达，反之亦然。因此，全面促进各级各类人才充分流入四川省域各地，以人才发展为引领，深入落实“一干多支、五区协同”发展战略，是应对当前不平衡问题的关键。

（二）高校集群创新优势尚不明显

人才驱动创新，人才是创新之本，但人才发展必须要有立足之地，也就是发展平台。作为高等教育资源丰富的四川，拥有普通高等院校126所，全国排名第6，西部第1，比排名西部第2的陕西多出30余所。其中，列入国家“双一流”建设的高校有8所，分别是四川大学、电子科技大学、西南

① 王明峰：《成都人才总量年均增速达12%》，《人民日报》2018年9月18日，第11版。

② 成都市2017年人才总量数据并未公布，本文根据2016年成都人才数据以及年均12%的增长速度推算。

③ 《第十七届西博会“了不起的西部·人才篇”专项活动今天举行》，四川在线，https：//longquan.scol.com.cn/sdxw/201809/56532422.html，2018年9月19日。

交通大学、西南财经大学、四川农业大学、成都理工大学、成都中医药大学和西南石油大学，而且这些高校校区基本都位于省域成都。高校作为重要的人才发展平台，汇集了一大批海内外专家学者、青年博士和研究生。为此，成都积极打造环高校知识经济圈，强调校地企深度融合、高校技术创新成果转化。随着成都“双一流”高校建设的推进，构建校企合作集群创新网络无疑成为这一政策举措的重要途径，特别是随着高校集中发展优势学科专业，更加有助于增强人才培养、科研成果及服务平台的创新绩效。如：成都市政府提出打造环高校知识经济圈，并重点支持环川大创新创业“三带四区一城”、电子科大“一校一带”、环西南交大智慧城和环西南财大金融智谷、成都理工大学与成华区共建“环理工大学知识经济圈”等。然而，在当前环高校知识经济圈建设过程中，由于产业集聚相对分散、载体建设不充分、工作机制不健全等问题，环高校知识经济圈的集群创新效益释放有限，还未能形成政策规划中的集群创新优势，亟待围绕校地企深度合作的区域创新布局。

（三）国际人才开放水平有待提升

国际人才流动是反映一个城市或区域开放程度、经济活力和发展环境最直接的指标，也是检验人才集聚和开放政策最有效的工具。从全国范围来看，东、西部地区国际人才发展差异明显。与东部发达地区相比，四川高层次国际人才的数量和质量都存在较大差距。根据西南财经大学发展研究院和全球化智库（CCG）发布的《中国区域国际人才竞争力报告（2017）》，四川省国际人才规模指数（包含外国专家规模和来华留学生规模）0.07，全国排名第14位，与第一名的上海差距达0.73，且低于全国平均水平（0.15）；国际人才结构指数（包含学历结构和职业结构）0.55，排名第13位，同样低于上海、广东和江苏的0.56、0.56和0.61；国际人才创新指数（包含创新发展和创新贡献）0.47，全国排名第24，其中创新贡献指数仅高于宁夏、安徽、广西等6省区，而广东、江苏和上海在该指数上分别排名第1位、第5位和第6位。[①]

① 王辉耀：《中国区域国际人才竞争力报告（2017）》，社会科学文献出版社，第16～24页。

基于以上调查数据分析，四川国际人才开放水平和发展环境还有待提高，这就涉及国外人才签证和办理机制、海外人才市场管理、高层次海外人才引进及生活保障政策、国外人才创新创业发展平台与激励政策、海外留学生留学政策等国际人才政策是否具有竞争力、吸引力和辐射力，因此四川应以国际人才发展为牵引，进一步优化人才对外开放政策，不仅要“有”政策，关键还要形成有“竞争力”的政策体系，打造升级版国际人才入川留学创业安居的新坐标。

（四）区域人才协调机制还不畅通

随着区域经济一体化和城镇化的深入发展，四川经济社会发展不再是“自瞄自画”的传统发展模式，而是要主动融入国家发展战略大局。四川地处长江上游，是长江主要的水源涵养地和重要的水量补给地，同时也处于“一带一路”和长江经济带交汇处，是通达东西的战略纽带和我国向西对外开放的门户枢纽。2016 年 9 月，中共中央政治局审议通过了《长江经济带发展规划纲要》，确立了长江经济带“一轴、两翼、三极、多点”的发展新格局，其中“三极”中的“一极”是指成渝城市群，覆盖重庆 27 个区（县）和四川境内成都、自贡、泸州、德阳、绵阳、遂宁、内江、乐山、南充、眉山、宜宾、广安、达州、雅安、资阳等 15 个市，总面积 18.5 万平方公里。成渝城市群作为西部经济基础最好的区域，人才资源十分丰富，创新创业环境良好。但由于两地行政区域划分壁垒、产业布局分类指导不够明确、人才体制机制建设各自为政、城际公共服务差异以及交通等因素，其区域人才流动与合作深度还不够充分。从区域人才发展看，由于区域人才协调机制未能真正建立起来，区域人才一体化仍停留在规划和设计层面。

四　新战略下跨区域人才治理一体化实践

（一）京津冀协同发展与人才一体化

2014 年 2 月，习近平总书记在听取京津冀协同发展工作汇报时强调，实现京津冀协同发展是一个重大国家战略。2015 年 4 月，中共中央政治局审议通过了《京津冀协同发展规划纲要》。2017 年 4 月，中共中央、国务院决定设立河北雄安新区。京津冀地区是我国的“首都经济圈”，包括北京市、天津市和河北省境内的 11 个地级市，其核心是有序疏解北京非首都功能，探索建立一种人口经济密集地区优化开发的模式，形成新的增长极，在京津冀交通一体化、生态环境保护、产业升级转移等重点领域率先取得突破，建立以首都为核心的世界级城市群。京津冀协同发展，涉及方方面面的内容，包括消除三地行政壁垒、很多复杂要素资源整合、统筹社会事业发展，包括产业项目、交通设施等“硬性”层面的一体化，也包括公共服务、人才发展等“软性”层面的一体化。① 在推动一体化发展中，人才一体化发展成为实现京津冀协同发展战略目标的智力支持和重要保障。为此，2017 年 7 月，京津冀三地人才工作领导小组联合发布《京津冀人才一体化发展规划（2017 ~2030）》，这是我国首个跨区域的人才规划，也是首个服务国家重大战略的人才专项规划，人才一体化正成为京津冀协同发展的新引擎。

1. 区域人才联动促进形成人才共同体

京津冀人才一体化发展的核心是“一体”，即打造区域人才一体化发展共同体。这与传统的城市“独自”发展模式不同，是以京津“双城”人才联动，带动石家庄、唐山等区域性中心城市和张家口、承德等节点城市的人才联动。《京津冀人才一体化发展规划（2017 ~2030）》就解决三地区域人才结构不合理、不均衡的问题，提出了实施“北京中关村—天津自贸区—河北雄安新区—石保廊全面创新改革试验区域”人才联动计划和“人才帮扶”项目，如帮扶环首都贫困县，鼓励优秀人才参与项目，鼓励京津冀三地高校、职业院校等与企业合作培养专项人才，解决贫困带经济发展中的人

① 徐立凡：《京津冀协同发展，以何为先导》，环球网，http：//opinion. huanqiu. com/plrd/2015 –05/6328205. html? agt =363，2015 年 5 月 2 日。

才匮乏问题。[①] 显然，区域人才一体化发展共同体秉持的是一种全域式发展理念，其目标是区域整体发展。

2. 区域人才聚力共建全国性科创中心

2016 年 9 月，国务院印发《北京加强全国科技创新中心建设总体方案》，坚持和强化北京科技创新中心地位。《京津冀协同发展规划纲要》也要求在创新驱动发展战略实施和京津冀协同发展中发挥引领示范和核心支撑作用。在这一部署下，京津冀人才一体化发展中提出以创新为发展目标的“三极”布局，即围绕全国科技创新中心建设，把北京打造成创新型人才集聚中心，形成京津冀原始创新人才发展极；围绕全国先进制造研发基地建设，把天津打造成产业创新人才集聚中心，形成京津冀高端制造人才发展极；围绕河北省转型发展需要，发挥雄安新区创新发展示范作用和石家庄承接转化带动作用，形成经济技术创新转化人才发展极。[②] 此外，北京从自身区域规划入手，建立科创“三城一区”，中关村科学城的工作重点是深化改革，优化创新文化和创新生态；怀柔科学城主要解决长远的科学布局和城市布局问题；未来科学城主要是激发创新活力；北京经济技术开发区重在对接“三城”科技成果转化，做强创新型产业集群。截至 2017 年底，北京市拥有国家高新技术企业 2 万余家，高新技术企业全年总收入预计超过 2. 2 万亿元，科技型企业超过 50 万家，独角兽企业 67 家，仅次于硅谷。[③] 这得益于北京在科创中心建设中实施一系列人才政策，在创新链上拓宽人才宽度，将工程师、知识产权律师和产品经理等都纳入人才范畴。[④] 总体而言，全国科技创新中心建设将在资源配置、人才集聚、创新环境、国际合作等方面发挥

① 叶娟娟：《郑军英委员：制定京津冀人才帮扶计划》，河北新闻网，http：//theory. hebnews. cn/2016 -01/08/content_ 5273669. htm，2016 年 1 月 8 日。

② 《〈京津冀人才一体化发展规划（2017—2030 年）〉发布》，央广网，http：//www. cnr. cn/tj/ztjjj/tj/20170707/t20170707_ 523837798. shtml，2017 年 7 月 7 日。

③ 冯秀英：《全国科技创新中心建设提速》，北京商报网，http：//www. bbtnews. com. cn/2018/0206/229310. shtml，2018 年 2 月 6 日。

④ 王皓、范俊生：《陈吉宁谈京津冀协同发展和全国科技创新中心建设》，《北京日报》2019 年 3 月 8 日，第 1 版。

示范辐射带动作用，凝聚高校、企业、金融中介机构等创新主体，强化区域协同创新。

3. 区域人才工程打造全球人才聚集区

京津冀人才一体化发展面临“四个不适应”问题，其中包括区域人才国际化发展水平与打造世界级城市群目标不适应，旨在抢占世界高端人才发展的制高点。为此，人才一体化发展的一大着眼点就在于解决人才国际化程度不高问题，《京津冀人才一体化发展规划（2017～2030）》提出共建国际高端人才发展平台、实施海外高端人才特聘岗位制度、绘制海外高端人才地图、优化人才国际化区域品质等措施，努力在2030年基本建成“世界高端人才聚集区”。为了实现这一目标，提出了以重点人才工程打造人才集聚区的模式，包括13项工程：全球高端人才延揽计划、京津冀人才创新创业支持工程、“圆梦京津冀”菁英计划、高技能人才联合体工程、雄安新区人才集聚工程、冬奥人才发展工程、沿海临港产业人才集聚工程、临空经济产业人才集聚工程、人力资源服务产业园建设工程、国际人才社区建设计划、京津冀人才互联工程、京津冀人才服务定制工程、京津冀人才安居工程。显然，重点工程设计正成为推进京津冀人才一体化发展的具体抓手，成为强化人才一体化发展的基础。其中，“全球高端人才延揽计划”“冬奥人才发展工程”“沿海临港产业人才集聚工程”“国际人才社区建设计划”4项重点工程，由京津冀三地人才工作领导小组办公室牵头协同多部门联合开展。①

4. 区域人才载体分类建设人才示范区

京津冀协同发展关键是要解决区域不平衡问题，其根本方式在于协调差异和分类改进。因此，京津冀三地人才一体化，并不是统一化，强调要发挥各自优势和错位发展。北京要打造成京津冀原始创新人才的发展极，天津要形成高端制造人才发展极，河北省围绕转型发展的需要，将形成创新转化人才发展极。为此，京津冀人才一体化发展进一步提出以功能区域载体为

① 《〈京津冀人才一体化发展规划（2017～2030年）〉发布》，央广网，http：//www.cnr.cn/tj/ztjj/tj/20170707/t20170707_523837798.shtml，2017年7月7日。

基础的“六区”布局，即以东部滨海发展区为载体，建设产业人才发展示范区；以西北部生态涵养区为载体，建设生态环保人才发展示范区；以中部核心功能区为载体，建设临空经济高端人才发展示范区；以雄安新区为载体，建设高端创新创业人才发展示范区；以南部功能拓展区为载体，建设科技成果转移转化人才发展示范区；以“通武廊”（通州、武清、廊坊）毗邻区域为载体，建设京津冀人才一体化发展综合示范区。[①] 按照“通武廊”人才一体化发展综合示范区的部署要求，2019 年 4 月北京市通州区、天津市武清区、河北省廊坊市三地签订《通武廊人力资源服务协同发展合作框架协议》。根据该协议，三地将合作共建“通武廊人力资源服务业协同发展示范区”，在人力资源服务信息、政策、提供、升级四个方面实现一体化。[②] 显然，京津冀一体化在协调发展中，把人才发展示范区作为引领分类和错位发展的抓手，通过多个人才示范区辐射带动周边人才实现共同发展。

（二）粤港澳大湾区建设与人才发展

2019 年 2 月，中共中央、国务院印发了《粤港澳大湾区发展规划纲要》，这是推进粤港澳建设成为世界级城市群的纲领性文件，是以习近平同志为核心的党中央做出的重大决策，更是习近平总书记亲自谋划、亲自部署、亲自推动的国家级重大战略。粤港澳大湾区建设，作为中国积极推动区域合作的重要决策，处于在“一个国家、两种制度、三个关税区、三种货币”的特殊条件下，对支撑“一带一路”建设，推动港澳参与国家发展战略，保持国家长期繁荣稳定具有重要意义。粤港澳大湾区研究院考察 2015 年世界四大湾区人口总量发现，粤港澳大湾区拥有 6671 万人，是东京湾区的 1.5 倍（4347 万人），是纽约湾区的 2.9 倍（2340 万人），是旧金山湾区

---

① 《〈京津冀人才一体化发展规划（2017～2030 年）〉发布》，央广网，http：//www.cnr.cn/tj/ztjjj/tj/20170707/t20170707_523837798.shtml，2017 年 7 月 7 日。

② 王昊男：《京津冀合作共建“通武廊人力资源服务业协同发展示范区”》，人民网，http：//bj.people.com.cn/n2/2019/0405/c233088－32814952.html，2019 年 4 月 5 日。

的11.6倍（760万人），[①] 截至2017年末，粤港澳大湾区人口总量接近7000万。[②] 作为全球第四大湾区，相比纽约的“金融湾区”、旧金山的“科技湾区”、东京的“产业湾区”，粤港澳更符合“人才湾区”的定位。[③] 因此，在粤港澳大湾区建设中，最大化地挖掘创新人才红利、释放创新人才效能成为大湾区建设的基础，而这就需要不断推进人才制度建设和人才治理改革。

1. 区域人才政策红利集聚效应凸显

作为世界级城市群，粤港澳大湾区不仅包括广州、深圳、香港和澳门四个核心城市，而且还涵盖广东省境内珠海市、佛山市、惠州市、东莞市、中山市、江门市和肇庆市，简称“珠三角九市”。其中，广东省境内市级区划达到11个，占到全省地级市（21个）的52%，覆盖了广东省一半的区域。总面积为5.6万平方公里。近年来，粤港澳大湾区在全球人才竞争中积极发力，广州、深圳“人才新政”不断升级，珠海、佛山、中山等地也出台了更加积极的人才政策，再结合香港和澳门两地的人才集聚优势，具有国际竞争力的人才治理体系正在逐步建立。在粤港澳大湾区建设中，广东省以人才发展体制机制改革为突破口，先后出台《关于我省深化人才发展体制机制改革的实施意见》《关于加快新时代博士和博士后人才创新发展的若干建议》《关于粤港澳人才合作示范区人才管理改革的若干政策》《关于深化职称制度改革的实施意见》等多项人才政策，同时广东省境内11个城市配合粤港澳大湾区中的城市定位和产业布局，制定差异化的人才政策。如：广州“羊城人才计划”和“红棉计划”，深圳“鹏城英才计划”和“鹏城孔雀计划”，珠海“英才计划”、中山“英才计划”、惠州“人才双十行动”，东莞“特色人才特殊政策”等，[④] 甚至一些地级市内行政区也推出各具特色的人

① 《全球第四大湾区来了！一图了解粤港澳大湾区》，新华网，http://www.xinhuanet.com/video/sjxw/2019-02/19/c_1210063144.htm，2019年2月19日。

② 《全球第四大湾区来了！一图了解粤港澳大湾区》，新华网，http://www.xinhuanet.com/video/sjxw/2019-02/19/c_1210063144.htm，2019年2月19日。

③ 全球化智库（CCG）、南方国际人才研究院：《粤港澳大湾区人才发展报告》，2018。

④ 全球化智库（CCG）、南方国际人才研究院：《粤港澳大湾区人才发展报告》，2018，第11页。

才政策，如广州市黄埔区的“黄埔人才”实施办法，深圳坪山区提出打造“龙聚坪山”人才高地，佛山市南海区的“蓝海人才计划”等，人才政策红利形成区域集聚优势。

2. 区域产学研教创新集群优势突出

区域创新离不开一流大学的支撑，粤港澳大湾区聚集众多国内外一流大学。根据2019年英国QS世界大学排名显示，香港境内有五所大学跻身世界一流大学行列，它们分别是香港大学（25名）、香港科技大学（37名）、香港中文大学（49名）、香港城市大学（55名）和香港理工大学（106）。另外，广东中山大学和华南理工大学、澳门大学也都进入世界500强大学行列。[①] 除了研究型大学外，粤港澳大湾区还包括应用型大学、高职院校等类型多样的高校。据《广东省统计年鉴（2017）》数据显示，广东省共有各类高校147所，拥有正高级职称教师13004人，均位列全国第二；在校大学生1892878人，位列全国第一。其中，本科高校67所，全国排名第四；在校本科生110余万人，全国排名第一；专任教师6.5万人，全国排名第二。珠三角地区本科高校有56所，主要是贴近地方产业的应用型高校。[②] 据相关统计，粤港澳大湾区拥有百所高校，在校生超过300万人。[③] 显然，丰富的高等教育资源为粤港澳大湾区创新发展提供了得天独厚的知识基础，特别是随着《关于加强粤港高等教育交流合作备忘录》的签署，成立粤港澳高校创新创业联盟、粤港澳高校联盟等合作机构，三地高校合作充分发挥了高等教育的创新引领作用。

除了高校集聚优势外，截至2016年底，粤港澳大湾区还建有与高新技术产业密切相关的16家国家工程研究中心、25个国家重点实验室、97家新型研发机构和449家科技企业孵化器，集中布局国家超级计算广州中心、国

① 2019年QS世界大学排名，QS官网，https：//www. topuniversities. com/university - rankings/world - university - rankings/2019.

② 徐静：《全国第一！广东高校在校本科生数量达110余万》，https：//baijiahao. baidu. com/s? id = 1604931334640293589&wfr = spider&for = pc，2018年7月3日。

③ 全球化智库（CCG）、南方国际人才研究院：《粤港澳大湾区人才发展报告》，2018，第5页。

家超级计算深圳中心、东莞散裂中子源、大亚湾中微子实验室、深圳国家基因库等重大科技基础设施。[①] 近两年来，湾区内的研发机构还在迅速增长。如：2017 年，珠三角九市新型研发机构数量达到 191 家，全年孵化企业 6064 家，是 2016 年的 1.6 倍，在电子通信、互联网、生物医药等新兴产业领域更是发展迅猛，吸引了华为、腾讯、中兴、大疆等一批创新型企业。[②] 根据《2017 全球创新指数报告》统计，通过“知识产权统计数据库”（2011～2015 年）对全球“创新集群”进行排名后发现，深圳—香港地区以“数字通信”为创新领域在全球“创新集群”中排名第二。[③] 2018 年 8 月，中央提出建设“广州—深圳—香港—澳门”科技创新走廊，打造大湾区国家科技创新中心。同时，中央支持香港建设国际创新科技中心，在香港建立中国科学院院属研究机构，支持澳门建设中医药科技产业发展平台，四个核心城市结合自身优势和功能定位，加速形成粤港澳大湾区创新网络。

3. 区域对外开放门户枢纽能级增强

粤港澳大湾区具有独特的地理位置，地处我国沿海开放前沿，以泛珠三角区域为广阔的发展腹地，在“一带一路”建设中具有重要地位。当然，粤港澳三地合作并非简单的区域一体化或是在各地原有开放基础上实施“加法”效应，而是在我国改革开放四十年时间节点上的再出发，是更高起点、更高标准、更高要求进一步扩大对外开放的深化改革。截至 2017 年，粤港澳大湾区已运营或在建机场 8 个，港口 16 个，铁路 20 条，高速公路 38 条，广深港高铁、港珠澳大桥、世界级机场、以广州为中心的珠三角城市群的“1 小时生活圈”等交通基础设施全面扩容升级。[④] 此外，2018 年广州南

① 陈联俊：《夯实粤港澳大湾区创新发展的人才基础》，《光明日报》2018 年 8 月 23 日，第 11 版。

② 全球化智库（CCG）、南方国际人才研究院：《粤港澳大湾区人才发展报告》，2018，第 6 页。

③ 陈联俊：《夯实粤港澳大湾区创新发展的人才基础》，《光明日报》2018 年 8 月 23 日，第 11 版。

④ 全球化智库（CCG）、南方国际人才研究院：《粤港澳大湾区人才发展报告》，2018，第 8 页。

沙计划投资230.6亿元，加快构建粤港澳大湾区“半小时交通圈”，① 珠海在粤港澳大湾区建设中的战略通道门户地位也愈加凸显。整体来看，粤港澳大湾区的门户枢纽正在形成内畅外联、面向全球开放的新格局。

在粤港澳大湾区建设中，广东省相比香港和澳门的开放特点，主要体现在其自贸区建设上，即广州南沙新区、深圳前海蛇口片区和珠海横琴新区片区三个区域形成的高水平对外开放“特区”。当前，自贸区在港澳及外籍高层次人才出入境、在华停居留、项目申报、信息互联互通方面享有特殊政策。在粤港澳人才合作示范区（包括自贸区）工作的港澳居民，可免办《台港澳人员就业证》，且这一先行先试政策已经覆盖全国。同时，广东省还积极实施高水平的人才对外开放政策，先后出台《支持广东自贸区建设及创新驱动发展的16项出入境政策措施》《关于加强新形势下引进外国人才工作的实施意见》《广东省人才优粤卡实施办法（试行）》等，为吸引海内外优秀人才创设了开放、包容、多元的政策环境。基于开放的人才政策环境，广东省不仅成为全国独立法人中外合作大学最多的地区，如北京师范大学—香港浸会大学联合国际学院（珠海）、香港中文大学（深圳）、广东以色列理工学院（汕头）、深圳北理莫斯科大学，占到全国中外合作大学的近一半；而且还吸引了大量的高层次人才，如广东省拥有双聘院士150名，“海外高层次人才引进计划”专家161名，广东省“珠江人才计划”创新团队112个，且这一数字仍持续增加中，创新人才集聚充分展现了开放水平。②

4. 区域错位协调发展功能整体提升

随着广东肇庆到香港铁路开通、港珠澳大桥整体贯通，物理交通网络体系不断完善，促使粤港澳大湾区区域一体化发展进入更高层次的内涵发展阶段，因为粤港澳大湾区建设不仅进一步扩大了港澳与内地的连接，而且对自北向南三大城市群（京津冀、长三角和珠江三角）、对中南和西南地区的辐

① 《打造粤港澳大湾区高水平对外开放门户枢纽》，《南方日报》2018年4月11日，第5版。

② 陈联俊：《夯实粤港澳大湾区创新发展的人才基础》，《光明日报》2018年8月23日，第11版。

射以及对21世纪海上丝绸之路等国际国内区域协调发展具有重大的战略意义。[①] 推动跨区域协调发展，就是促进资源要素在更大的范围内优化配置，进而带动区域整体发展。以广东省为例，当前，粤港澳大湾区建设路线正走向从以往部分城市“单点突围”到多个城市“抱团取暖”再到跨区域“深度融合”的转变中，广东省在这一国家战略影响下提出相应对接的“一核一带一区”区域发展新格局：“一核”指珠三角地区，引领广东省发展的核心区域和主引擎，范围有广州、深圳、珠海、佛山、惠州、东莞、中山、江门和肇庆9市；“一带”指沿海经济带，新时代广东省发展的主战场，范围有珠三角沿海7市和东西两翼地区7市（东翼以汕头为中心，包括汕头、汕尾、揭阳和潮州，西翼以湛江为中心，包括湛江、茂名和阳江）；“一区”指北部生态发展区，广东省重要的生态屏障，范围有韶关、梅州、清远、河源和云浮5市。这一区域新格局无疑成为深度融入湾区发展的广东实践。

在这一嵌套式区域发展中，错位布局是其协调发展的关键。就广东省区域发展布局来看，根据“一核一带一区”区域发展总体布局：一是要携手港澳共建粤港澳大湾区，包括加快推进珠三角国家自主创新示范区和“广州—深圳—香港—澳门”科技创新走廊建设，加快推进深圳前海、广州南沙、珠海横琴等重大平台开发建设。二是要强化珠三角核心引领带动作用。譬如：广州要在综合城市功能、城市文化综合实力、现代服务业、现代化国际化营商环境方面出新出彩；珠海要培养成为珠江口西岸核心城市；深圳要建设中国特色社会主义示范区、创建社会主义现代化强国的城市范例；佛山聚力打造高端装备制造业和智能制造产业，惠州聚力打造高端电子信息和石化产业，东莞聚力打造智能制造和新材料产业，中山聚力打造高端装备制造和健康产业，江门聚力打造轨道交通产业，肇庆聚力打造新能源汽车和节能环保产业。从珠三角整体产业布局来看，就是要重点支持新一代信息技术、高端装备制造、绿色低碳、生物医药、新材料等战略新兴产业，支持数字经

① 冯奎：《粤港澳大湾区：区域协调发展为主线推动建设》，人民论坛，http：//www.rmlt.com.cn/2018/0302/512449.shtml，2018年3月2日。

济、海洋经济发展，建设珠三角人工智能产业集聚区、国家大数据综合实验区，大力培育发展高端服务业。三是要推动北部生态发展区绿色发展，包括在韶关和清远北部打造生态特别保护区，创建国家公园推进南粤古驿道保护修复与活化利用；打造全球知名旅游品牌和旅游目的地以及服务粤港澳大湾区旅游休闲区。聚力打造现代农林业、生物医药、健康养生、绿色低碳新型工业、文化生态旅游、数字经济、运动休闲和绿色食品产业。四是要加快建设现代化沿海经济带，包括培育壮大汕头、湛江两大发展极；增强汕尾、阳江的战略支点功能；打造以珠三角城市群为核心，汕潮揭城市群和湛茂阳都市区为两翼的沿海经济带、产业聚集带和滨海旅游带。东西两翼推动重大产业向东西两翼沿海地区布局发展，打造世界级沿海产业带；建设国家级海洋经济发展示范区和海洋科技合作区。①

五　新时代四川人才治理现代化发展策略

（一）迈入3.0时代的四川人才治理现代化基本理念

1. 全域

随着我国城镇化发展的持续推进，“大城市病”“省城独大”等城市问题也日渐凸显，再加上我国东西部、城乡等二元化结构还未得到彻底改变，区域间和省域内的发展不均衡性仍然较为严重，人才的引育用留也受到一定程度的影响，但同时人才发展本身又是最具有流动性和拓展性的，可以有助于降低经济社会发展的不均衡性。迈入 3.0 时代，对四川人才治理体系及现代化要求更高，首要的就是要建立全域发展理念，其中的“域”主要是从经济地理角度而言的，全域不仅包括四川省域内，而且还要深度融入国家战略，积极主动面向“一带一路”、长江经济带、西部地区和成渝城市群。全

① 《构建“一核一带一区”区域发展新格局　促进全省区域协调发展》，《南方日报》2019 年 7 月 19 日，第 1 版。

域发展，不是同等发展，而是突出区域人才发展功能互补、错位发展，形成区域人才发展“一盘棋”思想，强调人才发展的整体性、和谐性与可持续性，建立区域人才一体化发展共同体。

2. 创新

创新驱动的实质是人才驱动，而单个人才难以成势，只有汇集各级各类人才，才能建成“众创空间”。因此，当前乃至未来四川人才发展的方向就是要建立集群式的创新网络，不断增强创新的集聚优势和社会外溢性。其中，大学和高新技术企业是创新的源头，也是高层次人才发展的主要载体，扎实推进环高校知识经济圈建设是提高区域创新能级的重要路径。因此，以校企合作创新为主体的区域创新系统建设，是创新型国家建设的基础。面对校企合作创新，亟须全面认识创新的内涵与方式，要从大学三大职能的视角定义创新，即人才培养模式创新、科研转化创新和服务平台创新。譬如，2016年，《斯坦福大学2025计划》首次提出“开环大学”（Open – loop University）理念，强调随着大学走进社会中心，大学将会与社会其他主体建立更加开放包容的合作关系，助力硅谷区域创新系统升级。

3. 开放

改革开放是我国社会经济快速健康发展之根本，亦是人才发展内涵之要义。改革开放四十年再出发，就是要继续深化和扩大对外开放。扩大对外开放首先是对“人”的开放，只有真正实现人才开放，才能真正实现对外开放。同时，只有通过扩大人才对外开放，才能倒逼现有的人才工作体制机制改革，人才活力需要在“开放”中求索。当前，作为西部国际门户枢纽的四川已经定位于全球发展的新坐标，国际人才开放理念无疑决定了未来人才开放政策水平和实践成效。大力吸引高层次国际人才进川留学创业营商安居，不断创新和完善国际人才政策体系，为国际人才发展营造“类海外”环境，深入推进成都“五中心一枢纽”建设，努力将其打造成国际化大都市。与此同时，加快本土人才发展国际化，即培养人才的国际化意识、视野、素养和知识，整体提升四川国际化人才发展格局。

4. 协调

党的十八大以来，中共中央、国务院发布了“一带一路”、长江经济带、新一轮西部大开发、粤港澳大湾区等一系列国家重大战略，四川省在主动融入这些战略的过程中亟须应对跨区域协同发展问题，特别是成渝城市群建设，涉及“双城”带动多城的整体发展。区域人才发展一体化作为区域协同发展的总引擎，必须处理好跨区域、两地政府、多个主体人才协调机制的衔接、改造和重建工作。四川和重庆两地政府是区域人才发展一体化治理的主体，需要建立新型协调观，即消除定势发展思维、突破行政区划壁垒。两地人才办必须建立定期会晤机制和区域人才一体化合作框架，统筹成渝城市群人才发展，集中在人才评价制度、产业人才布局、人才资源信息、教育培训等方面形成共享共建、互认互通机制。总体而言，跨区域人才协同治理对地方政府的治理能力提出了新要求。

（二）融入国家重大战略的人才治理现代化发展思路

1. 以优带弱，建立差异化区域人才格局

区域人才一体化，是一个整体性的全域发展，但由于长期以来形成的区域发展不均衡和人才结构不合理问题，必须通过“非常规”手段予以应对，通过“帮扶”和“引领”形成“以优带弱”的发展模式，根据区域地理位置、产业结构和人文环境等多要素建立具有差异化的人才发展格局。如：京津冀一体化提出的京津“双城”人才联动多节点城市、“一村四区”人才联动计划和面向贫困经济带的“人才帮扶”项目等。又如：在粤港澳大湾区建设中，广东省域内在广州、深圳两市的积极引领下，珠海、中山、惠州、东莞等地级市根据在大湾区整体中的城市定位和产业布局，相应制定了差异化的人才引进政策，甚至一些地级市内行政区也推出各具特色的人才政策，形成了人才吸引策略的集聚效应和多重优势。显然，要实现区域协同发展，必须充分发挥区域内中心城市的先导和引领作用。

2018 年 12 月，四川开始探索省内人才一体化发展，成都、德阳、绵阳、遂宁、资阳、眉山、乐山、雅安 8 市共同签署《成都平原经济区干部人才工作协同发展框架协议》，推进人才资源协同发展，促进干部教育培训共建共享；[①] 2019 年 3 月，四川又出台了《加快推进成都平原经济区人才一体化发展十条措施》，探索人才协同发展促进区域协同发展新路径。[②] 当前，四川正在积极主动融入“一带一路”建设、新一轮西部大开发、长江经济带和泛珠三角区域合作的重大机遇，四川人才发展的经济地理发生了巨大变化。为此，四川境内城市应在国际城市的衔接点、西部城市的核心点、长江沿线城市的关键点和泛珠三角城市的对接点等一系列城市联动节点上找准定位和优势，建立以点连线、以线聚面的协同合作机制，充分发挥区域人才流动、转移、合作、集聚等特点，着重围绕成渝城市群建设，以成都和重庆两个国家中心城市为动力源，建立西部“双城”人才联动多城机制，以区域人才一体化发展带动区域协同发展，形成西部区域协同创新共同体。

2. 引企入校，建立网络化校企创新集群

区域协同发展的根本目的是为了实现创新。根据《国家创新驱动发展战略纲要》部署，明确提出“优化区域创新布局，打造区域经济增长极”的战略任务。从京津冀打造全国科技创新中心、粤港澳大湾区高校和高新产业集聚实践，特别是“广州—深圳—香港—澳门”科技创新走廊、大湾区国家科技创新中心建设来看，发展校企合作集群创新网络是区域创新布局的有效途径，人才作为创新的核心要素将在高校、企业等网络联结中形成集聚优势。然而，要形成集聚规模和集聚黏度，必须建立“引企入校”合作机制，就是围绕高校特色学科优势，鼓励和吸引国内外各类企业与高校建立合作关联，在人才培养、科学研究和社会服务方面形成全面合作关系，对应为“引企入教”“引企入研”“引企入民”，建构“教育链—人才链—产业链—创新链—价值链”创新网络。高校和企业会随着深度合作需要，还会吸收金融、教育、物流、社区等中介组织，建立产品创新供应链。

当前，成都市政府正在推进环高校知识经济圈建设，但是由于四川高校

① 吴亚飞：《人才资源协同发展》，《四川日报》2018 年 12 月 29 日，第 2 版。

② 林凌、邓翔洋：《打破地域限制　高端人才政策共享》，《四川日报》2019 年 3 月 28 日，第 1 版。

资源主要集中在成都，资源分布不平衡难以对非省会城市构成地理集聚优势，创新网络覆盖面不高。目前，川内只有四川农业大学在成都、雅安和都江堰三地设有校区，相对其他高校创新网络影响力最大。因此，从资源分布情况看，川内高校应根据自身学科特色与优势，主动与省内产业所在区域的地方企业和其他组织建立校企合作关系。譬如：四川宜宾作为长江首城，承接我国东部产业的重要区域地带，其茶产业、酒产业和新兴战略产业等对长江经济带具有辐射作用。为此，四川大学宜宾研究院、电子科大宜宾智慧信息系统产业技术研究院、西南财大长江金融研究院等相继落户宜宾，这就极大地满足了当地校企合作创新集群建设的需求。建立引企入校机制，要突出大学在创新网络的中心位置，主动担负其引领社会的使命，而企业在新一轮产业革命中，必须加强与高校的合作，共同推进育人创新、研发创新和产品创新。当然，随着这一“迁移”模式的成熟，可进而将其推广到整个西部地区，建立跨区域校企、校校、校所深度合作机制，提升整体创新水平。

3. 以产聚才，建立国际化人才开放通道

人才发展，不仅是个人层面的发展，而是具有社会意义的发展，因此必须以产业作为其发展的载体，探索以产聚才、产才融合新思路，把人才的引进、培育、留用均要建立在地方产业发展基础上。从这一角度来看，区域人才国际化发展一定要与产业，特别是高端产业建立匹配关系。同时，还要为国际人才顺利流入，打通签证入关、健康医疗、公共服务等安居保障工作的“最后一公里”。譬如：京津冀提出以重点人才工程打造人才集聚区的模式，建立“世界高端人才聚集区”，通过一系列举措为国际人才搭建发展平台。在这一过程中，京津冀三地将根据各自城市定位和产业需要，制定统一部署的揽才计划。又如：粤港澳大湾区位于我国改革开放的前沿，香港和澳门的人才国际化程度都非常高，为了使三地国际人才充分往来流动，广东省在提升城际互联互通能级、实施高水平的人才对外开放政策方面下了大功夫，建立了开放、包容、多元的国际人才发展环境。

近年来，成都作为国家中心城市，扎实推进“五中心一枢纽”建设，加快建设国家级高速公路枢纽、国际空港枢纽、国际性铁路枢纽基础设施，构建通达全球、衔接高效、功能完善的国际性综合交通枢纽，建设成为内陆开放门户城市。特别在成渝城市群建设中，不断提升成渝交通能级，目前正谋划时速600～800公里的磁悬浮列车，届时两地客运时间将从现在1小时13分缩短至30分钟。[①] 显然，随着成渝两地交通发展日益便利，成渝两地应加快制定高水平的区域国际人才开放政策，“取长补短”使两地相关人才政策朝向一体化方向发展，特别对外籍高层次人才出入境、在华停居留、项目申报、信息互联互通等方面加强对接，充分发挥两地驻领事馆、跨国企业、高等院校以及地域性产业等综合性资源优势，广揽海外人才进川入渝创新创业，进而提升整个川渝地区的城市国际化发展水平。

4. 分中有合，建立一体化人才协调机制

区域人才一体化的本质是通过分类建设、错位发展，突出功能互补、相辅相成，从区域发展“一盘棋”的高度谋划人才一体化，建立人才发展协调机制。所谓“分中有合”，是指不同地区要根据当地产业结构和发展定位，实现区域内部错位和差异发展，再从区域高度将不同类型产业及人才串联起来，形成区域人才发展的“整体”效益。在这一发展过程中，亟须从顶层设计一套区域人才协调机制。譬如：京津冀人才一体化总体布局中的“六区”——六个人才发展示范区建设，广东在粤港澳大湾区建设中提出“一核一带一区”发展格局，都是通过错位分类发展实现整个区域人才发展系统的协调与可持续。显然，区域人才协调机制的关键在于明细地方产业结构布局，而区域节点产业布局必须凸显特色和优势，形成产业人才示范区，从而带动和辐射周边地区产业发展，充分集聚产业人才。

四川省在“一干多支、五区协同”总体格局下，明确了省内各地级市州产业经济发展重点，且取得了突破性的进展。但面对融入国家重大战略，实现跨区域协同发展还需要与新经济地理线路中的衔接城市建立广泛的人才合作。以成渝城市群人才发展为例，首先，成都和重庆两个先导城市应系统

① 《重庆和成都之间将布局时速600～800公里的超高速磁悬浮》，搜狐网，http://www.sohu.com/a/328828096_729676，2019年7月23日。

梳理各自的人才政策，从对比学习中相互借鉴对方特色优势，补充和完善各自相关人才政策。如：2017 年，重庆市政府出台《“十三五”知识产权人才规划》，健全知识产权人才培养和选拔机制；成都近年来大力推行的“蓉漂计划”，通过改革人才落户制度、实施人才安居工程和建设人才绿卡体系，吸引了一大批青年人才来蓉创新创业。其次，成都和重庆两地人才办应建立常态化协作机制，围绕区域人才发展重大议题，如：教育培训成果互认、人才信息数据共享、人才评价标准等方面共同设计、研制和实施。最后，以成都和重庆两城为中心，研判区域多节点城市产业布局重点，建立基于产业发展的人才示范区，突出示范区在区域人才协调发展中的联结作用。

（三）引领西部放眼全球的人才治理现代化建议方案

1. 打造成渝人才联动走廊

根据《成渝城市群发展规划》布局，提出构建“一轴两带、双核三区”的空间格局。围绕这一战略布局，一是要重点发展成渝发展主轴，依托成渝北线、中线和南线综合运输通道，推进重庆两江新区和四川天府新区建设，带动资阳、遂宁、内江、永川、大足、荣昌、潼南、铜梁、璧山等沿线城市；二是要培育沿江城市带，依托长江黄金水道及沿江高速公路、铁路，促进泸州、宜宾、江津、长寿、涪陵、丰都、忠县、万州等节点城市，发挥重庆的辐射带动作用；三是要优化成德绵乐城市带，依托成绵乐城际客运专线、宝成—成昆铁路和成绵、成乐和成雅高速公路等构成的综合运输通道，强化绵阳、德阳、乐山、眉山等城市的节点支撑作用，发挥成都辐射带动作用。显然，成渝“一轴两带”空间布局已经清晰完整地绘制出三条人才联动发展的走廊，形成双城带动多城的格局。

从现有区域地理布局来看，三条成渝人才联动走廊的特色还不够凸显，节点城市的“联结”功能还不够突出，因此接下来要把交通意义上的“通道”转变为人才和产业发展意义上的“走廊”。具体来说：一是成渝主轴人才联动走廊，要充分发挥成都和重庆两个核心城市的引领带头作用，重点打造重庆两江新区和四川天府新区，将其作为高端人才集聚区，引导沿线 9 城重点发展电子信息、机械装备、智能制造、清洁能源、医药化工等制造产业，再根据区域地理位置设立“联结”中心城市，如四川境内的资阳、遂宁作为区域产业人才发展的辐射点；二是沿江城市带人才联动走廊，着重发挥重庆辐射作用，引导沿线 8 城重点发展酒产业、茶产业、化工和食品加工，以及酒茶文化产业。重点建设长江经济带首城宜宾，集聚各类高端人才；三是成德绵乐城市带人才联动走廊，着重发挥成都辐射作用，以及成德绵全面创新改革试验区的集聚优势。把成都打造成为具有国际影响力的区域创新创业中心，把德阳打造成为国家高端装备产业创新发展示范基地，把绵阳打造成为国家军民融合创新改革发展示范基地，聚力推进西部科技创新。

2. 缔结区域校企创新联盟

区域校企合作创新，是优化区域创新布局的重要方式。为了深化这一合作方式，可以探索建立区域内不同类型高校与地方企业的多元创新合作联盟。其中，合作对象是指区域内的各类高校和企业，高校涉及研究型大学（“双一流”建设高校）、应用型本科院校（新建本科院校）、高职高专院校、开放大学（成人教育院校）；企业必须是区域内国有、民营或外资等各类企业，旨在形成区域校企合作聚集区，扩大合作成果的外溢性。合作内容是指校企合作的范围，包括人才培养合作、科学研究合作和社会服务合作（智库研究），如：研究型大学常与高新技术企业建立科研层面合作，而应用型高校和高职高专与企业则主要是人才培养层面合作。合作目标是指通过校企合作创新应对复杂的社会和技术问题，其根本方向是创新，包括技术创新、育人创新、平台创新和制度创新等，且这些创新必须要形成集群效应，实现高水平、高覆盖、高效益的创新，重构经济地理版图。

为此，成渝城市群可以借助丰富的高等教育资源，与地方产业建立紧密的联盟合作机制，而且这一合作不再是“一对一”而是“多对多”，充分发挥集体资源优势。譬如：面对新一轮科技产业革命，5G、互联网、大数据、云计算、区块链、人工智能等成为产业革新的新坐标，就成渝城市群发展而言，智慧城市无疑将是推进城镇化进程面临的新问题。川渝两地高校和企业可以建立智慧城市校企合作联盟，借助区域内各大高校优势学科专业与相关企业建立合作协议框架，实行问题导向的分工负责项目制和盟主轮值管理模式。以智慧交通为例，西南交大、重庆交大等高校可借助轨道交通学科优势与川渝两地交通公司合作，解决智慧交通中的运输、信号控制等问题。同时，四川交通职业技术学院、重庆交通职业学院可以通过现代学徒制，与区域轨道交通运输管理企业建立联合培养人才模式。当然，这一联盟建设必须得到两地政府联合支持，特别是在体制机制创新改革方面，如校企合作科研成果转化的混合所有制、职业院校校企合作股份制办学等。

3. 共建区域国际人才社区

国际人才社区，是2017年7月北京市人才工作领导小组印发的《关于推进首都国际人才社区建设的指导意见》中提出的吸引国际人才的新思路。所谓国际人才社区，就是要在北京市范围内，有批次地选择试点区域，以国际人才需求为导向，打造一批有海外氛围、有多元文化、有创新事业、有宜居生活、有服务保障的特色区域，为国际人才创新创业搭建良好的承载平台、提供职住一体的生活配套，确保人才引得进、留得住、用得好，着力打造“国际人才集聚区、人才政策试验区、创新创业示范区、宜居宜业典范区”。显然，国际人才社区就是要为吸引国际人才，建立一种“类海外”环境及设施。从本质来看，这一“社区”并非一定是特定地理区域，而是一个多主体合作网络，以国际人才和知识密集型企业为核心，以政府、教育和研究机构、民间组织和服务型企业等为多主体。

随着成渝城市群建设能级提升，必须提高对外开放水平，积极参与全球人才市场竞争，建设区域国际人才社区将有利于吸引国际人才进川入渝。区域国际人才社区建设，不同于一般的人才集聚，必须要在人才发展环境相对成熟的地区先行先试。目前，成都和重庆两个中心城市相对符合要求，地方政府需要对当地国际人才集聚情况和类型进行调查，选择国际人才相对集中区域开展试点。主要思路包括：一是明确区位优势和定位，制定国际人才社区规划；二是依托专项引才工程和平台载体，加大高层次国际人才引进力度；三是以高端住宅区、国际学校和健康医疗为抓手，优化生活配套设施建设；四是以国际人才政策为内容，加强对外宣传、拓宽政策知晓面；五是提供包容和多元的文化活动，促进国际人才融入中国社会；六是建立海外人才服务站，提供多语种服务，推动社区共治共管。总体而言，国际人才社区建设对地方政府治理和企业融入提出了更高的要求。

4. 创办一流中外合作大学

成渝城市群拥有西部优质的高等教育资源，其中入选“一流大学”建设的高校有3所，分别是四川大学、电子科技大学和重庆大学；入选“一流学科”建设的高校有7所，分别是西南大学（重庆）、西南交通大学、西南财经大学、四川农业大学、西南石油大学、成都理工大学和成都中医药大学。目前，这些“双一流”建设高校基本都设置了若干优质的中外合作办学项目，采取“2+2”或“3+1”本科人才培养模式。譬如：西南财大与美国纽约城市大学巴鲁学院中外合作办学（会计学）项目采取“3+1”培养模式，学生完成四年培养计划达到毕业要求，同时获得西南财大和纽约城市大学管理学双学士学位证书。但这些本科项目还属于级别较低的项目，中外合作办学空间有限。随着中外合作办学日益深化，一些高校开始探索建制中外合作办学二级学院，如四川大学匹兹堡学院、电子科技大学格拉斯哥学院、重庆大学—辛辛那提大学联合学院、西南交通大学利兹学院、西南财经大学特拉华数据科学学院等。这些二级学院基本采取“4+0”人才培养模式，国外合作学校会派教师来华教学，学生只要完成毕业要求，不出国也可获得两个学校学位，该模式属于中级层面的合作，一般只限于部分优势专业。

但到目前为止，成渝城市群“双一流”高校中还未有一所独立法人资格的中外合作大学，因为合作级别越高，对国内合作高校的资质和办学环境的要求就越高。我国西部地区唯一一所中外合作大学，西交利物浦大学的办学地点不在西安，而是选在了苏州。目前，我国9所拥有独立法人资格的中外合作大学的办学地点全部位于长三角和珠三角区域。显然，独立法人资格的中外合作大学对所在地方经济发展、城市国际化等办学环境有着特殊的要求，但同时这些大学的创建也积极促进了地方国际人才的集聚。譬如：温州肯恩大学（与温州大学合作）、昆山杜克大学（与武汉大学合作）、广东以色列理工学院（与汕头大学合作）。这些大学建立国内大学、国外大学和地方政府的合作模式，有些国内大学甚至还选择了异地办学。基于以上高校的实践，四川大学、重庆大学和电子科技大学三所“一流大学”建设高校可以积极探索在成都和重庆两地创建独立法人资格的中外合作大学，这不仅是在区域内增设几所大学，而是整体提升区域高等教育的国际化水平，促进国外优质教育资源流入，吸引全球学生进川入渝学习创业，提高人才国际化素养水平和培养质量。同时，国际化大学及人才集聚也将塑造城市国际环境。

管 理 实 践

Administration Practice

B.2

成都市人力资源协同发展研究

胡元坤*

摘　要：　人力资源协同是党的十九大报告对构建现代化经济体系、推动经济社会高质量发展做出的战略部署。四川省委构建“一干多支、五区协同”区域发展新格局，关键在人力资源配置。成都围绕贯彻中央和省委部署要求，深入践行新时代党的组织路线对人才工作的新要求，紧扣推动高质量发展需要，坚持把“人力资源协同发展”作为统揽全市人才事业发展的新理念，通过人才的深度开发、精准匹配、有效服务，促进与实体经济、科技创新、现代金融等相互协同、相融互动，提高全要素配置水平，实现“1+1>2”的叠加效应，为推动城市高质量发展提供动力和支撑。

* 胡元坤，成都市委常委、组织部部长、市委社治委主任、成都市人才工作领导小组组长。

关键词： 人力资源协同　内部协同　外部协同　全面协同

习近平总书记深刻地指出，发展是第一要务、人才是第一资源、创新是第一动力，强调要牢固确立人才引领发展的战略地位，全面聚集人才，着力夯实创新发展人才基础。党的十九大报告首次明确提出“着力加快建设实体经济、科技创新、现代金融、人力资源协同发展的产业体系”，这是我们党根据新时代的历史方位、主要矛盾和发展目标，着眼于建设现代化经济体系、推动经济社会高质量发展做出的战略部署。高质量发展的核心是提高全要素生产率，关键是实现人力资源协同发展。

中共四川省委十一届三次全会着眼长远、立足当下，做出实施“一干多支”发展战略、构建“一干多支、五区协同”区域发展新格局的战略部署，目的是加大统筹区域发展力度，推进“主干”引领带动、“多支”竞相发展、“干”“支”协同联动，更好地实现各区域优势互补、错位发展、同频共振，推动高质量发展，整体提升全省综合实力。实现省委战略部署，关键在人才资源配置，以人力资源协同发展促进区域协同发展。

在这样的背景下，中共成都市委提出了人力资源协同这个重大课题，并将其作为统揽全市人才事业发展的新理念，其目的就是紧扣重大战略需要，突出强调人才作为第一资源的重要地位和作用，通过人才的深度开发、精准匹配、有效服务、激励引导，推动人力资源的数量增加、结构优化、素质提升、科学配置，促进人力资源与实体经济、科技创新、现代金融等相互协同、相融互动，提高全要素配置水平，实现“1 + 1 > 2”的叠加效应，为高质量发展提供人才动力和支撑。

一　人力资源协同是什么？

“人力资源协同”这个概念，源于企业微观管理，原义是指组织协调内部人与人的关系，实现人力资源在组织中的最优配置，增强人力资源与其他要素的互补性、协调性、一致性、耦合性，使组织获得竞争优势和实现卓越绩效。

在建设现代化体系中强调人力资源协同，我们理解，就是要促使人力资源这一要素与实体经济、科技创新、现代金融等要素相互协同、相融互动，呈现资源效益的最大化，简单地说，就是实现“1 + 1 > 2”的效果。

如何做好这一加法？我们认为，就是要通过加大人才的深度开发、精准匹配、有效服务、激励引导，推动人力资源数量增加、结构优化、素质提升、科学配置，将有限的政策资源、要素资源精准匹配给真正需要的人才，让人才在与实体经济、科技创新、现代金融的协同互促、互利共生中焕发生机与活力，为现代产业发展和城市长远发展提供动力和支撑。具体可从三个维度来理解。

从内部协同看：重点是围绕人才供给侧改革，着眼盘活存量、做优增量，统筹人才“引育用留管”各环节，通过政策创新、机制改革、平台搭建、环境培育等方式，促进人才数量增加、人口素质提升，充分激发不同层级、不同知识背景人才创新创业活力，推动实现人口红利与人才红利叠加释放。比如，2010 年以来，以上海、深圳、杭州为代表的东部发达城市，抓住国家级人力资源服务产业园建设契机，分别打造上海人才大厦、深圳人才园、杭州人才旗舰店，引进行业知名人才服务机构，入驻工商、社保、就业等政府服务机构，形成集人才引进、培育、服务为一体的人力资源协同服务综合体，为推动区域高质量发展提供人才支撑。

从外部协同看：人力资源与实体经济、科技创新、现代金融是现代产业体系最为重要的“四大支柱”，其中人力资源居于引领地位。推进人力资源协同，就是要增强人力资源与其他三大支柱在量上的均衡性、质上的适应性、空间上的聚合性、配合上的协调性，为加快构建现代产业体系提供重要支撑和保障。当前，沿海发达城市以新型孵化器来推进人力资源协同，这种孵化器集产业发展生态系统、科技创新平台和现代金融为一体，吸引拥有自主产权项目的人才入驻，实现人力资源与产业、科技和金融的协同。比如，广州华南新材料创新园由民营资本运作，依托金发科技、高金集团及旗下上市公司行业资源和产业优势，以“龙头企业 + 孵化企业”协同打造的大产业平台，构建全链条的孵化体系和服务体系，22 万平方米的孵化载体，引进“国千专家”18 个、培育高新技术企业 86 家、上市企业 2 家。

从全面协同看：就是遵循“以人为本”的思想，充分发挥人才是第一资源的优势，通过内部协同，实现人力资源深度开发；通过外部协同，实现与区域发展战略、现代产业体系、城市规划建设等精准匹配，进而推动人力资源在更广领域、更大区域、更多层次、更全链条、更强力量上跨界融合，实现资源配置和使用收益最大化。比如，深圳抢抓粤港澳大湾区建设的历史机遇，充分利用广州的教育科研、东莞等周边城市的先进制造业、香港的金融和高端服务业、澳门的商务服务业等资源，以产业为根基、以人才为关键，为区域协同发展探索了经验。

深入分析人力资源协同发展的内在逻辑，其贯穿始终的核心要义是：深度开发、精准匹配、跨界融合、迭代裂变。深度开发是基础，主要突出问题导向，聚焦人才工作在做大总量规模、做优人才结构等方面存在的突出问题，从战略目标任务着眼，加快构建“基础人才—中端人才—高端人才—企业家”不同层次的人才开发培养体系，做大存量、盘活增量、优化质量，加大人力资源供给。精准匹配是关键，主要突出需求导向，紧扣城市功能定位和产业发展需求，摸清主导产业核心功能区的重点领域人才需求，聚焦产业链关键环节，精准匹配各层次的急需紧缺人才。跨界融合是趋势，主要突出市场导向，充分发挥市场在人力资源配置中的决定性作用，通过构建人力资源协同的应用场景，推动人力资源在更大范围、更宽领域、更高层次的自由流动、优化配置，促使人力资源与实体经济、科技创新、现代金融等领域的相互协同、相融互促。迭代裂变是效果，主要突出效益导向，在协同分享、万物互联中重塑生产力发展模式，提升资源配置效率，以要素的物理整合催生出化学的裂变反应，让有限的资源产生最大效益，推动经济规模优势加快向质量效益优势和层级位次优势转变。

二　为什么要推动人力资源协同?

习近平总书记深刻指出，人才是第一资源。是资源，就要考虑使用效益的问题。成都现有常住人口1600多万，人才总量529万，并每年以12%的比例递增。如何发挥好这些人才的作用，促进人口红利和人才红利叠加释放，为城市高质量发展提供不竭动力？人力资源协同是根本和基础。

回顾成都的发展阶段，与城市的人口规模、人才质量密切相关。改革开放以来，成都的人口和人才政策经历了由封闭向开放、从重“量”向重“质”的发展过程，大致可分为三个阶段：第一阶段，改革开放初期至2003年，户籍政策“破冰”推动工业化城镇化发展，1988年开始实行指标入户政策，25年时间人口和人才总量分别达到1000万和70万。但受制于人才流动机制“枷锁”，全市人才占比仅为6.8%，70%聚集在体制内各领域，对市场经济发展贡献还不是很直接。第二阶段，2003～2016年，户籍政策放宽推动工业化城镇化快速发展，2003年取消指标限制，实行购房、投资等条件入户，十多年间人口总量迅速增至1592万，人口数量型迁移快速推动城镇化率提高12个百分点；人才总量增加390万，达460万，占人口比例为28.9%，人口和人才的快速聚集推动城市规模快速扩张。但户籍和人才政策与城市发展战略取向和产业发展需求匹配度还有错位。第三阶段，成都市第十三次党代会以来，秉持人口高质量增长和人力资源高水平协同理念，推行积分入户、条件入户并行的户籍政策和“人才新政”，在全国城市中的人口吸引力和人才竞争力显著增强，呈现人才加快集聚、人力资源结构加快优化的良好态势。但对照建设国家中心城市、美丽宜居公园城市、国际门户枢纽城市、世界文化名城的战略定位和构建现代产业体系要求，对标国内外先进城市，人力资源总量、结构、质量和协同水平仍然存在较大差距，因此迫切需要进一步加快提升人力资源协同发展水平，为引领高质量发展提供强有力的支撑。可以从以下三个维度来理解。

第一，人力资源协同是经济从高速增长转向高质量发展的客观需要。现代经济发展的实践表明，人力资源不仅是经济发展的前提，更是经济增长的重要源泉。当前，成都市经济发展已转向高质量发展阶段，但面对人口红利逐渐消失、人力资源红利尚未完全形成、高端精英人才和技能人才“两头”短缺等诸多问题，迫切需要通过人力资源协同，为高质量发展提供符合需要的高素质人力资源和各类实用型人才。从推动质量变革看，提高供给体系质量，需要通过人力资源协同，推动要素资源向优势产业和优秀企业集中，促进企业和产品优胜劣汰。从推动效率变革看，提高全要素生产率，需要聚焦高速增长阶段被掩盖或忽视的各种低效率洼地，通过人力资源协同，深化要素市场化配置改革，以配置效率替代规模依赖，有效提升人力、土地、资本等产出效率。从推动动力变革看，优化发展动力结构，需要通过人力资源协同，深入推进人才优先发展和全民技能提升，提高各个层面劳动者素质，充分激发各类人才创新创业活力，推动人口红利由数量向质量转换。

第二，人力资源协同是构建现代产业体系的决定性因素。在现代产业体系中，人力资源是最根本、最关键、最活跃的因素。如果把现代产业体系比喻为一个“人”，那么，实体经济是“肌体”、科技创新是“筋骨”、现代金融是“血液”，人力资源就是“基因”，决定着产业体系的基本形态。当前，成都正在加快建设具有国际竞争力和区域带动力的现代产业体系，迫切需要通过人力资源协同，培养和造就一批具有国际水平的人才和高水平创新团队，培育新产业、塑造新业态、厚植新的发展优势。从深化供给侧结构性改革看，人力资源供给体系跟不上产业结构变化的需要，这是当前成都市经济发展的一个短板，需要通过人力资源协同提高资源配置的有效性，促进先进生产要素按照市场机制配置到最有效率的部门、区域和企业。从打造产业生态圈看，落实市委提出的产业生态圈理念构想，需要通过人力资源协同提高资源配置的精准性，推动人才、技术、资金等要素在各产业功能区汇聚流动、优化组合，构建产业自行调节、资源有效聚集、科技人才交互、企业核心竞争力持续成长的多维生态系统。从培育创新生态链看，研发新技术、发展新产业、创造新业态、探索新模式，需要通过人力资源协同提高资源配置的导向性，强化创新源头供给、培育壮大创新主体、有效聚合创新资源，为发展新经济培育新动能持续注入动力活力。

第三，人力资源协同是贯彻以人民为中心的发展思想的必然要求。习近平总书记强调，人民对美好生活的向往是我们的奋斗目标。进入新时代，人民的追求与向往已不仅仅局限于物质层面的需要，而是扩大到自我价值实现的更高层次需求，这要求我们通过人力资源协同，在推动城市高质量发展中，更好地满足人民对发展空间、公平正义、安全稳定等方面日益增长的需要。从践行党的根本宗旨看，营造尊重关心服务人才的良好环境，是全心全意为人民服务的重要方面，需要通过人力资源协同进一步强化政治引领、政治吸纳，充分发挥党密切联系群众的政治优势，礼敬人才、厚待人才、激励人才、服务人才，把各类人才凝聚到党的事业中来。从推动人的全面发展看，推动人的价值实现，发挥人的最大效益，需要通过人力资源协同进一步营造氛围、拓展空间，为人的发展提供良好环境和宽广平台，让每个人都有人生出彩的机会，形成人人渴望成才、人人努力成才、人人皆可成才、人人尽展其才的良好局面。从转变发展价值取向看，全面贯彻落实新发展理念，需要通过人力资源协同进一步激发创新创造活力，推动发展从以 GDP 为中心向以人民为中心转变，从工业逻辑向人本逻辑、从生产导向向生活导向转变，从传统的“产城人”向“人产城”协同发展转变。比如，中国的北京中关村、上海新天地，国外的美国硅谷、瑞典西斯塔科技城等城市新区，制度体系、文化背景、发展模式均不同，但对人力资源的重视程度、对“人产城”深度融合的路径方法却极为相似，这深刻反映出，推动人力资源协同发展是未来城市建设、产业发展的方向和重点。

三　怎么看成都人力资源协同现状？

总体看，成都推进人力资源协同发展的共识已明、其时已至、其势已成。其识已明，党的十九大提出了新时代人才方略，要求人才发展要瞄准国家重大战略，把人才集聚到解决社会主要矛盾上去，并对人力资源协同发展提出了明确要求，全市上下深入落实新人才观，把人才优先发展战略摆在突出位置，人力资源工作与经济社会发展同部署、同推进的认识日益增强、共识基本达成。其时已至，面对成都市人口老龄化率已达21.1%、劳动力供给总量呈现减少趋势、人才净流入行业分布与主导产业发展方向不匹配等问题，加快建设66个产业功能区、4个产业新城、3个国家级开发区，推动城市永续发展迫切需要通过人力资源协同加快推进人才供给侧结构性改革，以人口结构的优化，推动经济社会高质量发展的拐点已经到来。其势己成，习近平总书记来川视察时明确支持成都建设全面体现新发展理念的城市，强调成都是“一带一路”建设和长江经济带发展的重要节点，要努力打造新的增长极，建设内陆开放经济高地。我们通过“人才新政12条”“蓉漂人才荟”等系列措施的深入推进，打造具有全球显示度和区域影响力的“蓉漂”人才工作品牌，共吸引落户本科及以上青年大学生超过31万人，平均每天超过500人落户。成都人才工作取得“四个前三”的显著成效，荣登《财富》杂志“大学生和青年求职者吸引力城市”榜首，人才竞争力指数跃居全国第二，排名“海归就业创业最爱城市”第三位，人才净流入率位居全国第三。人才的加速聚集正越来越深刻地影响着全市高质量发展和高品质生活建设。在成都地位提升、空间拓展、动力转换的关键时期，推进人力资源协同发展的态势和趋势具有了难得的时代机遇。但推进人力资源协同发展还存在五个方面的突出问题。

第一，协同理念不深入，阻碍了人力资源协同的实现。对表“人才是第一资源”的要求，成都目前仍然是以项目来组织整个政府资源的分配和管理，尚未建立以人才为导向的协同工作体系。主要体现在思想认识上没能妥善处理好三个关系：一是部分与整体的关系。内部协同往往聚焦高层次紧缺人才和领军人才，对应用型人才的引育用留关注不够、用力不多；外部协同往往“就人才说人才”较多，与实体经济、科技创新、现代金融等领域融入不深入、匹配不精准，对人力资源协同发展的认识不到位，局部工作谈的较多、整体考量想的较少。二是供给与需求的关系。突出表现为主观思维浓厚，招引、培育人才往往从供给方的角度出发，没能真正从需求方的角度出发，对用人主体的需求了解不够准确，对产业链、创新链的短板摸排不够精准，还存在自说自话、自娱自乐的情况，特别是近郊市县，还存在招来的人用不了、留下的人待不长、要用的人没招来、想留的人留不住的情况。三是被动与主动的关系。突出表现为开放思维不足，少数部门行政意识较强、协同意识较弱，高校科研院所与市场用人主体缺乏主动对接的积极性，思想观念没能从“被动牵引”向“主动出击”转变，与整体联动、协同发展的要求相比还有较大差距。

第二，人才开发不充分，降低了人力资源协同的质量。对表“实行更加积极、更加开放、更加有效的人才政策”的要求，尚未建立以人才需求为导向的，更加精准有效的人才引育体系。从城市长远发展看，目前全市老龄化率达21.1%，虽与上年相比，下降了0.3个百分点，但仍处于高位运行状态；劳动力人口占比为62.3%，近五年平均每年递减0.8个百分点，预计2035年“刘易斯拐点”将至；人力资源年龄中位数达39岁，接近40岁创新高峰年龄的“临界值”，远高于深圳33岁的平均年龄；预计未来十年从业人口需求缺口在100万人以上，人力资源的规模与城市长远发展所需相比还有一定差距。从产业转型发展看，净流入人才行业分布与主导产业发展方向不一致，机械行业、建筑行业人才净流入占比分别高达12.5%、9.3%，而重点发展的生物医药、金融领域人才占比仅分别为5%、1%，过去五年服务业人力资源平均增长率低于产业增加值4个百分点，人才链与产业链动态融合还不够密切。从人的全面发展看，成都市的扶持政策聚焦项目、平台、载体等看得见的领域较多，对人才的职业发展长远规划、个人自我价值实现等看不见的领域关注较少；高质量的生产、生活性服务业发展不够充分，与人才的需求，特别是高层次人才的需要有较大差距。问卷调查显示，影响高端人才离开成都的主要因素排在前两位的是“个人薪酬待遇和福利降低”“职业发展空间不足”。

第三，精准匹配不到位，延缓了人力资源协同的效应。对表“要让市场在资源配置中发挥决定性作用”的要求，尚未建立以市场为导向的人才价值判断体系和以市场为主体的人才配置体系。从现代化经济体系维度看还存在三个不适应。一是人力资源结构与实体经济定位还不适应。大量专业人才集中在教育、卫生等领域，五大优势产业领域人才占比仅11.7%，新引进青年人才分布在电子信息、航空航天等15个重点行业，占比仅为20.4%，加快人才供给侧结构性改革，实现人才与新经济的协同发展已经迫在眉睫。二是人力资源层次与科技创新需求还不适应。对比广州、深圳、西安、武汉人力资源数据，成都市人力资源总量排名第2位，但每万人发明专利拥有量排名第5位，体量虽大，但科技创新能力不足的情况较为突出。根据《中国城市科技创新发展报告》显示，成都市科技创新发展指数在全国城市位列第17位。三是人力资源集聚与现代金融地位还不适应。截至2018年底，成都市金融从业人员总数约为14万人，占常住人口的0.8%，高端金融人才仅占总数的10%，党员干部中具备金融专业背景和实操经验的不足1%，金融监管人员仅占金融从业人员的0.4%，具有海外背景的高端人才仅占总量的22%，金融人才的集聚不足，制约了成都市加快建设现代金融体系、打造西部金融中心的步伐。

第四，协同主体作用发挥不充分，削弱了人力资源协同的活力。越是经济发达地区，市场主体越活跃；越是后发区域，政府主体越活跃。反观成都市，目前仍是以政府主导开展人才引进和服务工作，市场资源和社会力量的黏合剂、催化剂作用发挥不够，三个主体各有缺位：一是政府主体。在高端人才引进上，虽然成都市拥有30名“两院”院士、304名国家“千人计划”专家，但从总量上看，规模较小；从工作单位来看，超过80%的人才分布在高校院所，未能有效推动地方产业转型和经济发展。在引导人才往“东进”战略区域、近郊市县和基层一线有序流入方面缺乏有效措施。目前全市落户人才超过七成聚集在天府新区和高新区，郊区尚有2个市县落户人数均不足100人。二是市场主体数量不大。2018年底，成都市仅有435家人力资源服务机构，从业人员不到1万人，产值为1.5亿元，市场化主体发育不充分；质量不高，成都市人力资源服务业起步较晚，业务低端单一，同质化现象严重，行业整体仍处于粗放式发展阶段，服务可及性较差，整体创新能力偏弱，综合服务能力不强，全球知名的猎头中介组织聚集度还不够高。三是社会主体。还不能有效承接人才评价职能，目前相关职能还主要由政府承担。比如，深圳市已经把社会化职称评定职能全部下放给具备条件的行业组织，33 家行业组织承接了下放的 57 个评委会组织工作，授权华大基因等新型研发机构自主评定本领域高层次人才。

第五，支撑体系不健全，制约了人力资源协同的共享。主要体现在三个方面：一是工作机构不够健全。北京、海南、深圳、宁波均在人才工作领导小组办公室的基础上，成立专职机构，对人才工作的职能、政策、资金进行统筹协同，把机构、任务、力量做实，这对推动人力资源协同发展起到了关键作用。比如，北京将市委组织部的人才工作职责，市人力资源和社会保障局的人才工作相关职责整合，组建市人才工作局，作为市委组织部管理的机关。反观成都市，市人才工作领导小组办公室的性质仅为议事协调机构的办事机构，无编制、无职数，但工作任务偏重具体，挂在市委组织部人才处，承担实体化职能，而人才处人员编制仅有 6 名，力量不足的问题较为突出，这对推动人力资源深度开发、精准匹配造成一定影响。二是运行机制不够完善。机构改革后，各地大多在具体工作机制上创新突破。深圳将市委组织部人才处升格、扩充，成立人才工作局，负责全市人才工作顶层设计，各职能部门负责具体组织落实。比如，涉及人才安居工作，则由深圳人才安居集团具体实施。反观成都市，市人才办工作边界不够清晰，既抓顶层设计，又抓具体实施，既当运动员又当裁判员，统包统揽的范围较广，牵头抓总的质量和效率受到一定影响。三是考核权重不够凸显。2017 年开始，成都市目标考核体系将市人才工作领导小组成员单位纳入考核范围，对区（市）县的目标考核采用“共性指标 + 个性指标”相结合的方式，突出指标的可行性、可比性和差异性。但总体来看，目标分值偏低，注重数量考核，考核体系不完善导致各地各部门重视程度不够高。

四　推动人力资源协同需要做什么？

借鉴国内外经验，结合成都实际，我们认为，推进人力资源协同应坚持“一个总体目标、三大战略方向、五项重点协同”。“一个总体目标”是：力争到2022年，实现人才规模稳步增长、人才素质明显提升、人才分布更趋合理、人才效能逐步增强，符合城市发展需要的人力资源协同机制取得突破性进展，形成全国知名的人力资源协同应用场景培育地，人才可获取优势成为城市发展的核心竞争力之一，全面建成具有国际竞争力的人才强市。“三大战略方向”是：服务于城市总体发展战略，引导各类人才认同城市理念、助力城市发展，与推动城市高质量发展同心同向、同频共振；服务于产业发展需求，有序推进人才流入、按需开展人才开发、有效开展人才服务，为产业发展提供核心要素保障；服务于人的全面发展，为人才充分发挥作用和实现自我价值搭建平台、提供保障。“五项重点协同”是：推进领域协同，巩固提升实体经济领域的人力资源协同，大力推进虚拟经济、新经济等新兴领域的人力资源协同；推进区域协同，实现人力资源在中心城区和远郊市县有序流动、科学分布；推进层次协同，实现高端人力资源、中端人力资源、基础人力资源全面发展、均衡发展；推进链条协同，实现开发、配置、服务等各环节全链条的人力资源协同；推进力量协同，构建“政府引导、市场主导、社会广泛参与”的人力资源协同格局。具体抓手上，就是要聚焦“三高”发力。

一是聚焦高质量供给，构建精准的引才育才模式。紧扣城市功能定位和产业发展需求，深入实施“成都人才新政12条”，打造高质量人才供应链和能力发展链，持续做大增量、育强存量、调优结构。要加大人才引进力度，坚持需求导向、高端引领，深入实施“蓉漂”计划，聚焦产业细分领域，出台“城市猎头”行动计划，发布年度急需紧缺人才岗位；聚焦产业生态圈，制订“16+1”专项人才计划，支持重点产业发展；聚焦急需紧缺人才，精准实施“蓉漂人才荟”系列招才引智活动，常态开展“企业家进校园”“科学家进园区”“百校千企大对接”活动，持续开展“蓉漂”城市品牌海外推广计划，精准引进急需紧缺人才和高水平团队。要抓好本土人才培育，按照“对象广覆盖、层级相衔接、主体多元化”的思路，优化整合市优专家、创业新星等项目，出台涵盖各层次、各类别、各领域人才的本土人才计划，积极推动本土人才国际化培育，打造成都企业高校融合共同体、新型产业技术研究院等育才平台，加快培育重点行业、重点领域所需的各类专业人才。要推动人力资源提能，大力实施全民技能提升计划，建立覆盖全体城乡劳动者、贯穿劳动者学习工作终身、运转高效、获取便捷的教育体系，加大人力资源深度开发力度，培养造就具有更高素质、更多技能的劳动者大军，形成与高质量发展、现代化产业体系建设相适应的技能人才协同发展格局，促进全市人口素质整体提升。

二是聚焦高效率配置，构建多元主体的协同格局。充分发挥政府引导、市场主导和社会力量作用，推动人才向产业功能区和东部新城等重点区域流动聚集，促进产业链与人才链融合互动。要强化政府引导，聚焦“一干多支”战略，建立全省五大经济区干部人才协同发展机制，促进人力资源在全省有序流动；聚焦“一带一路”建设，建设“蓉港人才合作示范区”，借助香港优质资源，链接海外高层次人才；聚焦“东进”主战场制定差异化政策，引导资金、项目、人才向重点区域流动。要坚持市场主导，加快建设人力资源服务产业园，引进一批专业化、市场化、国际化的人力资源服务机构，构建人力资源协同应用场景，建设具有国际比较优势的人才市场；打造基于跨界共享的人力资源平台、更加开放的成果交易平台，推行高端人才“双聘制”，充分发挥市场决定性作用，实现人力资源智能配置、技能知识按需共享。要激活行业指导，充分发挥行业协会、社会组织在人才评价、成果转化、政策咨询等方面的专业指导作用，支持搭建科研成果交流会、专业领域主题沙龙、国际性论坛会议等交流平台，持续强化人才集聚效应，实现人才配置使用的效益最大化。

三是聚焦高效能转化，构建全方位的活力激发机制。遵循社会主义市场经济规律和人才发展规律，破除政策壁垒、机制障碍和环境约束，最大限度地把人才的爱国之情、报国之志、创造活力激发出来。要强化党管人才责任机制，细化明确市人才工作领导小组及部门、区（市）县职能职责，修订议事规则，厘清边界、落实责任；科学设置人才工作目标考核指标体系，加大考核权重。广泛开展“弘扬爱国奉献精神、建功立业新时代”活动，持续强化国情市情研修、思想政治引领、爱国主义教育、先进典型示范；认真落实党委联系专家制度，大力实施人才入党工程，增强党对人才的政治引领和政治吸纳，实现“增人数”与“得人心”的有机统一。要完善人才评价激励机制，建立符合人才特点、激励人才创新的评价制度，出台体现创新质量、贡献、绩效的人才激励政策，推动人才“帽子”、人才称号回归学术性、荣誉性本质，常态化开展优秀人才评选表彰活动，强化凭品德、能力、业绩和贡献评价激励人才的导向，大力营造尊贤爱才的社会氛围，让为成都发展做出贡献的人才受到社会尊重，实现“名利双收”。要健全人才服务扶持机制，围绕人才创新创业全生命周期，制定投融资服务、新产品政府“首购首用”等扶持办法，积极搭建成果转化、协同攻关等平台载体；围绕人才工作生活全方位需求，优化“蓉城人才绿卡”服务制度，加快人才安居工程建设进度，构建“政务服务 + 创业服务 + 生活服务”全环节人才服务链，全方位、差异化提供平台载体、创业扶持、生活服务，促进服务供给和需求的精准对接，全程助力和保障各类人才充分发展，将成都建成各类人才实现梦想的大舞台。

B.3
成都市产业功能区人才集聚问题研究

彭崇实　阳　夷　周　锋*

摘　要：成都市建设66个主导产业明确、专业分工合理、差异发展鲜明、生态宜居宜人的产业功能区，是优化城市空间布局、重塑产业经济地理、转变城市发展方式、推动经济高质量发展的战略决策。落实好这一战略部署，人才是关键。我们在梳理海内外成熟经验的基础上，得出产业功能区人才集聚的5点规律认识，也看到成都市在引导人才往产业功能区集聚做出的3个方面工作，发现当前存在的4点突出问题，在此基础上，提出当前和今后一个时期加速产业功能区人才集聚的总体思路和5点具体建议：坚持人力资源协同发展的理念，以机制、政策、项目、平台、保障为重点，推动公共资源配置从以项目为主导向以人才为主导转变、参与主体从政府主导向市场化配置转变、服务供给从单一要素支持向协同场景营造转变，促进人才在产业功能区精准集聚、高效协同。

关键词：产业功能区　人才集聚　人力资源协同

习近平总书记深刻指出："人才是实现民族振兴、赢得国际竞争主动的战略资源"，"谁能培养和吸引更多优秀人才，谁就能在竞争中占据优势"。

---

* 彭崇实，成都市委组织部副部长、市委"两新"工委书记、市委党建办主任、市人才办主任；阳夷，成都市委组织部人才处处长、市人才办副主任；周锋，成都市委组织部人才处副处长。

成都市建设产业功能区，是构建现代化经济体系、推动城市转型发展的重要举措，是实现高质量发展和高品质生活的重要载体。产业功能区建设，核心在产业，关键在人。产业功能区人才集聚的速度、匹配的精度，已成为影响产业功能区高质量发展的关键环节，迫切需要深入研究、有效应对。

一　产业功能区人才集聚的规律认识

产业功能区是集生产、研发、居住、消费、服务、生态多种功能于一体的新型城市社区，规划建设之初，就紧紧围绕人的需求，以“人城境业”和谐统一的理念，把人才引进与产业发展、城市建设统筹考量，努力实现可持续发展。作为新生事物的产业功能区如何集聚人才，国内并无直接可借鉴的先例，但系统学习习近平总书记对人才工作的系列重要论述精神，对标梳理先发地区经验做法，可以得到五点规律认识。

（一）区域活力是产业功能区吸引人才的最大前提

习近平总书记强调指出：“我们比历史上任何时期都更接近实现中华民族伟大复兴的宏伟目标，我们也比历史上任何时期都更加渴求人才。”总体看，大到一个国家，小到一个产业功能区，人才的集聚与区域整体活力密切相关。人才与产业的匹配度、人才团队与城市战略的匹配度、人才需求与要素保障的匹配度，既深刻影响着区域活力，又直接影响着人才集聚。重点有三个衡量指标：一是城市长远战略。城市肩负的国家使命越多，意味着未来发展前景越好，人才对城市发展的信心就越强，人才流入率也就越高。深入分析 2018 年 GaWC 榜单前 100 名的中国内陆城市，除了北京、上海、广州、深圳一线城市以外，成都、杭州、天津、南京、武汉的排名提升，均与城市承担的国家战略安排密不可分。二是经济发展趋势。经济活力是区域活力的直观呈现，也是吸引人才的硬实力。对比分析成都、杭州、天津、南京、武汉 5 座城市近三年的经济总量和增速，人口集聚的数量与质量，与城市经济发展趋势大体上成正比关系。区域发展的活力越强、动力越足，个人发展的机会就越多、前景就越好，人才集聚的数量就越多、质量就越高；高质量人才的集聚，又助推区域经济的高质量发展，二者形成良性循环。三是综合环境氛围。营商环境、创业环境、生活环境、人文环境是拴心留人的关键所在，也是吸引人才的关键所在，更是城市比拼的关键所在。各地纷纷对标国内外先发地区经验做法，结合实际，做好服务、做优环境，以一流的环境集聚一流的人才。比如，深圳通过改革人才评价方式、搭建人才发展平台、推行落户“秒批”、设立法定人才日、打造人才主题公园、建设人才安居住房等措施，以更加精准、更加务实的服务，不断提升人才发展环境竞争力。

（二）发展规划是产业功能区锁定人才的最准标靶

习近平总书记深刻指出：“考察一个城市首先看规划，规划科学是最大的效益，规划失误是最大的浪费，规划折腾是最大的忌讳。”总体看，规划图既是建设图，也是招商图，更是招才图。发展规划越清晰，产业领域就越聚焦，人才供给就越精准。重点要抓好三个规划：一是产业功能区总规划。从全局层面对所有产业功能区进行科学规划，让人才能按图索骥，知道自己能在哪个产业功能区找到干事创业平台和机会。比如，杭州规划建设“1 + 6”现代产业集群，重点打造 1 个万亿元级信息经济集群，6 个千亿元产业集群，包括文化创意、金融服务、旅游休闲、健康时尚、高端装备等主导产业。清晰的产业总体规划，精准地锁定了所需人才群体。二是产业生态圈分规划。从产业层面对主导产业的上游、中端、下游进行全链条布局，形成专业分工合理的规划，引导人才在全产业链条上精确找准定位。比如，杭州在城西科创大走廊区域，精准规划“信息经济”中的大数据、云计算、电子商务、物联网、集成电路、软件信息等产业，明确不同承载区的发展重点，靶向引进专业人才。三是产业功能区子规划。从专业层面对功能区重点发展领域进行细分，聚焦到产业链某一个环节、生态圈某一方面，深耕细挖，让“专业的人才”在“专业的岗位”做“专业的事情”。比如，杭州西溪谷互联网金融小镇聚焦“信息经济”中的互联网金融领域，错位发展特色业态，集聚了一批专业的互联网金融人才。

（三）项目平台是产业功能区集聚人才的最佳容器

习近平总书记在指导雄安新区建设时指出，重点要承接北京疏解出的行政事业单位、总部企业、金融机构、高等院校、科研院所等。我们理解，这也是雄安新区集聚人才的重要载体。总体看，人才集聚与产业集群之间存在着相互作用、相互依赖、相互促进的互动关系。一方面，产业集群的形成与发展离不开人才的集聚与支持，特别是高素质人才的集聚成为推动产业高质量发展的“加速器”；另一方面，产业集群规模不断扩大、竞争力不断增强，可以吸引相关专业人才集聚，产业集群成为人才集聚的“孵化器”。产业功能区集聚人才的载体主要有三个。一是骨干企业。这类项目平台能够在较短时间内集聚科技研发、经营管理、生产技能等全层次人才，对产业功能区快速集聚人才带动作用明显。比如，深圳市南山科技园汇聚上市公司156家，年销售超亿元的企业153家，经认定的国家高新技术企业540家。骨干企业的集聚，使南山区人才总量连续多年保持深圳市第一。二是科研机构。加强校院企地合作，大力引进科研机构，是产业功能区集聚高层次人才的重要抓手。比如，苏州工业园区通过引进29所国内外知名高校建立分校、近250个研发机构和技术中心落地合作，集聚国家级人才工程计划入选者158人、国内外知名院士团队46个，带动集聚了一大批高素质人才。三是孵化平台。成规模、有品牌、要素全的孵化器，特别是能提供从办公场地、技术支持、创业服务到融资渠道、市场推介于一体的综合型孵化器，是集聚高素质创业者，尤其是青年创业者的重要载体。比如，深圳南山区早在2003年就提出大孵化器战略，即把整个南山变成一个大孵化器，经过10多年的发展，实现了从孵化企业到孵化产业、从政府主办到社会主导的变化，拥有各类孵化器近百家，孵化器面积超过300万平方米，在孵企业3000家左右，孵化出大疆科技等一大批高新技术企业，集聚了一大批高素质的创新创业者。

（四）要素保障是产业功能区留住人才的最强黏剂

习近平总书记在视察北京城市规划时明确指出：“要把握好战略定位、

空间格局、要素配置，坚持城乡统筹，做到服务保障能力同城市战略定位相适应，人口资源环境同城市战略定位相协调，城市布局同城市战略定位相一致”。总体看，精准化的政策措施、专业化的平台支撑、便利化的综合环境，是影响人才集聚的三个关键要素。一是政策要素。持续创新的政策措施、相对完备的政策体系，形成较强的政策竞争力，为人才集聚提供了良好的制度保障。即便是在市场高度发达的硅谷，政府为了集聚人才，在移民政策、产学研合作、知识产权保护、税收融资优惠等方面，也制定了较为详细的政策体系，力求以最优的政策集聚最好的人才。二是成长要素。机会是吸引优秀人才迁移到产业集群区域的重要因素。由于在一个地点集中着大量的同业公司，专业人才拥有的工作机会较多，从一家公司转向另一家公司相对比较容易，业主能较快找到所需的专业人才，专业人才也能较快找到合适雇主。无须改变工作地点和工作性质，工作转换的交易成本和机会成本越小，人才流失率就会越低，人才集聚度就会越高。三是环境要素。良好的生态环境，便利的生活设施，服务的有效供给，是吸引人才的重要条件。梳理上海张江新区、苏州工业园区、深圳光明新区等产业集聚区发展历程，改变“产业园区”单一发展模式、突出“产城融合”和谐发展模式，加大公共服务保障力度是大趋势。各地在聚焦产业需求强化生产要素集聚的同时，更加聚焦人本需求强化生活场景建设和叠加，在区域内统筹生产、生活、生态功能，努力实现“人城境业”的和谐统一。

（五）精准协同是产业功能区效能转化的最好方案

习近平总书记在十九大报告中深刻指出：“要着力加快建设实体经济、科技创新、现代金融、人力资源协同发展的产业体系”。总体看，注重人才与产业的精准匹配，实现人才与产业、人才与城市的协同发展，是成就人才、推动发展的最好方案。一是注重内部协同。重点是围绕产业功能区产业发展需要，统筹人才“引育用留”各环节，通过政策创新、机制改革、平台搭建、环境培育等方式，盘活存量、做优增量、精准匹配，促进人才数量增加、人口素质提升，充分激发不同层级、不同知识背景人才创新创业活力，推动人口红利与人才红利叠加释放。二是注重外部协同。人力资源与实体经济、科技创新、现代金融是现代产业体系最为重要的“四大支柱”，其中人力资源居于引领地位。注重增强人力资源与其他三大支柱在量上的均衡性、质上的适应性、空间的聚合性、配合的协调性，成为各地加快构建现代产业体系的重要支撑和强力保障。三是注重全面协同。就是遵循“以人为本”的思想，充分发挥人才是第一资源的优势，通过内部协同，实现人力资源深度开发；通过外部协同，实现与区域发展战略、现代产业体系、城市规划建设等精准匹配，进而推动人力资源在更广领域、更大区域、更多层次、更全链条、更强力量上跨界融合，实现资源配置和使用收益最大化。

二　产业功能区人才集聚的实践探索

2017 年 7 月，成都召开产业发展大会，在全市统筹布局建设 66 个产业功能区。两年来，成都市委组织部（市人才办）秉持人力资源协同理念，以人才集聚助力产业集聚，促进人才发展与产业发展深度融合。截至目前，全市人才总量 529 万，其中 66 个产业功能区集聚了 437 万，占比 82.6%。

（一）聚焦高质量供给，精准引育急需紧缺人才

坚持人才“供给侧”思维，围绕“产业链”构建“人才链”，通过“人才链”提升“产业链”，增强人才与产业的适配度。一是精准绘制“急需紧缺人才图谱”。聚焦“5+5+1”重点产业，对细分领域进行产业链解构，梳理各产业链重点环节的急需紧缺人才岗位近 500 个，在综合分析研判的基础上，最终提出算法工程师、新一代显示面板工程师、信息安全工程师等首批 20 个急需紧缺岗位，并对典型岗位、薪酬、需求企业、区位分布进行精准画像，制作人才引进图谱，提升人才与产业的精准匹配度。二是大力实施“蓉漂计划”。聚焦“5+5+1”重点产业体系，实施“蓉漂”城市品牌海外推广计划，在美国第五大道、纽约时代广场等黄金地段 80 个户外大屏上线“蓉漂”海外宣传片，组团赴英国、德国、荷兰知名高校开展招才

引智活动。从海内外知名高校甄选66名“蓉漂”城市超级实习生深入产业功能区实践考察，新引进的高层次人才和团队95%以上与“5+5+1”重点产业体系密切相关，2019年新增“蓉漂计划”专家和团队原则上均来自产业功能区，引导高层次人才在产业功能区集聚。三是创新举办“蓉漂人才发展学院”。回应人才职业能力提升需求和企业发展需求，以人才资源深度开发为切入点，在全国副省级城市中率先创建成都蓉漂人才发展学院，采取“政府引导、市场运作、业界共治”模式，设置政治引领、能力提升、企业发展、理论研究“四大培训模块”，着力解决学历教育跟不上产业发展“学用脱节”的问题，为城市长远发展和产业发展培育一批跨界融合、面向未来的复合型人才。四是积极开展“全民技能提升计划”。出台全民技能提升计划实施方案，举办266期免费技能提升培训班，补贴6156万元帮助3.28万名企业职工提升职业技能。制定《成都市鼓励校地企合作培养产业发展人才补贴实施办法》，30所市属职业技工院校根据产业发展需要调整92个专业。组建13个专业职教集团，覆盖452家企业、22个研究机构、25个行业协会、70%以上的职业院校，着力解决人才培养与企业需求脱节的问题。

（二）聚焦高效率配置，推动人力资源协同发展

积极搭建3个线下协同平台和1个线上协同平台，推动人才与产业功能区精准匹配。一是搭建“蓉港人才合作示范区”。充分发挥主干城市担当，会同中联办青年工作部，在天府新区、双流区、龙泉驿区启动“蓉港人才合作示范区”建设，搭建两地人才交流合作新平台、科技成果转化新舞台、人才流量入口新路径。二是构建“五区干部人才协同发展机制”。与成都平原经济区、川南、川东北、攀西经济区和川西北生态示范区分别签署干部人才工作协同发展框架协议，共建人才发展平台、共享人才服务资源。部长出席活动并致辞，16个市（州）组织部部长现场观摩学习。目前正以项目化方式推进。三是启动“金青新大港区人力资源协同示范区”。以成都国际铁路港为核心，以青白江、新都、金堂为主体，共同签订大港区人力资源协同发展战略合作协议，共同建设人才协同创新基地，启动大港区招才引智

计划、大港区青年人才联盟、大港区人才引进工作站等合作项目，构建人才共引、资源共享、平台共建、服务共融的人力资源协同发展体系，带动周边区域协同发展，加快打造“一带一路”人力资源协同发展示范区。四是推动“两网数据协同融合”。按照66个产业功能区分布，推动“大数据全球人才搜索系统”与“招商云网”深度融合，发布《成都市人才开发指引(2019)》，聚焦15个重点产业，梳理出445类需求岗位清单，精准引导急需紧缺专业人才向产业功能区流动。

（三）聚焦高效能转化，营造便捷公平生态环境

围绕产业功能区人才需求导向，搭平台、优服务、抓改革，促进人才自觉往产业功能区流入、成果率先在产业功能区转化。一是营造成就人才的创业环境。围绕人才创新创业全生命周期，制定投融资服务、新产品政府“首购首用”等扶持办法，积极搭建成果转化、协同攻关等平台载体，让高层次人才心无旁骛地干事创业。建立“首席服务制”，为重大项目、重点企业及重点团队和人才提供人才政策解读、人才项目申报、人才落户、人才公寓等全链条“一对一”精准服务。二是营造拴心留人的社会环境。围绕人才工作生活全方位需求，按照“人城产”逻辑，构建“政务服务＋创业服务＋生活服务”的服务链，加快人才安居项目和产业园区配套住房建设进度，完善功能配套和公共服务，降低人才跨区域流动的频率，为人才提供安身、安心、安业的综合服务保障。三是营造公平正义的法治环境。围绕国际化营商环境建设年任务安排，以人才工作“权力清单、责任清单、服务清单”为遵循，加快推动人才工作“放管服”改革，消除对用人主体的过度干预，以行政权力的“减法”换来人才创新创业创造的“乘法”效应，积极营造“亲”“清”政商关系。

三　产业功能区人才集聚的主要问题

虽然成都市做了一些探索，但还存在人才与产业的精准匹配、高效协同

错位，还没能真正实现有序流动、发挥最大效能。具体存在“四个不够”的问题。

（一）人才总体结构不够科学，影响了产业功能区人才供给质量

总体看，66 个产业功能区集聚了全市 82.6% 的人才，数量不低，但质量不高（见图 1）。从人口占比看，全市 529 万人才占常住人口比 32.4%，虽比上年 31% 的占比略有提升，但总体占比不高，反映出人口素质整体偏低，这种占比构成，反映出产业功能区人才总量还有进一步上升空间。2018 年底，全市常住外籍人口 1.74 万人，仅占常住人口比 0.1%（见图 2），这与国际大都市常住外籍人口比 10% 以上的标准差距较大，反映出成都集聚国际人才还有很长的路要走。

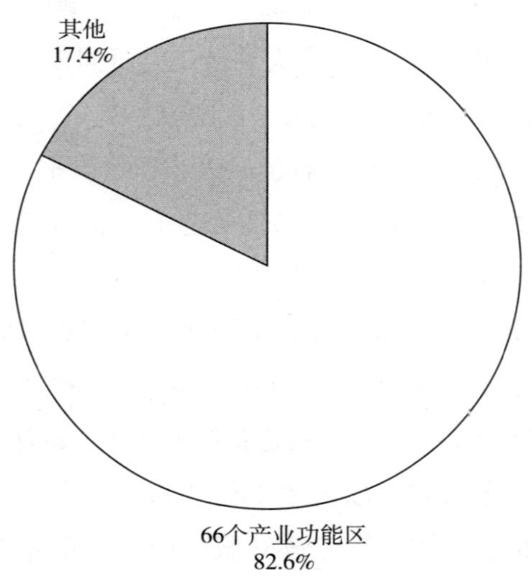

图 1　成都市人才总量分布（截至 2019 年 6 月）

从学历结构看，全市人才总量中，大专及以下占 47.97%，本科占 47.45%，硕士占 3.84%，博士及以上占 0.74%（见图 3），人才学历整体偏低，呈明显“图钉”形状，与较为合理的“纺锤形”分布差距明显。这种学历结构，影响了产业功能区集聚高素质人才。

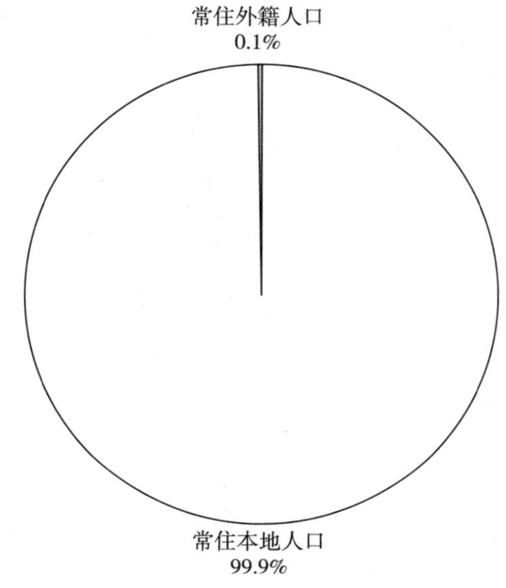

图 2　成都市常住人口分布情况（截至 2018 年底）

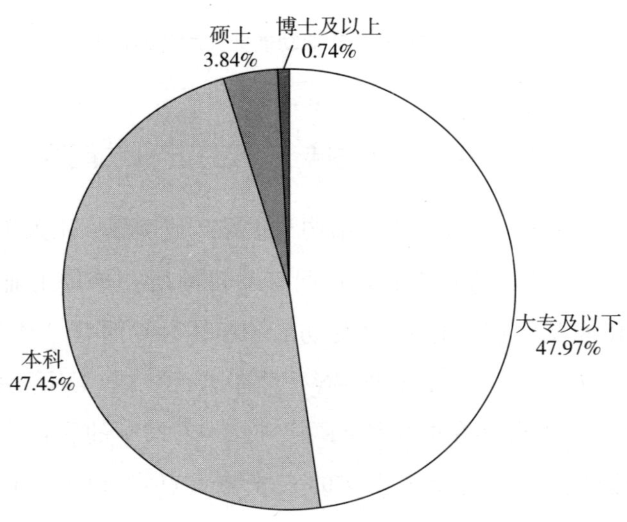

图 3　成都市人才学历分布

从人才分布看，人才总量排名前 10 的产业功能区共有 194. 4 万人，占产业功能区人才总量的 44. 5%；人才总量排名后 10 的产业功能区共有 10. 6

万人，仅占产业功能区人才总量的 2.4%（见图 4）。不均衡的分布结构，降低了产业功能区人才集聚的质量。

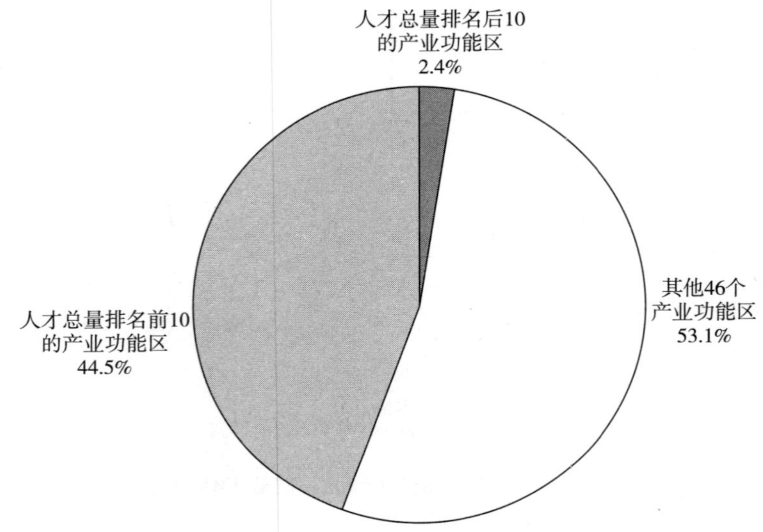

图 4　成都市 66 个产业功能区人才分布情况

（二）人才与产业匹配不够精准，降低了产业功能区人才协同力度

总体看，产业功能区现有人才结构与主导产业领域、用人单位需求的精准匹配还有差距。从调研数据看，在回答“目前所在单位主业与属地功能区产业是否相匹配”时，1509 名受访者有 38.24% 回答“否”或“不清楚”；689 家受访单位负责人有 38.46% 回答“否”或“不清楚”。在回答“产业功能区人才集聚存在的主要问题”时，42.28% 的受访者、35.7% 的单位负责人选择“产业功能区集聚的人才与重点发展的产业匹配度不够高”。

从行业结构看，根据猎聘网统计报告显示，2019 年第一季度，成都市中高端人才分布占比最高的行业是房地产建筑物业类，高达 21.43%，而电子通信硬件类、汽车机械制造类、制药医疗类分别占比 7.03%、

7%、5.53%，三类之和也没超过房地产类占比（见图5）。这种分布结构，影响了产业功能区精准集聚高端专业人才。

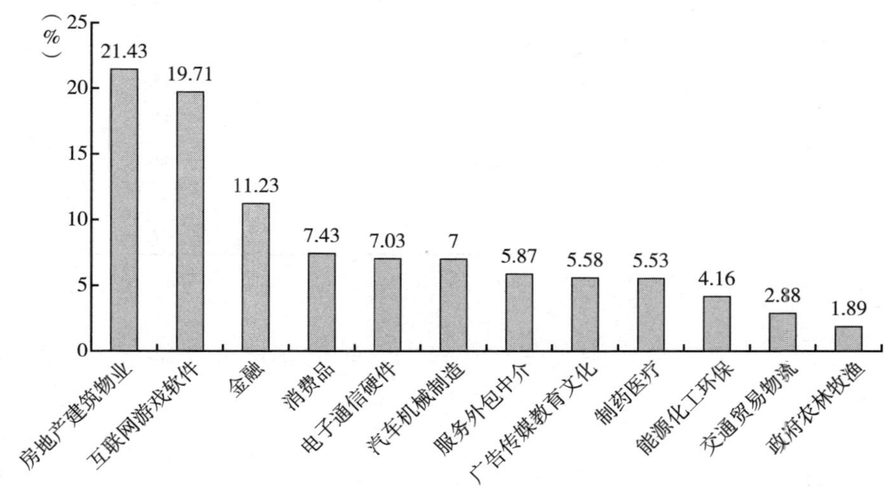

图5　2019年第一季度成都市中高端人才行业分布情况

从人才分布看，人才总量排名前10的产业功能区，人才分布结构与主导产业方向密切相关的平均占比是51.7%。其中，匹配度最高的成都新经济活力区达到80%，最低的成都中心金融商务功能区仅为36.4%（见表1）。人数最多的汽车产业功能区达27万多人，人数最少的临空经济产业功能区仅0.35万人。这些数据反映出人才与产业的协同度还不够高，专业的人才还没高度集聚到专业的功能区。比如，成都绿色金融服务功能区集聚人才5.4万，但从事金融服务业的不足千人、仅占1.3%，人才与产业错位匹配的矛盾较为突出。

表1　成都人才总量排名前10的产业功能区及产才匹配度

序号	产业功能区名称	人才与产业匹配度(%)
1	成都汽车产业功能区	75.6
2	成都新经济活力区	80.0
3	成都金融总部商务区	46.2

续表

序号	产业功能区名称	人才与产业匹配度(%)
4	成都中心金融商务功能区	36.4
5	华西坝大健康(金融)产业功能区	46.5
6	武侯电商产业功能区	45.5
7	锦江新兴媒体融合发展功能区	47.0
8	三国文创产业功能区	44.8
9	环交大科创文创功能区	47.7
10	成都中央时尚活力区	47.2

（三）人才主体作用发挥不够有力，削弱了产业功能区人才集聚动力

总体看，产业功能区缺成规模的产业项目、用人主体缺成体系的人才规划、中介组织缺全链条的推介渠道，是当前制约产业功能区人才集聚的重要因素。这反映出政府、企业、社会三个主体在推动产业功能区人才集聚方面各有缺位。

从产业项目看，凡是骨干企业集聚数量较多，人才集聚的数量就越多；重大项目投产越快，人才集聚的速度就越快。实地调研中，邛崃市、新津县等远郊市县普遍反映，近年来虽然引进了一些重大项目落地产业功能区，但目前还处于建设阶段，没有形成规模效应，人才集聚的数量较少、质量较低。问卷调查显示，在回答“政府在推进产业功能区人才集聚方面最需要做的是”，不论是个人受访者，还是单位负责人，排名前3的答案均为“强化人才工作与产业工作协同发展机制”“加大产业功能区内人才创新创业扶持力度”“完善人才服务保障体系”（见图6）。

从企业主体看，存在重用轻育的情况，科技研发、员工培训、工资待遇等投入过低，员工流失率较高。调查显示，424家与产业功能区主导产业方向相匹配的单位中，48.82%无专利，36.56%无研发费用、35.85%职工教育培训费用占销售收入比例在2%以下，高达72.41%无入选国家和省区市人

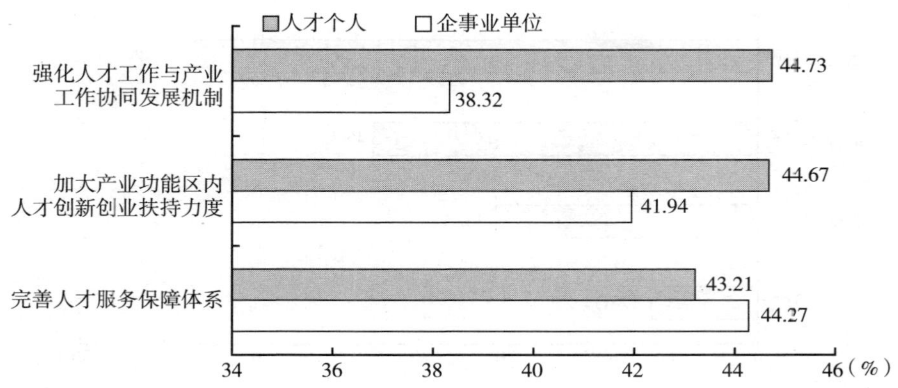

图 6　政府在推进产业功能区人才集聚方面最需要做的事情

才计划专家，41.51%近两年人才流失率平均在10%以上，42.92%因工资待遇相对偏低而离职。若以689家数据为蓝本，比例会更高。对比深圳“四个90%”（90%的研发机构、90%以上的研发人员在企业，90%的研发投入、90%以上的研发产出来自企业），成都企业还有较长的路要走。企业在人才培养方面最希望政府提供的帮助，67.49%选择技能提升补贴（见图8）。这些数据表明，企业对人才的重用轻培一定程度上减弱了产业园区对人才的吸引力。

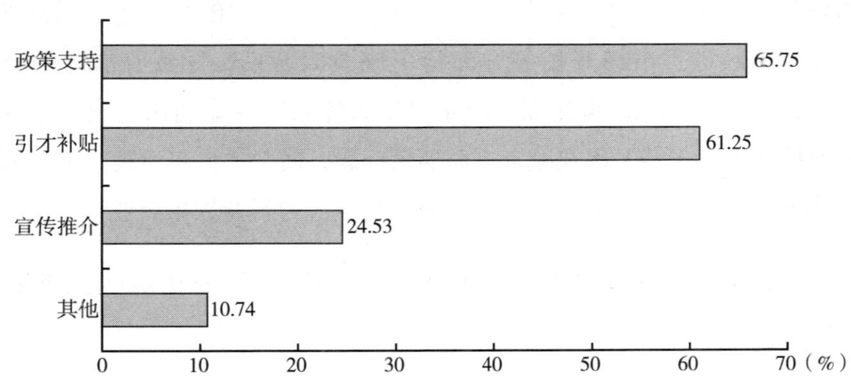

图 7　企业最希望政府提供的帮助（人才招引方面）

从市场主体看，存在人力资源服务机构和社会组织数量不多、质量不高的问题。成都市作为第7个国家级人力资源服务产业园，目前仅集聚了175

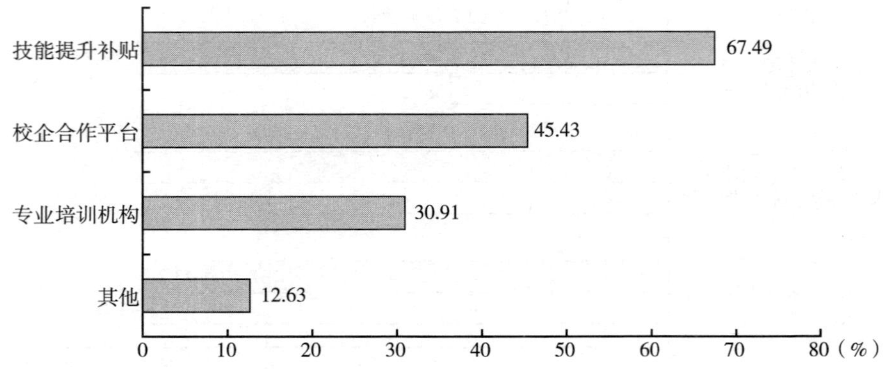

图 8　企业最希望政府提供的帮助（人才培养方面）

家人力资源机构，综合服务能力不强。特别是科技成果转化中介服务体系尚未完全建立，社会组织发育不充分，在链接政府与高校、科研院所资源，推动成果转化的能力较弱。调查显示，689 家企事业单位仅有 6.39% 通过猎头公司精准招聘人才，39.62% 通过人才市场海选（见图 9），专业的人力资源机构在帮助企事业单位找到专业人才方面发挥作用有限。比如，成都新经济活力区先后成立政府引导基金超过 15 只，但本土市场化风投主体严重不足，区内创业企业近 90% 融资来自省外。产业功能区人才创办企业、创新研发后，在融资壮大、市场开拓等方面得不到及时帮助，导致有潜力的企业"长不大""留不住"。再比如，国家"千人计划"专家谢东与成都联合研发长效抗艾滋病新药，因在融资方面遇到问题，转身去南京落地，上年研发成果获批上市，一举填补国内空白，公司也成长为行业领军企业。

（四）人才服务要素保障不够到位，制约了产业功能区人才效能转化

总体看，主要是政策要素、平台要素、服务要素对产业功能区集聚人才的支撑还有短板。从政策要素看，目前人才政策多是面上政策，聚焦到产业功能区实行"一区一策"的精准度不足；部门也多从专业角度出发，制定单行支持政策。伸开五指后，政策发挥作用的力度有所减弱，不如握紧拳

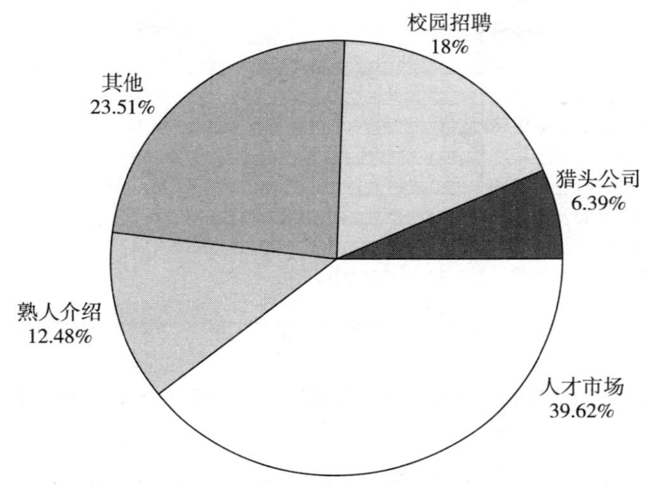

图 9　689 家企业单位人才招聘主要渠道

头，形成协同发力的“政策包”，助力产业功能区提升竞争优势。从成长要素看，产业功能区缺乏与海内外知名高校、科研院所深度对接渠道，对集聚高端人才到产业功能区创新创业缺乏足够吸引力；政府在产业功能区布局的公共技术平台、众创空间等载体，量少面窄，没能充分发挥孵化人才的作用；政府搭建的创新创业支持体系，没有完全聚焦到产业功能区，“五创”联动的金融服务链覆盖面有限，还没形成规模效应；不同主体举办的行业尖端峰会、专业知识论坛等人才交流活动还没形成品牌效应，距上海、苏州等地每年举办人才活动超百场、聚十万人次的“流量”相比还有一定差距。从环境要素看，功能复合、职住平衡、服务完善、生态宜居的产业功能区对集聚人才有着极为重要的作用。实地调研发现，不论是主城区还是远郊城区的产业功能区，均不同程度存在教育医疗、交通出行、商业配套等方面欠缺，生活场景建设不够，无法就近满足人才的生产、生活需求。调查数据显示，居住地与工作地相距 16 公里以上的有 20.01%、11 ~ 15 公里的有 14.78%，6 ~ 10 公里的有 26.51%，5 公里以内的仅有 38.7%，“人城产”未能实现有机融合。在影响产业功能区引进和留住人才的关键因素中，41.29%

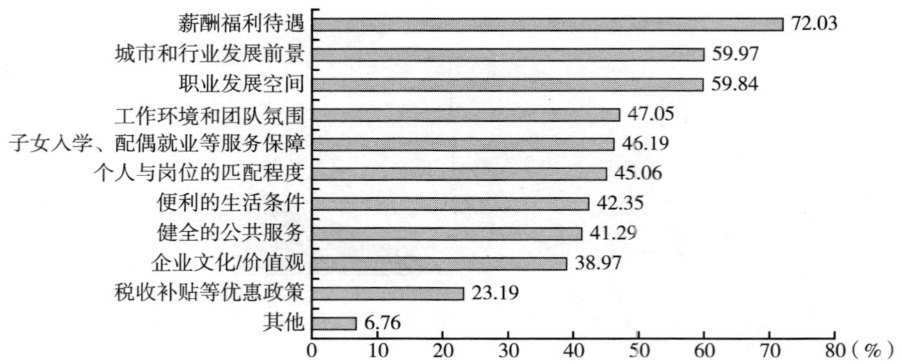

图 10　产业功能区引进和留住人才的关键因素（个人调查数据）

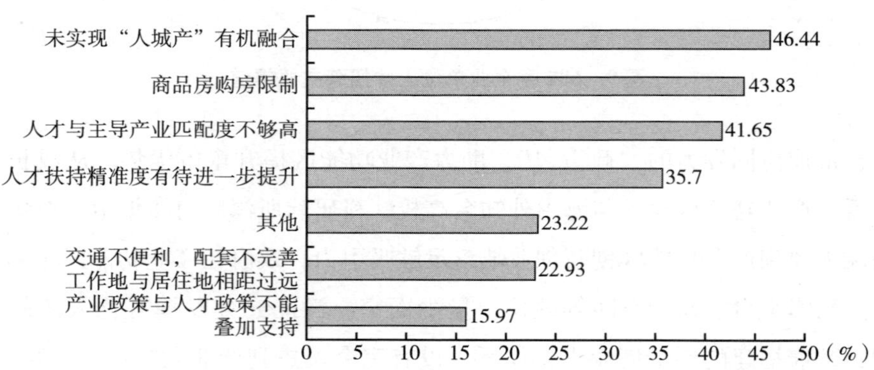

图 11　产业功能区人才集聚存在的主要问题（企事业单位调查数据）

的个人选择“健全的公共服务”、42.35%的个人选择“便利的生活条件”（见图10）。政府在推进产业功能区人才集聚方面，22.93%的企事业单位选择“交通不便利，配套不完善等”（见图11）。

四　产业功能区人才集聚的建议措施

总体思路是：坚持人力资源协同发展的理念，以机制、政策、项目、平台、保障为重点，推动公共资源配置从以项目为主导向以人才为主导转变、参与主体从政府主导向市场化配置转变、服务供给从单一要素支持向协同场景营造转变，促进人才在产业功能区精准集聚、高效协同。重点抓好五个方面工作。

（一）改革产业功能区聚才机制

一是建立招商引智协同机制。聚焦66个产业功能区产业细分领域定位，依托“大数据全球人才搜索系统”，精准绘制急需紧缺专业人才全球分布地图，加快推动与“招商云网”平台互通、数据共享，实现“招商引资”与“招才引智”同部署、同推进。二是建立人才认定双轨机制。支持重点区域探索“申报+配额”的方式，前置人才认定环节，对重大产业项目、重要研发平台、知名科研机构等直接给予人才计划、人才工程配额，让用人单位自行决定最需要扶持支持的人才对象，打好政策“组合拳”。三是建立工作联席协商机制。按照“16+1”产业生态圈划分，推动建立“人才工作部门+产业主管部门+区（市）县产业功能区管理部门”联席协商机制，定期研判产业推进情况和人才供需情况，精准高效地解决急需紧缺的产业人才招引、培育、服务等问题。

（二）创新产业功能区聚才政策

一是面向产业细分领域精准制定“城市猎头”政策。根据城市战略需要和用人单位发展需要，聚焦产业功能区细分领域，制订“城市猎头”行动计划，编制发布年度急需紧缺人才岗位，精准引进急需紧缺专业人才。二是聚焦重点发展区域制定差异化政策。对东进区域，制定东部新城人才集聚专项政策，引导人才加速向东进区域有序流入；对南拓区域，重点支持人才工作改革试点，先行先试、探索经验；对西控、北改、中优等区域，配合总体规划，会同产业部门打包政策，支持发展重点产业。三是支持具体承载地域制定“一区一策”政策。在支持各区（市）县重大人才计划、重点人才工程向产业功能区倾斜的基础上，鼓励各产业功能区结合实际，制定细分领域专项人才政策，下放人才评价、认定、使用等权限，激发用人主体活力。

（三）实施产业功能区聚才项目

一是精准实施“蓉漂人才荟”系列活动。打破地域限制和行政壁垒，聚焦产业功能区细分领域，结合产业生态圈布局，精准实施“蓉漂人才荟”产业功能区专场活动，“组团”“打包”开展引才工作，精准锁定上、中、下游全产业链人才。二是精准实施“校企双进”系列活动。以产业功能区为载体，常态化组织开展“企业家进校园”“科学家进园区”“百校千企大对接”活动，引导创新资源和高端人才在产业功能区集聚。三是精准实施“人才派遣”系列活动。充分发挥人力资源服务机构的作用，探索实施跨区域的人才派遣活动，既选派人才到发展较为成熟的产业功能区跟班学习，又派遣高端人才或骨干人才到发展刚起步的产业功能区志愿帮助，充分保障双边福利待遇，实现智力共享。

（四）搭建产业功能区聚才平台

一是引建骨干企业。配合产业部门出台《成都市支持保障重点项目的20条政策及措施》，加快集聚一批重大项目和重点人才。二是引建科研机构。积极推进国家级科研院所、重点高等院校、国家重点实验室等在产业功能区布局设点，加快构建“知识创新类+技术创新类+创新服务类”科技创新平台体系，为研发人才集聚、研发活动开展提供条件。三是引建孵化平台。在产业功能区高标准建成一批示范孵化器和大学科技园、科技创业园等技术公共服务平台，完善融资服务平台，择优扶持扶强一批高层次人才创新创业企业，引导各类人才在产业功能区创新创业。

（五）完善产业功能区聚才保障

一是建强产业功能区人才工作站。统筹利用园区党群服务中心，增设新型人才工作站功能，提供政策宣传、活动组织、服务咨询、项目申报等服务。针对海内外高层次人才需求，围绕购房落户、配偶安置、养老就医、教育入学等方面，通过设立一门式受理窗口、定制式实验室、为各类人才提供

“量身定制”“点对点”人才服务，当好服务人才的“店小二”，切实提高产业功能区公共服务供给精准度和质量。二是完善产业功能区人才服务体系。以“人城产”逻辑，线下打造“成都人才综合服务中心”展示平台，集成政府资源，引入市场资源，为来蓉发展的各类人才营造高效综合服务生态圈，提升成都人才工作显示度。线上升级改版“蓉城人才综合服务平台”微信公众号，拓展在线检索匹配相关人才政策等功能模块，为各类人才提供计划申报、政策比对、落户安居等便捷高效服务。三是加强产业功能区人才安居保障。完善人才安居政策体系，针对高端人才、骨干人才、基础人才、高校毕业生等分类施策、精准供给，推动区（市）县跟进出台人才安居配套措施，构建完善的“1 + N”人才安居服务体系。

政策研究

Policy Research

B.4 四川与发达省份人才政策比较研究

张志强　王恺乐　熊永兰*

摘　要：　当今时代，经济的竞争，说到底是科技的竞争；科技的竞争，说到底是人才的竞争，创新驱动发展，本质上是人才驱动发展，谁拥有人才，谁就拥有成功，拥有未来。在人才争夺大战日益激烈的今天，怎样制定合理的人才政策，吸引、培育、集聚人才至关重要。为此本文选取GDP总量排名位于四川前面的广东、江苏、浙江、山东和河南五个省份作为对比对象，首先比较各省的人才的实力情况，分析当前四川人才现状与特点，然后通过对比分析，总结四川人才政策的优势与不足，

* 张志强，中国科学院成都文献情报中心主任、研究员，主要从事科技战略与规划、科技政策与管理、创新战略与政策研究；王恺乐，中国科学院成都文献情报中心助理研究员，主要从事人才政策理论与应用研究；熊永兰，中国科学院成都文献情报中心副研究员，主要从事创新战略与创新政策理论与应用研究。

最后为四川人才的发展提出对策建议。

关键词： 人才实力 人才政策 比较分析

当今社会，人才资源已经成为国家经济社会发展的第一资源，直接决定国家的综合国力和国际竞争力①。随着新一轮科技和产业变革进程加快，科技创新人才的关键作用被各国政府高度重视，抓住人才就是抓住未来，拥有人才就是拥有发展。人才的集聚，可以促进发展要素升级、加快创新驱动发展战略的实施、创造和持续释放人才新红利，实现经济增长方式由要素驱动向创新驱动和提高全要素生产率转变②。近两年，国内人才的争夺日趋白热化，全国已有逾50个城市加入人才争夺大战。作为集聚人才的重要手段，人才政策对吸引和留住人才具有强烈的推动作用。四川要建成科技教育强省和经济文化强省，跻身国家科技教育强省和经济文化强省前列，就必须进一步提升和完善其人才政策。

由于我国的国情特点，在集聚高端人才的各类资源和创新环境条件上，北京和上海具有其他省区无法比拟的优势，各个省份之间的人才优势比较，与北京和上海比较没有实质意义。本文选择经济比较发达、近年来GDP总量排名位于四川前面的广东、江苏、浙江、山东和河南五个省份作为对比对象，分析四川省人才政策的优势和劣势并给出对策建议。

一 人才实力比较

（一）高层次人才数量

从高层次人才入选的情况来看，2013～2017年，四川省入选的两院院

① 高峰、唐裕华、张志强、王雪梅、张树良、熊永兰、陈春、黄丽晉：《21世纪初主要发达国家科技人才政策新动向》，《世界科技研究与发展》2011年第33期。

② 王璟：《山西省高端人才引进策略分析》，《经济师》2016年第3期。

士、长江特聘教授、杰青、优青和青年千人的人数为224人，位居全国第9位，落后于内陆省份湖北、陕西和安徽的入选人数。与所比较的省份相比，仅高于山东和河南（见图1）。可见，四川在培养、吸引高层次关键人才方面的优势并不十分明显，还需进一步加大人才政策力度。

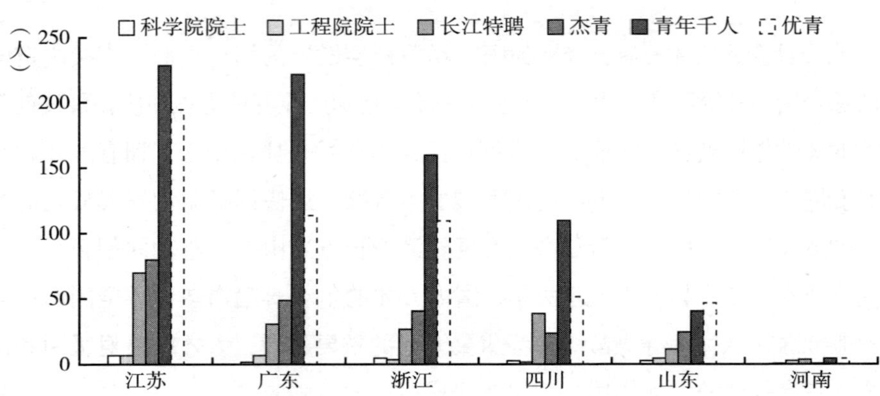

图1　2013～2017年相关省份六类高层次人才入选数量

资料来源：https：//www. cingta. com/detail/3814。

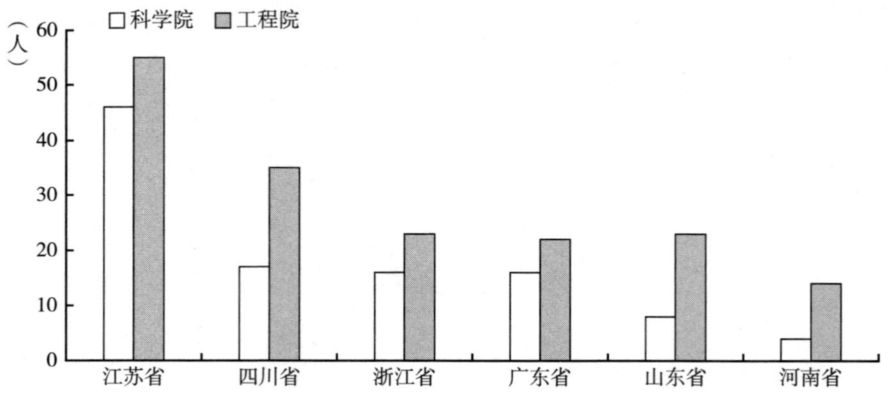

图2　相关省份两院院士数量（截至2018年4月）

资料来源：https：//bbs. rednet. cn/thread－47716273－1－1. html。

从两院院士所在地区的分布来看，在川工作的两院院士数量为52人，在全国排名第7位，高于广东和浙江等东部沿海发达省份，但是低于同为西部省份的陕西省（见图2）。说明四川高端人才引领的储备基础是良好的，可以充分利用院士的“聚才效应”加速提升高端人才数量与质量。但是，还需要不断改善环境和加大引进高端人才力度，这样才能占据西部地区的人才高地，在全国形成明显的人才优势。

（二）高校学生数量

高等学校学生是国家培养的高级专业人才大军，是掌握新知识、新技术、新思想的未来潜力型人才群体，是未来创新创业的高素质知识型主力军。没有高素质知识型生活财富的创造者，就不可能有高质量的发展。四川在每万人普通高等学校毕业生数量比较中仅高于河南省（见图3），在每百万人拥有的普通高等学校数量比较中排名最末位（见图4）。四川是人口大省、科教大省，在高校建设上依然有巨大潜力可开发。未来根据四川产业发展布局进行高等学校和相关学科建设是主抓点之一，提高人才储备功能方能在人才竞争中占据优势。

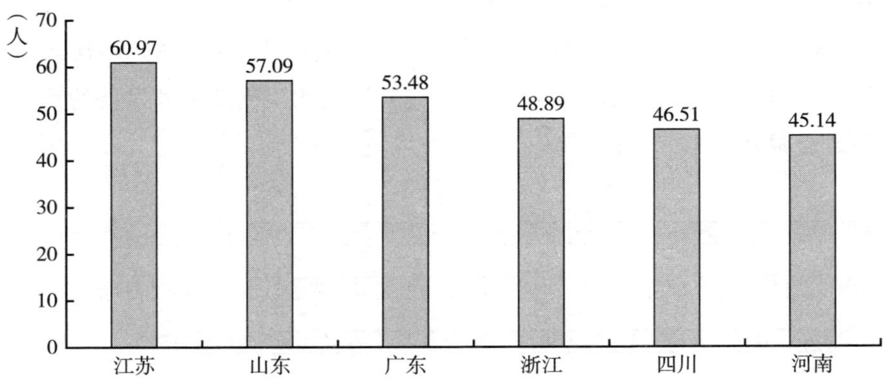

图3　相关省份每万人普通高等学校毕业生数量（2017年）

资料来源：《中国统计年鉴2018》。

（三）高技能人才

中等职业学校毕业生是高技能人才发展的储备力量。相对于其他五省而言，四川在此方面具有明显的优势，这与四川人口大省的地位相匹配。高技

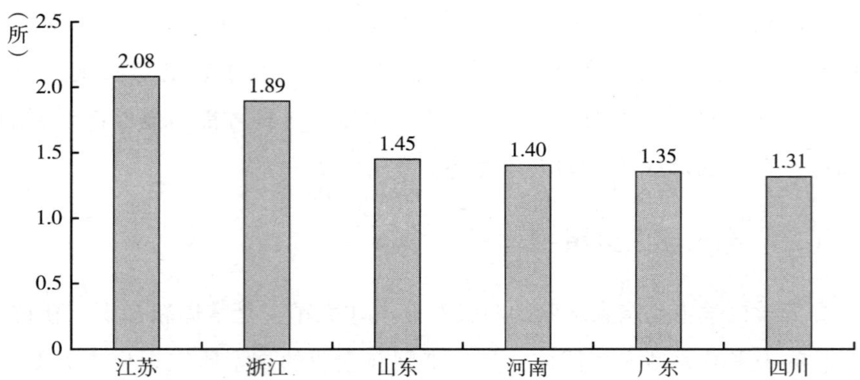

图 4　相关省份每百万人拥有的普通高等学校数量（2017 年）

资料来源：《中国统计年鉴 2018》。

能人才是高质量发展的生力军，也是当今四川提升发展质量亟须的重要人才类型，如何利用好如此丰沛的人才储备能量？四川应在高等职业继续教育、高技能人才培训方面下大功夫（见图 5）。

R&D 人员全时当量可以反映一个地区的创新活力，四川的 R&D 人员全时当量在对比的所有省份中居于末尾，充分说明四川创新驱动发展的整体活力不足、根基不牢（见图 6）。

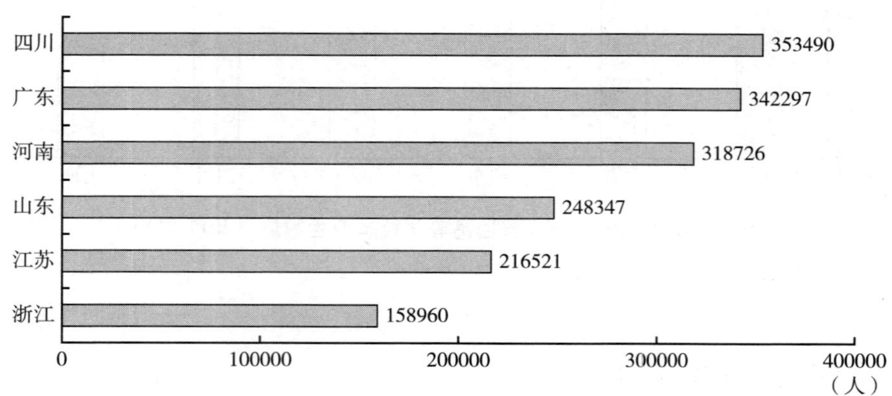

图 5　相关省份中等职业学校毕业生人数一览（2017 年）

资料来源：《中国统计年鉴 2018》。

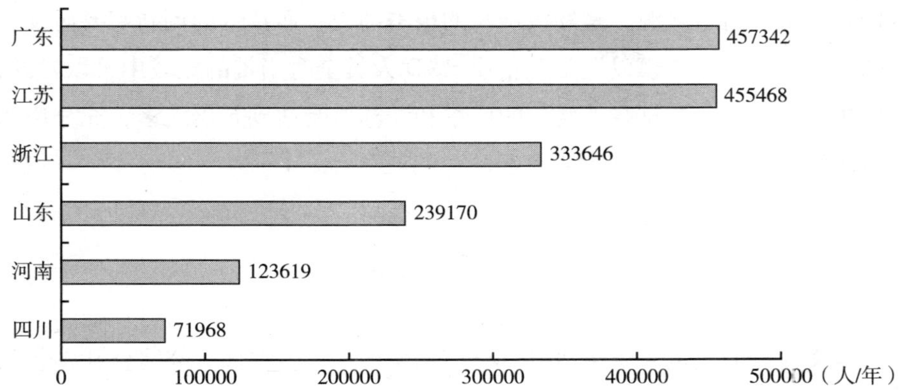

图 6　相关省份规模以上工业企业 R&D 人员全时当量一览（2017 年）

资料来源：《中国统计年鉴 2018》。

从以上四川与其他五省人才实力对比情况看，四川省人才实力具有以下特点。

第一，院士代表的顶级人才储备良好，但高层次优秀人才培养和产出较为薄弱。两院院士代表了国内人才的最高水平，截至 2018 年 4 月，在川工作的两院院士数量为 52 人，排在对比省份中的第二位，说明四川对顶尖人才的储备较好，但从四川省入选的两院院士、长江特聘教授、杰青、优青和青年千人的人数看，四川仅高于山东和河南，四川入选高层次人才的数量低说明四川对高层次人才的培养还比较薄弱，人才培养力度不足，人才培养成效不显著，人才成长环境有待改善。

第二，职业技能型人才储备总量较大，但青年专业高技能人才培养和储备薄弱。高技能人才肩负着企业生产关键岗位的重任，要实现经济跨越，必须拥有一大批能解决生产一线技术难题的高技能人才队伍，四川在此项上有人员优势，排在对比省份中的第一位，但从每百万人拥有的普通高等学校数量和每万人普通高等学校毕业生数量可以发现四川均排在末位，说明四川省高级青年专业人才占比较低，职业技能型青年人才培养力度不够，青年人才储备比例较低。

第三，研发人员总体占比明显偏低，储备不足，研发创新活力不强。技术创新是人类财富之源，是经济增长的根本动力，而技术的创新需要研发人员的高度投入。从规模以上工业企业 R&D 人员全时当量的比较中可以发现，四川排在末位而且与排在前两位的广东和江苏差距达到6倍之多，充分说明四川研发人员比例低、整体活力不足。

二 人才政策比较

本文搜集的政策来源于2012年至2018年4月各省官方网站公开发表的文件，共搜集人才政策164条。我们将人才政策类型分为综合政策类、发展规划类、引进聚集类、培养开发类、评价激励类、流动配置类和管理服务类等七大类型，每个省份具体出台的人才政策情况如附件所示。

（一）各省人才政策特点

1. 人才政策体系完善，政策类型丰富

从政策类型上看，六个省份的人才政策基本均包含综合政策类、发展规划类、引进聚集类、培养开发类、评价激励类、流动配置类和管理服务类等七大类型。从文种类型上看，各省政策既有指导意见、发展规划、法规条例，又有实施意见、实施方案、管理办法等，类型十分丰富。

2. 注重高层次人才引进，政策力度不断加大

各省出台的人才政策都十分重视高层次人才的引进。如，浙江省出台了《浙江省扩大海外工程师引进计划暂行办法》《关于支持海外高层次人才在浙江投资创业的若干意见》等；广东省出台了《广东省引进高层次人才“一站式”服务实施方案》等；河南省出台了《河南省高层次科技人才引进工程实施方案》等；江苏省出台了《江苏省省级高层次创新创业人才引进计划专项资金管理办法》等；山东省出台了《山东省离岸创新人才引进使用支持办法（试行）》等；四川省出台了《关于大力引进海外人才、加快建设高端人才汇聚高地的实施意见》《四川省引进海内外高层次人才“千人计划”实施办法》等。

3. 针对省情发展特点，政策对象各有侧重

在对比的六个省份中，各省的政策发文对象根据省情不同各有侧重。如广东省对高校人才十分关注，有针对高校体制机制改革的政策，如《广东省人民政府办公厅关于深化高校科研体制机制改革的实施意见》；有针对教师培养建设的政策，如《广东省教师队伍建设“十三五”规划》；有针对高校毕业生的政策，如《广东省高校毕业生就业创业促进计划实施方案》；有对高校人才管理服务的政策，如《关于鼓励高校科研院所科研人员创新创业有关人事管理问题的意见》。河南作为农业大省十分注重农业人才的政策制定，包括支持下乡创业的政策，如《河南省人民政府办公厅关于支持返乡下乡人员创业创新促进农村一二三产业融合发展的实施意见》；针对农村人才培养的政策，如《河南省农村电商技能人才培训工作实施方案》；以及针对促进创新推出的科技特派员制度，如《河南省人民政府办公厅关于深入推行科技特派员制度的实施意见》。

（二）四川省人才政策优势

1. 政策体系规划涵盖全面

四川出台的人才规划政策分类还是比较完善的，围绕《四川省“十三五”人才发展规划》制定了针对各类人才的发展规划政策，包括专业技术人才队伍建设的“十三五”规划、企业经营管理人才队伍建设的“十三五”规划、技能人才队伍建设的“十三五”规划、农村实用人才队伍建设的“十三五”规划、社会工作专业人才队伍的“十三五”规划，以及产业园区领导班子和干部的规划引导。在与各个省的比较中，四川人才规划政策类别划分是很细致的，也很有针对性、目标性。

2. 引进集聚类政策布局得当

四川出台的人才引进政策主要以高端人才为主，制订的省千人计划、“天府高端引智计划”等，都紧扣四川发展需求，制定与发布相当及时。除此之外还出台了《关于鼓励川商返乡兴业回家发展的指导意见》《关于支持农民工和农民企业家返乡创业的实施意见》《关于进一步促进大学生就业创业的意见》《关于省国有重要骨干企业董事会选聘高级管理人员的指导意见（试行）》等，积极引进和集聚各类人才，可以看出四川省总的人才政策在引进聚集方面布局得当。

3. 人才培养对象类型多样

在六个比较的省份中，广东和江苏对于人才培养开发主要关注对专业技术人才的培养。河南省对于农村人才的培养较为重视，出台了对农村电商技能人才的培养方案以及对新型职业农民的培养意见。山东省重视对科技人才的培养，而且重视青年人才的培养。相比较而言，四川人才培养开发的类别涵盖比较广，培养类型多样。包括“天府万人计划”、学术和技术带头人、创新型企业家培养、网络安全人才培养、会计高端人才培养、民族地区旅游人才培养、技能人才队伍建设、新型职业农民培育、优秀青年马克思主义者培养等政策，在培养范围上还是比较广的。

4. 激励政策多元化，科技成果转化激励政策更加细化

四川的评价激励政策更加多元化，所涉及的评价激励人才的面更广。除了对研究人员、科技人员、青年的评价激励外，四川还针对非公有制组织从业人员和留学回国人员等出台了政策。此外，几乎所有省份都制定了对科技成果转化人才的评价激励政策，其中四川省对科技成果转移转化方面的激励政策更加细致，包括了科技成果转移转化行动方案、对卫生计生科技创新和成果转化的实施意见以及对科技成果权属混合所有制改革试点的方案。

5. 重视乡村建设与扶贫的人才工作

与其他省份相比，四川省制定了较多流动配置类人才政策，并且主要是针对精准扶贫和乡村建设方面。如精准扶贫方面出台了《关于开展全省藏区与内地干部人才“双向交流”挂职任职的意见》《关于实施党员精准扶贫示范工程的工作方案》《关于发挥高校优势开展对口帮扶精准扶贫工作的指导意见》等；在乡村建设方面出台了乡村教师支持计划、乡村医生队伍建设实施意见、引导教育卫生人才服务基层意见以及专家下基层行动工程。

（三）四川省人才政策不足

1. 人才规划的内在关联度不高

尽管四川的人才规划涵盖较为全面，但针对高端人才、青年人才未做出专门规划，人才规划的理论性不强、系统性不足，在规划上的关联性、互撑性不够。山东以山东泰山学者为核心，建设一系列人才工程，重视青年人才和工程的落地细化，2017 年起在全省组织实施“外专双百计划”，这也是针对海外高层次专家人才；浙江省制定《浙江省高层次人才特殊支持计划》。近年来，各省人才争夺战中最为白热化的就是高端人才的竞争，四川要占领优势地位，规划方面应针对高端人才、青年人才、双创人才等实施专门的操作性强的政策。

2. 柔性引才的“柔”度不够

柔性引才，简单说就是用人单位从全职引人到灵活引智，从固守引才政策到一人一策、一事一策等差异化转变，所引人才可以通过顾问指导、短期兼职、技术合作、技术入股、合作经营等方式提供智力服务，柔性汇聚高层次人才。山东创新引才机制，使用兼职的方式灵活利用高层次人才的时间，由全职引才向灵活引智升级。山东不仅让高层次人才来兼职，还派出人才到先进地区兼职学习或者在外地设立人才工作站，走出去“招才”。济南的“人才新政 30 条”细则中，提出继续深化“泉城学者”建设工程，建立柔性引才供需对接平台，支持用人单位在不改变人事、档案、户籍、社保等关系的前提下，通过顾问指导、短期兼职、技术合作、技术入股、合作经营等方式，柔性汇聚全球创新创业人才，济南提出对柔性引进的人才（团队），经评审认定，命名为“泉城学者”，并给予每人 10 万元生活补贴；对实施的项目，给予最高 100 万元的项目扶持资金。在北京成立的“烟台市芝罘区驻北京人才工作站”目标就是要走出去对接京津冀地区人才资源，把人“抢夺”回来。四川的柔性政策还停于表面，不够深入细致，没有强调落地执行。

3. 青年人才政策发力不足

大学生是潜力型人才资源，从 2017 年开始，一些省份就开始了大学生的争夺战。在租房补贴方面，武汉提出争取“让更多留汉就业创业的大学毕业生以低于市场价 20% 买到安居房、以低于市场价 20% 租到租赁房”。济南出台的“人才新政 30 条”，提出对企业新引进入户的博士、硕士研究生，按照每月 1500 元、1000 元的标准连续发放三年租房补贴。成都除了落户政策以外，还针对外地来蓉应聘的本科及以上学历的应届毕业生，设置了 22 个 7 天以内免费入住的青年人才驿站，为来蓉大学生提供 736 个免费床位，这个数字和力度明显是不够吸引力的。此外四川还缺乏对青年人才，特别是青年科技人才的专项培养政策。山东就出台了《山东省支持青年人才创新创业的若干措施》围绕引进青年人才来鲁、青年人才创新创业能力培养、激励保障、鼓励青年人才合理流动等方面制定了 14 条具体措施。

4. 人才政策与产业规划、产业发展结合不够紧密

江苏培养支持的对象是重点行业领域、战略性新兴产业、现代服务业承担项目研发、实施科技成果转化的高层次人才和人才团队，有非常清晰明确的培育目标，很好地服务于江苏自身发展需求。四川的产业发展规划是明确的，但却没有在培养人才方面与产业发展规划加强紧密联系，这是未来应该补齐的短板，四川应瞄准将要大力发展的高精尖产业、“珠峰产业”制定系列人才培养专门政策，在产业发展中占领人才先机。

5. 高层次人才政策不够友好

《山东省高层次人才服务绿色通道规定》为高层次人才开通了科研、生活等方方面面的绿色通道。例如，高层次人才凭证可享受设区的市、县（市、区）指定的三甲医院预约就诊、专员陪同、专家诊疗的就医绿色通道服务；在省内各大机场、客船（轮渡）码头和火车济南站、济南西站、青岛站、青岛北站出行时，可享受绿色通道服务；享受免费进入山东省内 3A 级以上旅游景区及国家森林公园服务；享受在山东省内各级体育部门所属公共体育场馆免费入场馆健身服务；等等。以上政策的制定更有助于对高层次人才拴心留人，让人才感受到政策的温暖。而四川有关高层次人才的“绿色通道”政策，一方面力度明显不够，另一方面也很难真正地在全省落地实施，因此高层次人才政策的友好性不足、服务还远不够到位。此外对高层次人才的评价激励也显得有些不足，评价激励类政策的制定，可以帮助四川省将引进的高端人才留住，并激发其创造性。河南省就出台了对外籍高层次人才、杰出专业技术人才等的评价激励类政策，山东省也出台了对金融高端人才的评价激励政策。四川应制定更多针对各类高端人才的评价激励政策，激发高端人才的创新活力。

三　对策建议

创新驱动发展本质上是人才驱动发展。在科技与产业变革日新月异的当今时代，人才成为区域发展的真正战略资源。因此，抓创新，就要抓人才；抓人才，就要解决人才的需求。一切喊口号的人才政策，都是无济于事的。

（一）深化人才体制机制改革，建设创新友好型高端人才政策体系

在科技创新与发展全面竞争的时代，没有创新人才，创新归零；没有高端人才，跨越式创新归零。

要以系统思维的理念，研究高端人才的真正需求，设计系统化的高端人才政策体系。包括，发现猎取性政策，解决“识才问题”（解决人才在哪里、如何引进等问题）；生活支撑性政策，解决“爱才问题”（解决生活保障、后顾之忧等）；研发支持性政策，解决“用才问题”（解决研发条件、工作基础等）；贡献激励性政策，解决“重才问题”（解决人才的价值承认、兑现待遇和激励等）；人文关怀性政策，解决“敬才问题”（解决人才的社会地位、尊重、认可等）。要建立整套识才、爱才、用才、重才、敬才的系统化制度体系。

1. 深化人才发展机制改革，构建具有国际竞争力的人才引进机制

将人才工作纳入领导干部考核的核心指标。建立高端人才的分类评价标准，对不同水平的人才给予不同程度的经费支持和保障。对引进的高层次人

才及其团队给予特殊化待遇，对高层次人才探索建立协议工资和项目工资等专人专事、特事特办的薪酬制度，吸引国内外符合条件的高端人才来川全职或兼职开展创新发展工作。以柔性引进、项目引进、专项资助引进等方式不拘一格引进人才，放眼全球延揽顶尖人才，集聚一批具有世界水平的高端人才、企业家和创新团队。启动针对企业高层次人才引进行动，取消海外高层次人才引进的附属限制，允许符合条件的外籍人士担任国有企业部分非涉及国家安全的高层管理职务；设立专门的全球高端人才基金，针对四川的主要发展需求，引进一批国际前沿产业技术团队落地，根据事业发展需求提供经费支持和产业发展政策支持；推进海外人才离岸创新创业基地建设，为海外人才在川创新创业提供便利和服务。建立更便捷的人才引进和人才服务体系，大大简化管理手续，提高服务效率，使人才第一时间享受到承诺的服务。推进社会保障制度改革，完善社会保险关系转移接续办法，促进高端人才自由流动。建立灵活多样的高端人才流动与聘用模式，鼓励高等学校和科研院所互聘互用，鼓励一批高等学校、科研院所设立一定比例的流动岗位，吸引企业人才兼职。推进天府新区、成都国家自主创新示范区建设国际人才试验区。

2. 加强人才政策的人文关怀，建设创新友好型高端人才政策体系

人才政策创新一定要研究创新人才的需求，增加制度的可操作性，解决政策不能落地的问题，削减摆设性和花架子政策，真正对人才以其价值和贡献确定待遇水平。要减少政策及其执行的冰冷度，增加政策及其执行的黏度和提高执行的温度。简化政策执行的环节和审批流程，简化政策条条框框。符合设定标准的高端人才在川购买改善性住房可不受户籍、社保、住房限购等政策的限制，减少政策执行中的障碍性审核措施。高端人才的时间多以分秒计，人性化、体贴化、便捷化的政策才能进一步提升高端人才的价值与效益，为人才节省时间就是为创新增效益。政府承诺的各种政策和待遇，应该以现代技术手段和治理能力现代化，在政府的各种管理端理顺和直接提供服务，而不是给人才享受这些承诺设置各种烦琐的控制流程。要以信息技术等手段，开发人才服务一站式应用平台，大大提高人才服务效率，让信息多跑路，让人才不跑路。对顶尖人才、领军人才、高级人才等不同领域、不同标准的高端人才，从其生活保障支撑、事业发展平台、人生价值获得、社会业界影响、政治关怀待遇等不同角度和不同层次的个性化需求出发，建设和完善全面的创新友好型高端人才政策体系，并保障政策的有效落实和具体执行过程的友好性。

3. 组织建设高效的新型人才培养系统

创新主导的新时代是一个“不规则人才”的时代。创新主导的时代，不需要太多工业品式的传统劳动力，需要的是有创新精神的创造型人才。标准化的、工业品心态的人才培养模式，培养不出真正的创新人才。要顺应新一轮科技革命与产业变革新趋势和新特点，创新人才培养的体制和机制，大力培养“不规则创新人才”。依托在川高校、科研机构，优化学科设置和课程设置、增设跨学科、跨学校的专业和硕博培养点，探索校企联合培养模式，广泛培养四川创新发展迫切需要但不在现有专业设置培养范畴内的新型人才，特别是新兴产业发展的高技能职业技术人才，提升高校继续教育工作对全省科技经济社会发展的支撑水平。

4. 加大力度扶持和吸引潜力型青年人才

加强科技人才队伍建设，既应大力引进和培养科技领军人才，又应注重培养和激励潜力型青年科技人才，使他们尽快成长、担当重任。发达国家和我国发达省市都十分重视优秀青年科技人才的引进和培养，比如德国的“青年教授”制度、广东的“珠江人才计划海外青年引进计划”、山东的“泰山学者青年专家计划”。而四川省在青年科技人才的吸引和培养方面的政策相对比较缺乏，需要进一步建立健全青年优秀潜力型人才培养、使用、资助、激励的政策；建立健全科学合理、分层分类的人才评价机制。

（二）创新人才管理服务理念，建设有温度高黏度的人才服务体系

1. 加强人才政策的落实，让优惠政策更接地气

2012 年以来四川省非常重视人才的引进，共制定了 8 项人才引进类政策，且高端人才引进政策居多，包括“千人计划”、“天府高端引智计划”

以及相应的管理及实施办法。但是，光有好政策也不行，衔接不够、落实不力都会成为摆设性政策。要学习做得比较好的发达省份的经验，如广东省对博士和博士后的培养、引进、流动激励、搭建平台以及服务保障的具体方式都有较为详细的落实措施和方案。因此，在制定各种人才政策时，不仅要“接天线”，更要“接地气”，要狠抓政策的落实，对人才政策落实效果进行评估。

2. 完善分类科技评价机制，发挥科学合理评价对创新的促进作用

科技评价是科技管理的重要工具和手段，没有科学的评价，就没有科学的管理。科技评价受诟病，主要是评价一刀切造成的。科学的科技评价，关键是要以创新产出目标为导向，切实分类评价、不搞一刀切的统一评价。对基础研究人才、产业创新人才、工程技术人才等不同类型的人才评价；对企业创新、产业创新、创新服务等不同类型的产业和机构评价；对各类不同性质的项目评审等不同的创新活动类型，要开展个性化的分类评价。要完善科技评价的组织机制，更多地依托第三方评价机制，将评价准则和考核机制公开化、公平化、规范化。引导全社会树立和接受“重质量”的科技评价理念，建立和实施“质量导向”的科技评价模式。

3. 建设人才大数据库服务系统，为人才管理提供精准服务

从粗放式管理向精细化管理转变，数据发挥着重要作用。大数据理念同样适用于人才服务领域。当前，各地都认识到人才服务的重要性，但还不能准确捕捉到人才的需求。要善用已有的和不断更新的人才数据，从各种人才大数据分析和判断人才的个性化需求。因此，需要运用大数据技术，建设人才大数据库服务系统，通过相关数据搜集、分析和应用，实现人才引进和服务的精准化，不断提高人才工作科学化水平。

（三）加大对人才的投入，提高科技原始创新能力

从 R&D 投入强度、技术市场成交额和每万人口发明专利拥有量指标来看，四川省的科技原始创新能力略低于其他发达省市。在 2016 年 R&D 经费内部支出对比中，四川在六个省份中排名倒数第 2 位，仅为 500 多亿元，约

为广东和江苏研发经费投入的1/4。在经费投入强度上，四川的研发投入仅占到地区生产总值的1.72%，与江苏省的差距将近1个百分点。2016年四川省技术市场成交额排名六省中的第4位，但与前三省还存在较大差距，即使与排名第3的山东也差距近100亿元。从专利情况看，2017年我国每万人口发明专利拥有量达到9.8件，四川的每万人口发明专利数量还不及全国平均水平，广东每万人口发明专利拥有量也是四川的4倍多。

科技原始创新是科技创新的主要源泉，它不仅带来科学技术的重大突破，而且带动新兴产业的崛起和经济结构的变革。因此，四川省需要进一步加大对创新性人才的直接投入，改变目前科研投入中的重物轻人、科研人员智力价值得不到应有体现的问题。发挥人才发展专项资金、中小企业发展基金、产业投资基金等政府投入的引导和撬动作用，建立政府、企业、社会多元投入机制，研究制定鼓励企业、社会组织加大人才成本投入的政策措施等举措。

2012 年以来各省份主要人才政策

省份	综合政策类	发展规划类	引进聚集类	培养开发类	评价激励类	流动配置类	管理服务类
山东	《关于人才支撑新旧动能转化的实施意见》 《引进顶尖人才"一事一议"实施办法》	《关于组织实施"外专双百计划"的意见》 《泰山学者青年专家计划实施细则》 《泰山学者攀登计划实施细则》	《关于进一步完善提升泰山学者工程的意见》 《山东省离岸创新人才引进使用支持办法(试行)》	《关于实施泰山产业领军人才工程的意见》 《山东省支持青年人才创新创业的若干措施》	《山东省金融高端人才奖励办法》 《齐鲁金融之星选拔管理办法》 《关于改革完善博士后制度的实施意见》 《山东省有突出贡献的中青年专家选拔管理办法》 《关于支持双创示范基地建设推进全双创深入发展的实施意见》 《关于助推新旧动能转换做好当前和今后一段时期就业创业工作的意见》 《关于进一步促进科技成果转移转化的实施意见》		《关于国家"万人计划"配套资助标准和拨付渠道的通知》 《山东省高层次人才服务绿色通道规定》 《山东省"千人计划"专家工作站管理办法》 《科技领军人才创新工作室管理办法(试行)》

续表

省份	综合政策类	发展规划类	引进聚集类	培养开发类	评价激励类	流动配置类	管理服务类
江苏	《关于聚力创新深化改革打造具有国际竞争力人才发展环境的意见》 《关于进一步加快苏南国家自主创新示范区建设的有关人才政策措施》 《关于加强高层次创业创新人才队伍建设的意见》	《江苏省“十三五”人才发展规划》 《江苏省“十三五”科技人才发展规划》	《支持留学回国人员创新创业办法（暂行）》		《关于切实减轻企业负担的意见》 《江苏省促进科技成果转移转化行动方案》	《江苏省人才流动服务中心人事代理单位公开招聘实施细则》	《江苏省省级高层次创新创业人才引进计划专项资金管理办法》 《关于〈江苏省省级高层次创新创业人才引进计划专项资金管理办法〉的补充通知》 《江苏省海外高层次人才居住证制度暂行办法》 《关于集中组织创新创业领军人才健康体检的通知》
浙江	《高水平建设人才强省行动纲要》 《关于深化人才发展体制机制改革支持人才创业创新的意见》	《浙江省高层次人才特殊支持计划》 《浙江省人才发展“十三五”规划》 《浙江省151人才工程（2011—2020年）实施意见》	《浙江省扩大海外工程师引进计划暂行办法》 《关于支持海外高层次人才在浙江投资创业的若干意见》	《关于高水平打造高技能人才队伍的意见》 《关于深入推行科技特派员制度的实施意见》	《浙江省促进科技成果转化条例》	《浙江省鼓励支持事业单位科研人员离岗创业创新实施办法（试行）》	《浙江省海外高层次人才居住证管理暂行办法》 《关于进一步完善省直事业单位高层次人才绩效工资管理有关问题的通知》

续表

省份	综合政策类	发展规划类	引进聚集类	培养开发类	评价激励类	流动配置类	管理服务类
广东	《关于广东省深化高等教育领域简政放权放管结合优化服务改革的实施意见》 《关于加快新时代博士和博士后人才创新发展的若干意见》 《广东省关于深化人才发展体制机制改革的实施意见》 《广东省人民政府办公厅关于深化高校科研体制机制改革的实施意见》 《广东省人民政府关于大力推进大众创业万众创新的实施意见》 《广东省深化医教协同进一步推进医学教育改革与发展实施方案》 《广东省专业技术人才知识更新工程实施方案》	《广东省“强师工程”实施方案(2017—2020年)》 《广东省大学生创业引领计划(2014~2017年)实施方案》 《广东省高校毕业生就业创业促进计划实施方案》 《广东省贯彻落实国家〈“十三五”促进就业规划〉的实施意见》 《广东省教师队伍建设“十三五”规划》 《广东省专业技术人才队伍建设中长期规划(2011~2020年)》	《“珠江人才计划”海外青年引进计划(博士后资助项目)》 《关于加强粤东西北地区乡镇卫生院人才引进工作的指导意见》 《广东省人民政府关于进一步促进创业带动就业的意见》	《广东省专业技术人才知识更新工程实施方案》	《关于进一步改革科技人员职称评价的若干意见》 《关于进一步改革完善基层卫生专业技术人员职称评审工作的实施意见》 《广东省促进科技成果转化条例》 《广东省人民政府办公厅关于进一步促进科技成果转移转化的实施意见》 《广东省战略性新兴产业首席专家评选的管理办法》	《广东省进一步加强乡村医生队伍建设实施方案》	《关于鼓励高校科研院所科研人员创新创业有关人事管理问题的意见》 《关于做好广东省博士后创新实践基地管理服务工作的通知》 《广东省教育厅关于高等学校副教授评审权审批的管理办法（试行）》 《广东省引进高层次人才“一站式”服务实施方案》

续表

省份	综合政策类	发展规划类	引进聚集类	培养开发类	评价激励类	流动配置类	管理服务类
河南	《关于加强河南省高层次专业技术人才队伍建设的实施方案》 《关于强化实施创新驱动发展战略进一步推进大众创业万众创新深入发展的实施意见》 《河南省人民政府关于全面加强教师队伍建设的意见》 《河南省人民政府办公厅关于切实加强乡村医生队伍建设的实施意见》 《河南省人民政府办公厅关于实施基层卫生人才工程的意见》 《河南省人民政府关于大力推进大众创业万众创新的实施意见》	《河南省技工教育事业发展规划（2014—2018年）》 《深入推进河南全民技能振兴工程2014～2017年行动计划》	《关于建立海外留学人才来豫工作绿色通道的意见》 《河南省高层次科技人才引进工程实施方案》 《河南省特聘研究员岗位设置试点实施办法》	《河南省农村电商技能人才培训工作实施方案》 《河南省人力资源和社会保障厅关于继续实施高层次人才国际化培养资助计划的通知》 《河南省人民政府办公厅关于加快推进新型职业农民培育工作的意见》 《河南省人民政府办公厅关于深化医教协同进一步推进医学教育改革与发展的实施意见》 《河南省人民政府关于进一步推进全民技能振兴工程的若干意见》	《河南省杰出专业技术人才表彰工作实施办法》 《河南省促进科技成果转移转化工作实施方案》 《河南省促进全民创业先进单位和个人评选表彰方案》 《河南省人民政府关于进一步做好新形势下就业创业工作的实施意见》 《河南省外籍高层次人才认定办法》	《河南省人民政府办公厅关于深入推行科技特派员制度的实施意见》 《河南省人民政府办公厅关于支持返乡下乡人员创业创新促进农村一二三产业融合发展的实施意见》	《“中原学者”管理办法》 《关于河南省高校科研院所等事业单位专业技术人员离岗创业有关人事管理问题的通知》 《关于深化高等教育领域简政放权放管结合优化服务改革的实施意见》 《河南省博士后创新实践基地管理办法》 《河南省创新型科技团队管理办法》 《河南省科技创新杰出青年管理办法》 《河南省科技创新杰出人才管理办法》 《河南省院士工作站管理办法》

续表

省份	综合政策类	发展规划类	引进聚集类	培养开发类	评价激励类	流动配置类	管理服务类
四川	《关于深化人才发展体制机制改革促进全面创新改革驱动转型发展的实施意见》 《关于大力引进海外人才、加快建设高端人才汇聚高地的实施意见》 《关于全面推进大众创业万众创新的意见》 《关于实施深度贫困县人才振兴工程的意见》 《关于加强教师队伍建设的实施意见》 《关于加强卫生计生队伍建设的意见》 《关于改革完善体制机制大力促进大学生和科技人才创新创业的意见》	《四川省"十三五"人才发展规划》 《四川省专业技术人才队伍建设"十三五"规划》 《四川省企业经营管理人才队伍建设"十三五"规划》 《四川省技能人才队伍建设"十三五"规划》 《四川省农村实用人才队伍建设"十三五"规划》 《四川省社会工作专业人才队伍建设"十三五"规划》 《四川省产业园区领导班子和干部人才队伍建设规划指引（2015～2020年）》	《四川省引进海内外高层次人才"千人计划"实施办法》 《四川省"千人计划"入选专家动态管理办法》 《"天府高端引智计划"实施办法》 《高层次人才来川创新创业对接服务实施办法（暂行）》 《关于省国有重要骨干企业董事会选聘高级管理人员的指导意见（试行）》 《关于鼓励川商返乡兴业回家发展的指导意见》	《四川省"天府万人计划"实施办法》 《四川省学术和技术带头人评定管理办法》 《关于实施创新型企业家培养计划的意见》 《关于实施网络安全"五个一批"人才培养工程的意见》 《四川省会计高端人才培养工程实施意见》 《民族地区旅游人才培养引进五年行动方案》 《关于加强技能人才队伍建设大力培养高素质产业大军的意见》	《四川省自然科学研究人员专业技术职务任职资格申报评审基本条件（试行）》 《关于进一步加强非公有制组织从业人员职称工作的通知》 《关于进一步做好留学回国人员专业技术职务任职资格评定工作的通知》 《激励科技人员创新创业专项改革试点总体工作方案》 《关于进一步扩大农业科技体制改革试点激励科技人员创新创业的实施方案》	《关于开展全省藏区与内地干部人才"双向交流"挂职任职的意见》 《关于实施党员精准扶贫示范工程的工作方案》 《关于发挥高校优势开展对口帮扶精准扶贫工作的指导意见》 《四川省城乡医疗对口支援工作方案》 《关于加强基层专业技术人才队伍建设的实施意见》 《关于激励引导教育卫生人才服务基层的意见》	《关于实行人才工作目标责任制考核的通知》 《关于进一步加强党委联系服务专家工作的实施意见》 《四川省高层次人才特殊支持办法（试行）》 《关于建设四川省人才之家服务高层次人才十二条措施》 《人才专项事业编制管理办法（试行）》 《关于加强外国人永久居留服务管理的实施意见》 《关于对高层次引进人才未就业家属实行医保优待政策的通知》

续表

省份	综合政策类	发展规划类	引进聚集类	培养开发类	评价激励类	流动配置类	管理服务类
四川	《四川省扩大高等学校科研院所医疗卫生机构人事自主权十条政策》 《四川省激励科技人员创新创业十六条政策》 《四川省深化高等教育领域简政放权放管结合优化服务改革的实施意见》		《关于支持农民工和农民企业家返乡创业的实施意见》 《关于进一步促进大学生就业创业的意见》	《关于加快新型职业农民培育工作的意见》 《关于实施优秀青年马克思主义者培养工程的意见》	《关于全面推进卫生计生科技创新和成果转化的实施意见》《四川省促进科技成果转移转化行动方案(2016~2020年)》 《四川省职务科技成果权属混合所有制改革试点实施方案》 《四川省省属非上市企业实施中长期激励试点的指导意见》 《四川省青年科技奖评选管理办法》	《四川省专家下基层行动工程实施意见》 《乡村教师支持计划实施办法(2015~2020)》 《关于进一步加强乡村医生队伍建设的实施意见》	

B.5
四川省人才国际化发展现状和展望

陆毅茜*

摘　要：　本文聚焦四川省近年来人才国际化建设以及对人才政策的创新，概述四川省人才国际化的现状。通过对已有资料和调研数据的分析，从国际人才对四川引才政策的认知、发展环境和安居状况三个方面，评析四川省人才国际化发展优势以及短板，在此基础上提出进一步提升四川省人才国际化的建议。

关键词：　四川　人才发展　人才国际化　人才政策

四川省近年来高度重视人才国际化建设，不断进行人才政策创新，从而使四川的人才国际化水平大幅度提高。本报告将根据已有的资料信息以及调研数据对四川的人才国际化现状，发展优势以及短板进行全面的梳理和分析，并提出政策性建议。

一　四川省人才国际化现状

本报告从四个方面对四川省人才国际化进程概况进行描述和分析。这四大方面包括国际人才的规模与结构，国际人才引进政策，国际人才发展环境，以及国际人才的生活状况。

---

* 陆毅茜，博士，博士后，西南财经大学发展研究院副教授，主要从事国际移民、知识和技术移民、发展与全球化、移民与健康以及华人华侨研究。

（一）国际人才的规模与结构

本报告关注的国际人才主要包括在四川拥有海外学历或工作经历的归国人员（简称“海归”），来川工作的外籍人员，以及来川学习的留学生。总体看来，在四川省的国际人才数量逐年增加。根据统计数据，“十二五”时期，来川工作、交流的各类境外专家共 50885 人次，比“十一五”增长 78%。2011～2015 年，来川的境外专家逐年递增，从 2011 年的 8947 人次增加到 2015 年 11607 人次。根据四川省外国专家局的最新统计数据，2017 年 6 月至 2018 年 6 月，在四川办理了“外国人来华工作许可”的外籍专家有 6811 人，他们皆为持有外国专家证的长期专家（工作三个月以上），且绝大多数（96.6%）将在四川工作 6 个月以上。同时，据四川省人社厅统计，2017 年，全省引进“高精尖缺”外籍专家 410 人、545 人次，人数和人次数同比分别增长 23.1% 和 22.2%。

除了境外专家的规模有所扩大之外，在川境外专家的构成也有所优化。根据《中国区域国际人才竞争力报告（2017）》中数据，2013 年，46% 的在川长期外籍专家具备硕士以上学历。同时，根据 2018 年的最新数据，在持有“外国人来华工作许可证”的外籍专家中，获得硕士学位的有 1069 人，获得博士学位的为 348 人，由此显示 20.8% 的长期外籍专家获得了研究生及以上学历。高学历比例的下降可能与长期外籍专家数量增多，而高学历外籍人才数量增加不明显有关。此外，在这些长期外籍专家中，有 47.9%（3261 人）从事教学或科研岗位，2013 年这一比例为 47.8%，基本保持持平。尽管外籍专家的构成在比例上没有明显突破，但 2018 年的数据与 2013 年相比，高层次外籍人才的数量还是有较为明显的增长，从事教学或科研岗位的外籍专家数量增长到 2.5 倍，长期专家数量也增长到 2.5 倍，具有硕士以上学历外籍专家的人数增长了 18%。四川外籍人才规模的扩大说明其引进外籍人才政策发挥了积极作用，同时，高层次人才比例突破不明显，从一个侧面说明了四川在吸引研究生以上学历和教学科研型国际人才方面的力度稍显不足。这类人才是知识和技术创新的基础，不仅可以普遍提升国际化人才的知识技术层次，为吸引和保留数量有限的尖端国际人才提供国际化的环境和人才基础，亦是进一步吸引和培养国际化人才的基石，因此应提升对这类国际化人才的重视。

除境外专家外，四川省也吸引了相当数量的其他类型国际人才。地处四川的109所高校发挥其磁石作用，使四川成为中国西部地区主要的来华留学生聚集地之一。根据图1显示，2010年以来，到四川省就读的外国留学生正在逐年增加，尤其是2014年以后，增加趋势愈加明显。2010年，四川省仅有4407名外国留学生在四川学习，这一人数也仅占全国留学生人数的1.66%。根据教育部最新发布的《2016年度我国来华留学生情况统计》，到了2016年，四川省的外国留学生人数已经达到了10796人，在六年期间增长了近2.5倍。在川留学生人数占全国留学生总数的比率也在上升，达到了2.44%。图2显示在川的学位留学生比例也在稳步提升，2016年，有44.2%的留学生（4771名）在高校攻读学位，他们也将成为四川国际人才的储备力量。2016年，四川首次成为外国留学生人数过万的省份，在全国范围内位居第十四位，在西部地区位居第三位。这说明近年来四川省对外国留学生的吸引力正在增强。从2016年10月开始，四川省正式启动实施允许硕士以上外国留学生直接留川就业试点工作，在成都、德阳、绵阳三市率先实施。2017年，全省共办理符合条件外籍高校毕业生直接留川就业14人，仅占了学历留学生的0.3%。[①] 这一数字可能体现了三个方面的问题：①该政策处于实施初期，其在留学生群体中的广泛性和认知度不够；②四川的就业和定居环境对留学生的吸引力不足；③当前，来到四川的留学生群体中符合条件的毕业生数量有限。

同时，越来越多的留学和工作人员在海外获取了国际性的知识和经验后返回祖国，他们也在成为人才国际化的中坚力量。留学归国人员中，博士成为众多中国高校正想引进的高层次国际人才。虽然无法全面统计在川

① 《四川全球引“凤凰”3年引进1100多名国外高层次人才》，四川在线，https://sichuan.scol.com.cn/dwzw/201803/56107859.html，检索时间为2018年9月10日。

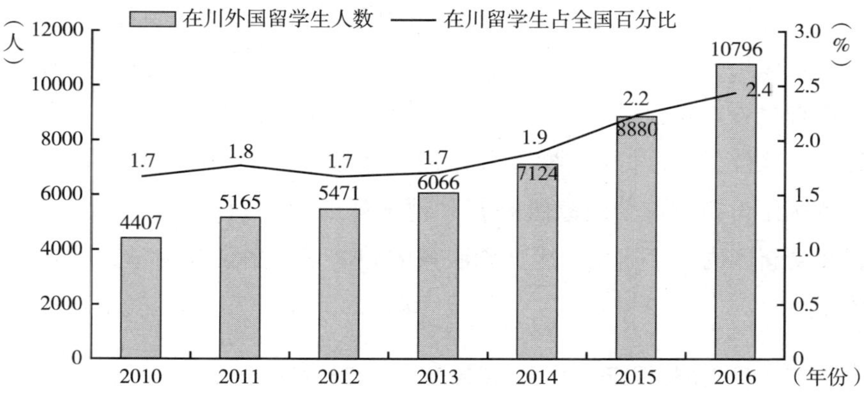

图 1　2010～2016 年在川外国留学生人数及比重

资料来源：历年《来华留学生简明统计》。

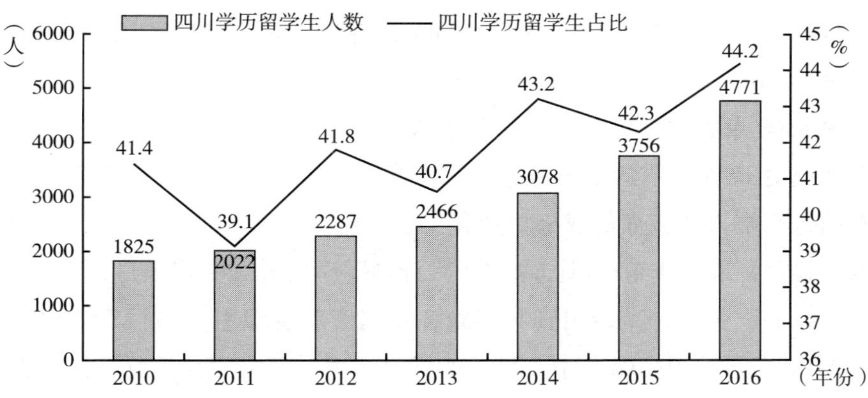

图 2　2010～2016 年在川外国学历留学生人数和比重

资料来源：历年《来华留学生简明统计》。

的海归人数，但根据《四川启动海外高层次人才引进》报告介绍，2009 年以来，全省留学回国人员数量每年呈 40% 以上递增。[①] 根据2018 年 5 月，省委、省政府印发的《关于大力引进海外人才、加快建设高端人才汇聚高

① 《四川省正式启动海内外高层次人才引进“千人计划”》，四川在线，https：//sichuan. scol. com. cn/dwzw/content/2013－11/08/content_ 6360197. htm？ node＝968，检索时间为 2018 年 8 月 31 日。

地的实施意见》指出，近年来，到四川的海归人员已经达到每年 1 万人。同时，全球化智库（CCG）与智联招聘联合发布的《2018 年中国海归就业创业调查报告》也显示，四川对海归人才的吸引力正在逐步增加，尤其是金融业、软件、信息传输和信息技术服务业领域最受海归青睐。因此，成都高新区作为四川首个国家级高新区越来越受到海归关注。截至 2017 年底，在高新区内从事研发、生产和服务的归国华人华侨和留学人数超过了 1 万人。

（二）四川省国际人才引进政策设计及成效

1. 四川国际人才引进政策和项目的总体成效

四川的国际人才引进项目的数量在增长且更加多样化。“十二五”期间，依托国家和四川省引进国外技术和人才专项计划，四川省内高校、科研院（所）、企事业单位共实施引智专项项目 706 项，引进急需紧缺境外高层次专家 8300 余人次；建立国家级引智基地和示范单位 6 个、国家级学科创新引智基地 13 个，省级引智基地和示范单位 24 个。“十二五”之后，四川省在引进高端人才方面的成果更加突出。据四川省人社厅 2018 年 3 月发布的数据显示，近三年来，以国家“千人计划”中的外国专家项目，“天府高端引智计划”为引领，四川省共实施各类国家和省级引智项目 512 项，引进了 1100 多名外国高端人才。截至 2018 年 3 月，全省累计 6 所高校建成了 20 个国家级“高等学校学科创新引智基地”；省内国家级引才引智成果示范推广基地增加到 8 家，省级示范推广基地增加到 29 个。①

2. 四川省推进人才国际化政策顶层设计

为了实现四川省国际人才“来得了、用得好、待得住、流得动”的引才引智目标，由省委组织部、省人社厅牵头，从 2010 年开始，制定了《四川省中长期人才发展规划纲要（2010～2020 年）》《四川省专业技术人才队

① 《省人社厅召开引进国外人才和智力政策成效专题新闻通气会》，四川省人力资源和社会保障厅，http：//www. sc. hrss. gov. cn/zwgk/zwyw/201803/t20180330_71562. html，检索时间为 2018 年 8 月 29 日。

伍建设中长期规划（2011～2020年）》，四川省人才工作领导小组制定了《实施海外高层次人才引进计划的意见》《四川省引进海外高层次人才“百人计划”实施办法》等。2013年11月，四川省正式启动海内外高层次人才引进“千人计划”，取代此前的海外引才“百人计划”。同年，又启动实施了“天府高端引智计划”。自2015年起，四川省委、省政府把“天府高端引智计划”列入四川省重大引智工程。2016年，正值“十三五”规划开局之年，四川省在“十三五”具体规划中指出，要全面提升开放性水平就要从引资为主，转变为引智、引技和引资相结合，通过引智和引技为四川的开放高地提供技术和智力支撑，通过高端智力人才带动新的产业，拓展企业的发展空间，提升产品的竞争力，从而促进自身经济的转型发展。2018年5月，四川省委、省政府印发了《关于大力引进海外人才、加快建设高端人才汇聚高地的实施意见》，打出让优秀海外人才引得进、用得好、留得住的“组合拳”，也标志着四川从西部内陆走向开放前沿迈出新步伐。这些顶层政策设计为推动四川省人才国际化的具体政策和项目的制定与实施提供了明确的指导方向和设计基础。

3. 吸引海外归国人才来四川发展的具体项目

（1）留学人员创业园

目前，四川拥有两个主要的留学人员创业园（以下简称“留创园”），以其对企业和个人优惠的扶植政策吸引海外留学归来人员。一个是成都留学人员创业园，坐落于成都高新区起步区工业园。另一处为坐落在绵阳高新区的绵阳留创园。该园于2002年5月成立，为留学人员创业提供专业化服务。创业园为留学人员企业提供研发及生产办公场地、扶持政策、信息咨询服务、提供资金渠道、人才培训服务、后勤和综合服务等全方位的优化服务，推动科技成果转化。出国留学获得博士、硕士学位及学有所成人员到创业园创办科研生产型企业，可给予其本人、配偶及未成年子女入户指标，子女入托或就学享受高新区户籍人口待遇。

（2）四川省高层次海（境）外回归人才创新创业基地

自2015年起，四川省陆续开展了推动海外人才创业的活动，并开始建立新型的海外高层次人才创新创业基地（以下简称“海创基地”）。2015 年 11 月，“2015 年海外学人回国创业周”活动在成都市郫县菁蓉镇举行。自 2010 年以来，海创周已在全国范围内成功举办了 14 届，2015 年的海创周是首次在成都举办。2017 年的“海外学人回国创业周”活动又回到四川，在广安启动。此类活动的开展，将为海外学人搭建起与投资人之间沟通、交流、合作的平台，实现人才、项目、资本的有效对接，进一步推动海外学人回国创新创业。

在 2016 年 6 月举行的中国成都全球创新创业交易会上“中国科协（成都）海外人才离岸创新创业基地”（以下简称“成都离岸基地”）授牌，标志着成都海外人才离岸创新创业基地正式启动运作。对进入高新区离岸基地的海外人才和企业，具有国际一流水平、处于国内领先地位、能够引领高新区产业发展的顶尖创业团队，经评审认定，将在 5 年内，以多种形式给予 5000 万元的支持额度。与此同时，政策还对进入高新区离岸基地创业的企业在人才引进方面提供大力支持。

（3）四川成都“侨梦苑”

2016 年 9 月 13 日，在中国西部海外高新科技人才洽谈会开幕式暨天府论坛上，四川成都“侨梦苑”正式揭牌，意味着西部首个侨商产业聚集区和华侨华人创新基地正式落户成都。“侨梦苑”是在国家重点发展战略布局中的精华地带精心打造的侨商产业和海外高端人才聚集区、万侨创新行动核心载体、国家科技创新中心特色园区，目前，国务院侨办挂牌成立的“侨梦苑”园区已经有 13 家，其中，四川成都“侨梦苑”是中国西部首家。

（4）其他相关政策

为吸引广大海外留学人员来川工作、来川创业、在川服务，四川省响应 2009 年人力资源和社会保障部《关于印发实施中国留学人员回国创业启动支持计划意见的通知》，每年启动留学人员回国创业启动支持计划和科技活动择优资助工作。同时，四川省人力资源和社会保障厅于 2017 年 9 月主办了“首届四川海归人才就业创业交流会”，为海归人才和企业建立直接的交流平台，更好地服务和促进海归在川就业创业。

4. 大力吸引外籍高层次人才政策

（1）积极推进对外籍人才入境、工作和居留的有效管理

自 2004 年 8 月起，我国虽然建立了外国人永久居留管理制度。四川虽地处内陆，却是对外开放前沿阵地。截至 2016 年 12 月，在川落户世界 500 强企业达到 321 家，其中境外世界 500 强企业 232 家。随着四川省经济发展步骤的加快，越来越多的外籍专业人才到四川工作。但是，在成都，自 2004 年至 2016 年上半年，仅有 63 位外国专家获得中国“绿卡”。2016 年 7 月，成都市公安局出入境管理局在市委、市政府“创业天府”行动计划中推出开设“外籍人才停居留绿色通道”政策，设立外籍人才申请永久居留绿色窗口，积极延伸为外籍人才服务平台，宣传政策，解惑答疑。2016 年 10 月至 2017 年 3 月，四川在全国率先开展“两证整合”试点工作，即正式启用《外国人工作许可证》制度，即原《外国专家来华工作许可证》和《外国人就业许可证书》统一为《外国人工作许可通知》，实行电子化在线打印。该政策在四川试点成功，2017 年起全国正式实施了外国人来华工作许可。

2016 年 9 月，四川等 7 个地方被中央批准设立自贸试验区，中央要求各地尽快制定自贸区配套措施，争取更灵活的出入境政策，因此四川也迎来了进一步推进外籍人才引进、工作和居留有效管理的利好时机。2017 年 5 月，四川省公安厅发布了服务自由贸易试验区和全面创新改革试验区 13 项出入境政策。新政服务对象主要是外籍高层次人才、外籍华人、外国留学生群体，以及其他长期在中国工作的外籍人员。根据这 13 项政策，外籍高学历华人受益最为突出，外籍华人只要是具有博士研究生以上学历在当地工作，或外籍华人在当地连续工作满 4 年、每年在我国境内实际居住累计不少于 6 个月，就可直接申请在华永久居留。这项政策的实施吸引了很多外籍华人的关注，因为有着共同的文化背景和高层次的知识技能，回归后能够更好地融入四川本地生活，从而更有可能留在四川，从而达到“进得来，留得住”的目标。

在人才签证方面，对经认定的外籍高层次人才、自贸区或全创区企业选

聘的外籍技术人才和高级管理人才，可享受人才签证各项出入境及停居留便利政策。在工作和居留许可上，外籍高端人才凭与用人单位签订的合同期限，可直接办理最长 5 年有效的工作许可证（A 类）。外籍高端人才（A 类）入境后凭工作许可证明，可直接申请办理最长 5 年有效的工作类居留许可。在申报永久居留上，获得外国人工作许可证（A 类）的外籍高层次人才及其配偶、未成年子女，也可按规定申请在华永久居留。同时，对在自贸区或全创区工作的符合市场化认定标准的外籍人才，经工作单位推荐，可以申请在华永久居留，并允许其配偶和未成年子女随同申请。

四川省先后出台的一系列配套政策，旨在实现工作许可、签证与居留有机衔接。这些政策惠及外籍高层次人才、外籍华人、长期在华工作的外国人、外国留学生、自贸区及全创区企业机构等群体单位，受到社会广泛关注，也取得了较好成效。新政实施一年来，已有 326 人被认定为外籍高层次人才（A 类），发放外国人工作类居留许可 6031 件，累计有 269 人获得中国绿卡。①

（2）打造外籍高层次人才引进和对接品牌活动

为了推动引智计划的具体实施，四川省政府积极参与并举办引智项目洽谈活动。例如，2017 年 9 月，四川省外国专家局在中国（绵阳）科技城国际科技博览会上主办了第五届外国专家组织引智项目洽谈活动。在项目对接环节，来自省内市（州）的 30 余家单位与外国专家组织代表就 87 个项目进行对接洽谈，结合专家组织特长优势领域，通过深入交流对接，达成合作意向共 74 项，这一项目数较 2016 年增长了 76%。

除了针对外籍高端人才的引智项目外，四川省还拥有推动国际人才引进与对接品牌活动，如中国西部海外高新科技人才洽谈会，简称“海科会”。海科会自 1995 年创办以来，截至 2018 年已成功举办 17 届，成为中国西部最具影响力的科技与人才交流盛会。经过二十多年精心打造，“海科会”的

① 《〈关于大力引进海外人才、加快建设高端人才汇聚高地的实施意见〉亮点解读：突出“高精尖缺”着力引进“四类人才”》，《成都日报》，http：//www. cdrb. com. cn/epaper/cdrbpc/201805/25/c18887. html，检索时间为 2018 年 9 月 10 日。

国际影响力不断提升，大会成果日益丰硕，已发展成为中国最为重要的引才引智平台之一。截至2016年，“海科会”累计引进海外高端人才1712人，合作科技项目上千项，投资金额达到2156亿元。尤其是在2015年和2016年两届大会上，引智规模爆发式增长，签约人才达到690人，占历史总量的40.3%；签约金额1082.76亿元，占历史总量的50.1%。①

（3）促进外籍人才在川“安居乐业”

2018年5月科技部下发的《关于推进外籍科学家深入参与国家科技计划的指导意见》明确提出集聚全球创新人才实施重大研发任务，全面提升科技创新国际化水平，支撑现代化经济体系建设。据此，四川省人才办提出了建立高层次人才担任重大项目主持人或首席科学家制度，探索推进外国人才担任新型科研机构事业单位法人代表、相关驻外机构负责人试点。允许外国人才依托在川企事业单位，领衔实施国家和省科技计划项目、创办科技型企业、开展创新活动。对具有重大产业化前景的战略发展项目及引进的具有标志性的国际化合作平台，可采取一事一议的方式给予特殊支持。

同时，安居才能乐业。2018年5月，四川省委、省政府发布的《关于大力引进海外人才、加快建设高端人才汇聚高地的实施意见》指出，应综合采取多种渠道为符合条件的引进人才提供住房保障，满足引进人才刚性需求，如人才公寓、购房补贴、租房补贴、住房公积金等。同时，为解决引进人才的后顾之忧，《实施意见》还在健全外国人才社会保障政策、鼓励引进人才家属来川居留学习等方面提出系列优惠政策。四川省还将办好“四川省人才之家”和各级创新创业服务中心，支持各地特别是自贸区建立国际人才“一站式”服务平台，开展外国高层次人才“一卡通”试点，为海外人才来川创新创业提供优质服务。此外，《实施意见》还提出，重点在成德绵等全面创新改革试验区打造一批国际化人才合作先导区，在自由贸易试验

① 《走过十六届　再迎海科会　创新引领　万侨汇智》，《四川日报》，http://www.sc.gov.cn/10462/10464/11716/11718/2018/9/10/10458666.shtml，检索时间为2018年9月12日。

区打造一批高水平的国际人才港，特别是支持自贸试验区及天府新区、成都高新区、成都市郫都区等率先建设集海外研发及孵化中心、留学人员创业园、国际化学校、医院和社区于一体的海外高层次人才创新创业园。这一举措，旨在营造“类海外”的工作和生活环境，帮助外国人才更好地融入中国社会。①

5. 进一步提升四川对境外留学生的吸引力

（1）四川加大来华留学的资助力度

近年来，为了促进外国留学生来华学习和交流，中国政府以及四川政府都加大了对来华来川留学生的资助力度。2014 年，教育部和财政部完善了来华留学生的政府奖学金资助体系，推出了多项奖学金项目，如中国政府奖学金，中国政府长城奖学金，优秀生奖学金和 HSK 优胜者奖学金等。

除了推进中央提供的奖学金发放，为吸引更多留学生到四川学习和工作，四川省在 2013 年首次设立外国留学生政府奖学金。为了进一步提升四川省属高校的国际化水平，此外国留学生政府奖学金适用于四川省所有招收外国留学生的省属高校，奖励对象为包括了外国博士研究生、硕士研究生、本专科生以及在中国长期进修的优秀外国留学生。2015 年，四川全省学校新招收留学生 1500 多名，其中 212 名外国留学生获得了四川省政府奖学金。

此外，四川省内一些城市也推出了留学生奖学金项目。成都市在全国率先设立“成都市国际友城留学生政府奖学金”。截止到 2015 年底，友城奖学金发放了六次，共计 329 名友城留学生获得奖学金，累计发放金额 560. 5 万元。该项奖学金确实促进了成都市与国际友城的交往工作与教育交流项目的充分结合，并且扩大了成都在国际上的知名度和教育国际影响力。不仅成都市，四川省其他地方城市也在积极设立奖学金吸引优秀的外国留学生。例如，2017 年初，自贡市教育和财政等部门联合出台了《自贡市外国留学生市长奖学金项目资金管理暂行办法》，正式设立外国留学生市长奖学金。

① 《全球揽才！权威解读四川海外人才新政十大亮点》，人民网，http：//sc. people. com. cn/n2/2018/0525/c379471 - 31623588. html，检索时间为 2018 年 9 月 12 日。

（2）鼓励来华留学生在川就业和创业

2016年9月，四川省启动了四川高校外国留学生直接留川就业试点工作。根据《四川省系统推进全面创新改革试验方案》，四川省行政区域内所有高等学校中取得硕士及以上学位的外国留学生毕业后，可以直接在国家批复确定的四川省系统推进全面创新改革试验区域内就业。

根据此项试点工作实验方案，高校外国留学生在川就业需满足三个限定条件。一是限定了生源，必须是在四川省高校学习的外国留学生；二是限定了学历，必须是硕士及以上学位的留学生；三是限定了区域，必须在四川省开展全面创新改革试验区域内进行就业。同时，由于刚毕业的外国留学生不具备相应工作经历，不熟悉四川就业环境，因此用人单位提供的岗位与拟聘的外国留学生的专业须对口或直接相关。对于此项方案是否会影响在川本地大学生就业的问题，四川省人社厅相关部门经过认真研究考察指出，此项试点主要是为了满足全面创新改革试验区对优秀外籍人才的需求，既增强了四川省高等教育资源对外国生源的吸引力，亦不会对本地大学生就业产生影响和冲击。2017年，全省共办理符合条件外籍高校毕业生直接留川就业14人。

除了鼓励外国留学生在四川就业之外，相关政府部门还通过组织各种活动，积极帮助留学生与在四川的创新企业对接，并鼓励他们在四川创业。2017年11月底，来自成都六所高校的160余名外国留学生参加了“家在成都·双创之旅”的活动。

（3）推进四川高校国际化水平

推进高等教育国际化是在本土培养国际化人才的重要举措。虽然地处西部地区，四川高校在推进国际化水平建设方面也取得了显著成绩。一方面四川大学在通过与东部沿海地区大学的各种合作机制，提升国际化水平，例如，四川大学与复旦大学、清华大学、华东师范大学和浙江师范大学一起成立了“金砖国家大学联盟”，并在此机制下接受和培养留学生。另一方面，四川各高校也在积极引进国际化师资，强化高校国际交流合作，优化高校国际化建设。

为了更有效地提升国际化水平，四川高校对国际化水平的评估工作也十分重视。自 2013 年至今，西南交通大学已经发布了五次“教育部直属高校国际化水平排行榜”。根据 2018 年 12 月西南交通大学国际化评价研究中心发布的最新的《大学国际化水平排名（2018URI）》报告，在 139 所上榜高校中，四川省有 4 所大学位列前 60，包括四川大学、电子科技大学、西南交通大学以及西南财经大学。其中，四川大学以 63.21 分位居全国第 12 位，比 2017 年进步了 5 位；电子科技大学以 51.39 分位居全国第 25 位，比 2017 年前进 1 位；西南交通大学以 42.56 分位居第 36 位，比上年前进 117 位；同时，西南财经大学，在 2017 年排名有着显著提高之后，在 2018 年以 34.83 分保持了全国第 58 位。

（三）国际人才在川生活状况

近年来，越来越多的国际人才来到四川工作和学习。不断完善的国际人才引进政策以及国际化的工作环境是吸引他们来到四川的重要硬件条件，同时，如何从教育、医疗、居住环境等方面为外籍人士创造更加便捷更加国际化的生活环境，增进他们的融入感和归属感，这些软件因素亦对吸引尤其是留住国际人才有着极大的影响。

从教育条件方面看，据不完全统计，在四川有 33 所国际学校。① 但是由教育部公布批准在四川省设立的外籍人员子女学校数量仅有 5 所。从医疗条件上看，根据 2017 年《中国卫生和计划生育统计年鉴》，截至 2016 年，在川的医院数量为 2066 所，其中三级医院为 144 所，数量较 2013 年有所增多。从居住环境上看，根据《四川省统计年鉴》，2010 ~ 2016 年，四川省城市绿地面积从 7.23 万公顷增加到 10.06 公顷，公园陆地面积从 1.61 万公顷增加到 2.85 万公顷，公园个数从 319 个增加到 561 个。截至 2016 年，四川省建成区绿化覆盖率达到近 40%，人均公园绿地面积达到 12.5 平方米每

① 《成都国际学校大全》，国际学校网，http：//www.ctiku.com/xuexiao/，检索时间为 2018 年 9 月 10 日。

人。在交通设施方面，2016 年四川省每万人拥有公共交通车辆 13 台，轨道交通运营数为 966 辆，是 2010 年运营数的 9.5 倍。此外，截至 2016 年底，成都双流国际机场通航国际地区城市 78 个，通航国际地区航线 95 条。2016 年 5 月，成都天府国际机场正式开工建设，成都将成为全国第三座拥有双机场的城市。

从文化环境角度看，根据《四川省统计年鉴》，截至 2016 年，四川省有艺术表演团体 50 个，公共图书馆 203 个，文化馆 207 个，文化站 4574 个，博物馆 239 个。除艺术表演团体外，其他文化服务设施都体现了增长趋势。在国际旅游方面，四川入境游客人数逐年增长，从 2012 年的 227.34 万人次增长到 2016 年 309.79 万人次。说明四川的旅游资源对国际游客有着越来越强的吸引力，这对四川旅游产业以及整体社会的国际化有着重要的促进作用。

二　通过调研数据分析四川省人才国际化现状以及发展方向

本研究报告使用的调研资料包括针对在四川国际人才的问卷调查，调查对象主要包括海归人才，外籍专家学者以及外国留学生。共有 293 位参与者，其中 8.5% 为非华人外籍人才（其中包括 4% 的留学生），80% 为海外留学归国人才，11.5% 则有着其他国际交流经历。同时，83% 的调查对象具有硕士及以上学历，32% 有境外工作的经历，78% 的参与者将在四川工作 1 年以上，59% 将工作 3 年以上。此外，55% 的参与者从事教学科研工作，10% 从事金融和工程科技创新产业，16% 获得过专利认证。总体上看，此项调研的参与者为较高层次的国际人才。本节报告将从三个方面报告和分析调研结果：①国际人才对四川相关引才政策的认知；②国际人才在四川的发展环境；③国际人才在四川的安居状况。

（一）国际人才对四川相关引才政策的认知

从人才引进的渠道来看（见图 3），用人单位的线上和线下招聘以及熟人介绍依然是主要的国际人才引进渠道，通过引才政策和引资项目引进的国际人才仅占参与者的10.4%，用人单位通过主动外联引进的国际人才仅占8.8%。这些数字表明，四川国际人才的引进渠道主体依靠国际人才主动与用人单位进行对接，对接的方式以线上和线下招聘活动为主，同时，熟人介绍的比例也不低，这说明国际人才网络为这种对接提供了一定的促进作用。另一方面也说明，用人单位在吸纳国际人才方面相对被动，如何建构双向互动平台，促进用人单位全面了解国际人才市场，有针对性地联系并吸纳相关人才成为改进对接政策和项目的关键，这也是建立国际人才信息库的重要作用之一。

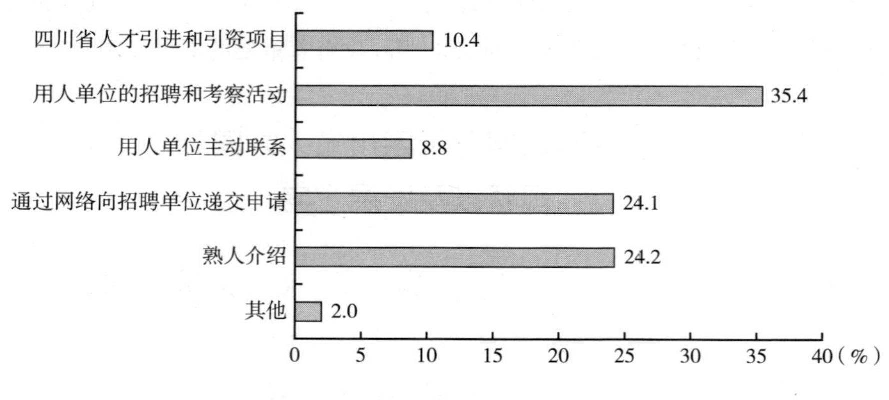

图3　人才引进渠道分布情况

关于国际人才与用人单位对接活动与项目，调查问卷对在四川已形成一定规模的海外人才项目和活动进行了“知名度”调查，询问参与者对这些项目和活动的了解程度。

结果显示，四川省“千人计划”是知名度最高的人才引进项目，有78.2%的参与者听说过或者了解这一项目，这也是目前唯一“知名度”超过50%的人才引进项目。然而，其他人才引进项目和活动的知名度则与居于首位的四川“千人计划”相差甚远，其中知名度在20%以上的依次为留学人员创业园（38.3%），天府高端引智计划（29.7%），中国西部海外高科技人才洽谈会（简称“海科会”）（27.5%），中国科技城国际科技博览会

（25.6%），以及海外学人回国创业周活动（22.9%）。这说明，面向尖端人才以外的中高层次国际人才的项目与活动虽然具备一定的关注度，但在国际人才中的知名度并不高。

从用人单位对四川国际人才引进政策的使用方面来说，结果显示，35.5%的参与者的工作单位利用了四川省国际人才引进政策，虽然仅有14%的参与者指出所在单位没有使用相关政策，但48%的参与者也表示并不清楚自身所在单位是否利用了人才引进政策。这说明相当一部分招聘国际人才的用人单位，对四川省的人才引进政策的利用率不高，引进政策的使用范围还有局限性。

在国际人才引进待遇方面，图4显示了安家费、住房补贴和研发经费资助是较为常见的人才引进待遇，皆达到24%以上，帮助组建或提供研发团队以及为配偶和子女提供安置则为较少提供的人才引进待遇，仅为3%～5%。同时，统计数字也显示40.4%的参与者表示从未享受过以上所列举的人才引进待遇，这说明人才引进政策中的一些基本待遇在较高层次的引进人才中覆盖率仅为六成。总体来说，政府机关和科研教学单位更多地利用各种政策为引进人才提供相对优厚的待遇；在推动“双创”产业的政策带动下，创业人才也获得了一定的人才引进支持；但是私营企业在利用引⼍政策以及为引进人才提供安居待遇和发展机会方面仍十分欠缺。

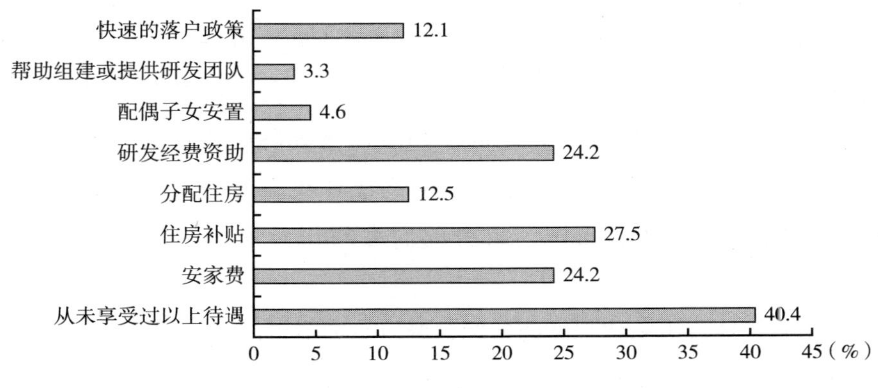

图4　人才引进待遇享有的分布情况

除了引进国际人才政策的使用，本调研还关注了用人单位对本土人才国际化的培养。调研结果显示，47%的参与者所在单位实施了具体政策鼓励并支持本土人才提升国际化水平。最常见的政策措施为鼓励本土人才出国培训和交流（41%），其次为鼓励本土人才参与各类国际合作（26%），鼓励国际人才和本土人才合作（17.5%），以及鼓励国际人才为本土人才提供国际化培养（15%）。尽管如此，依然有17.5%的参与者指出所在单位没有针对本土人才的国际化培养政策，35.5%的参与者对此并不了解。

总体说来，结合用人单位对国际人才引进和安置待遇政策的使用率（分别为35.5%和40.4%）以及其对本土人才国际化的培养政策实施率（47%），体现了四川省内，即使在拥有较高层次的国际人才的用人单位，对引进、安置和培养国际人才方面的政策的实施依然不够充分，仅为三至四成，并未成为主流。

（二）国际人才在四川的发展环境

工作环境和合作人员的国际化水平是影响国际人才进一步发展和提升的重要因素。调研结果显示，40%的参与者表示自己在工作中没有海外合作者，30%指出有1～3位海外合作者，9.6%提到自己工作中的海外合作者为4～10位，另有21.3%的参与者有10位以上的海外合作者。这些数字说明60%的国际化人才都通过自己的国际化工作网络，提升了工作过程和成果的国际化程度。同时，调研结果也发现，参与者认为四川本地的工作环境中，共事人员的国际化程度不高。其中42%的参与者认为同事的国际化水平低或者较低，36%认为国际化程度为中等，仅有22%的参与者认为同事的国际化程度为高或者较高。同时，有16.5%的参与者将国际化程度较低作为阻碍他们在四川长期居留的最主要原因之一。

除了直接体现国际化程度的指标，调研数据中也体现了国际人才发展状况的其他方面。如图5显示，分别有43.3%和38.1%的参与者认为“工作发展前景不尽人意”以及“工作待遇不尽人意”是阻碍他们长期居住在四川的最主要因素之一，在所有待选的阻碍长期居留的主要因素中占据前两位。此外，选择“创业条件和机制发展不充分”，“很难找到对口工作”以及“投资条件和机制发展不充分”作为阻碍长期居留的最主要因素的参与者也占到了20%以上（依次为26.5%，23.6%和23.2%）。总体说来，工作和事业发展以及投资创业条件等相关的因素成为国际人才考虑离开四川的主要因素。

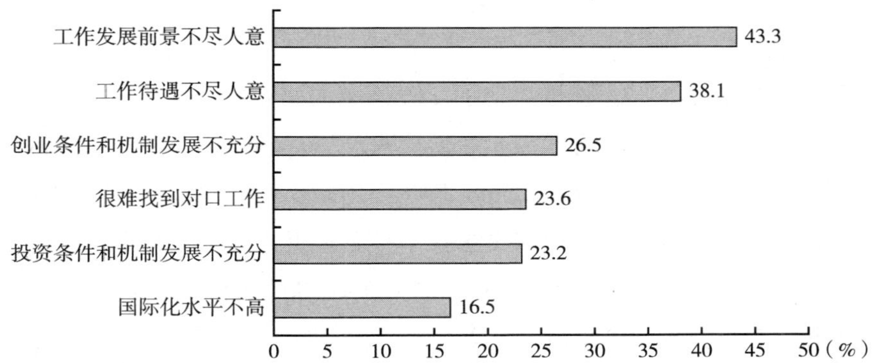

图5　阻碍国际人才长期居留的最主要因素（国际化与工作事业发展相关）

（三）国际人才在四川的安居状况

1. 四川对国际人才的吸引力

调查显示，有近73%的国际人才希望在四川长久定居，计划居住3年以上的也占了参与人员的17.6%，而计划居住3年以下或者目前还无法确定的仅占不到10%。这些数字说明来到四川的国际人才有很强的居留意愿，这是国际人才对四川的肯定，也是对四川加快其国际化进程以适应国际人才需求的一个促进。

这些国际人才选择来四川的主要原因多种多样。四川籍国际人才的家乡情结以及对亲人朋友的重视占据了国际人才来川主要原因的前两位，参与者选择此类原因的比例都在44%以上。排名在第三和第四位的原因（参与者选择比例在20%以上）与四川的生活居住相关，主要体现在四川的生活气息和节奏以及美食方面。体现四川经济发展和工作机会的原因排在了第五位（14.4%）和第八位（13.1%）。参与者选择比例在10%以上的原因还包括人文气息，气候条件和生活成本，皆与生活居住条件相关。总体说来，四川在吸引国际人才方面有着积极的自身条件，但主要集中在生活居住方面，经济发展和工作机会方面的吸引力依然有所欠缺。同时，当家乡情结成为吸引力的主体时，从一个侧面说明了四川在吸引多元文化、不同省籍乃至不同国籍背景的国际人才方面依然不足，距离成为一个国际化省份以及建设国际化大都市还有一定差距。

同时，促进国际人才长期居留的主要因素与吸引其来川的主要因素相似，居于首位的因素依然是“家人好友在四川”。其他前五位的主要因素还包括工作前景和发展机会以及待遇，表明了国际人才对工作和事业发展的重视；同时，与吸引来川的主要因素选择率排名相近，“日常生活舒适方便”排在第三位。此外，选择率高于30%的因素还包括房价优势、教育资源、绿化程度、国际交通以及旅游发展等。

2. 阻碍国际人才长期居留四川的不利因素

在阻碍国际人才长期居留的最主要因素中，关于工作和事业发展方面的因素居于主要地位，进一步强调了工作待遇和事业发展对留住国际人才有着至关重要的作用。此外，在安居需求方面，国际人才对住房和环境质量的需求最高，因此买房困难（37.5%）、买房贷款困难（28.3%）以及城市空气污染（33.7%）成为国际人才长期居留的主要阻碍因素。其他主要的不利因素还包括国际化水平不高、居留申请手续烦琐、获得工作签证困难以及语言障碍。这些妨碍国际人才在四川安居的因素导致很多外籍人才对长期定居四川产生疑虑，且难以形成归属感。

此外，国际人才对四川不同方面的国际化水平也有着不同的认可度。调查显示，有36%以上的国际人才认为四川在文化娱乐、城市经济、旅游设施和城市基础建设方面的国际化程度比较高，对基础建设的国际化认可度更是接近50%。很多外籍人才都积极肯定了成都在交通设施基础建设方面的飞速发展，高度称赞了近年来四通八达的地铁网络，他们认为成都的地铁方便快捷，设计合理美观，设施干净整洁，“比很多国际大都市的地铁系统都要先进”。尽管如此，也有30%以上的国际人才认为四川在金融业务和服务、教育设施和师资、城市公共标识、医疗服务、政府服务和管理以及市民意识方面的国际化程度较低，其中对市民意识国际化的“不认可度”达到50%以上，医疗和政府服务方面国际化的“不可认度”在40%以上。值得注意的是，国际人才所认为的四川国际化水平较低的方面皆是他们日常生活居住中不可或缺的重要部分，这也说明了进一步从这些方面提升四川的国际化水平的重要性。

三　促进四川省人才国际化进程的政策性建议

根据前文的总结与分析，本报告对推进四川人才国际化进程提出三个层面的建议。

（一）进一步扩大国际人才引进，在落实引进尖端和紧缺人才政策的基础上，加大对长期高层次国际人才的引进力度

根据2018年省委、省政府印发《关于大力引进海外人才、加快建设高端人才汇聚高地的实施意见》，突出“高精尖缺”导向引进人才，“高”指的是层次高，“精”指的是专业精，“尖”指的是行业拔尖，更重要的是“缺”即四川紧缺。因此，该实施意见提出以四川省发展急需紧缺的高层次留学人员、华人华侨专业人才和外国专家为重点，着力引进“四类人才”，即：一批具有重大原始创新能力、处于国际领先水平的战略科学家，一批掌握关键核心技术、推动重大技术革新的高层次创新创业人才，一批熟悉国际规则、具有战略开拓能力的高级管理人才和金融人才，一批具有较高学术造诣、适应四川省未来发展需求的紧缺专业人才，不断提升人才队伍核心竞争力。

在此策略的基础上，本报告建议进一步加强对各类高层次国际人才的全面引进，大幅度提升此类国际人才在四川的比例，尤其是具备海外研究生以

上学历或同时具备海外本科生学历及工作经历的海归和外籍人才，并大力支持他们长期在川工作和居留。比起短期专家交流，长期专家会对四川行业发展乃至整体社会经济的发展提供更坚实的基础，做出更多贡献。虽然，此类人才未必是四川目前的紧缺人才或尖端人才，但却是提升四川整体人才国际化水平的主体。一方面，当他们使用自身的国际经历和知识参与到各行各业的工作时，对这些行业乃至整体社会经济文化的国际化水平是一个提升。国际化水平的提升和创新创业发展不仅体现在高新技术产业和金融管理领域，还可体现在其他领域包括服务性产业，无论哪个产业，只要能够证明国际人才可以提供具有创新性和国际性的产品、服务或管理，皆应予以支持。另一方面，“尖端和紧缺”海外专家普遍对引进地的工作、生活和发展等方面的国际化十分重视，增加高层次国际人才在引进地的比例可进一步增强“尖端和紧缺”海外专家对引进地的认同感和融入感，加强其长期工作和居留的意愿，同时，作为专业领军人物，他们也可直接利用引进地已有的高层次国际人才建立起国际化团队，从而更加高效地取得成绩，做出贡献，为该领域的长期发展打下基础。此外，应进一步提升具备博士学位的国际人才在四川高校和科研院（所）中的比例，为推进高等教育国际化，大力培养国际化的本土人才打下人才基础。

同时，国际人才还包括到中国学习的留学生。很多发达国家已认识到留学生作为国际人才的储备力量，并通过制定移民和留学政策来留住优秀人才，在此国际趋势下，四川亦应采取措施扩大来华留学生规模，积极鼓励和支持优秀留学生为四川的社会经济发展做出贡献。一方面，高校应进一步完善其国际教育学院的招生机制，改进和完善教学项目，提升教学质量，积极开展与相关教育部门、孔子学院，以及海外高校的合作，不仅鼓励国内学生出国，更要积极地将国外学生引进来。另一方面，根据西南财经大学和全球化智库（CCG）共同编写的《四川人才发展报告（2018）》中题为“四川省外国留学生的现状与发展”的报告显示，来自发达国家的留学生和发展中国家的留学生对来四川留学的原因有着不同的侧重点，因此建议将招收留学生的工作进一步细化，可以考虑面对不同类型的国家采取不同的招收策略。

对来自发展中国家的留学生，尤其是“一带一路”沿线国家，可实行“走出去，招进来”策略。可通过与当地教育系统合作，大力宣传四川高校的特点和优势领域，强调四川的经济发展在中国以及全球层面的显著地位，以及四川在中国“一带一路”建设中所扮演的角色。同时，成都作为中国传统西部教育重镇，以及当前西部引才引智的模范性城市，应进一步宣传其优秀的教育资源，国际化的师资队伍和教学质量，以及成都对留学生留川工作的优惠政策。以上因素是很多来自发展中国家的留学生的关注点，当他们在中国有积极的经历，并对在四川的教育与就业有比较乐观的评价时，他们可带动更多的留学生来四川学习。对于从发达国家来的留学生，招收和宣传策略可侧重于同时强调四川高等教育的质量以及较为低廉的教育和日常生活费用的性价比，以及多样化的奖学金发放；同时，四川的传统文化以及自然景观魅力在国际层面已经开始获得越来越多的关注和积极评价，对四川的这方面特点的大力宣传也会是吸引发达国家留学生来华来川的重要原因之一。

同时，政府和高校应进一步鼓励短期留学生向长期学历留学生的转变，设立专门的激励机制为此类留学生提供便捷途径和相关帮助。此外，吸引更多的留学生不仅需要四川省内高校的政策支持，还需要其他政策部门和服务项目的扶持。例如，将外国留学生纳入储备“人才库”，通过各种渠道与优秀的外国留学生建立联系，为他们提供服务和信息；同时，进一步扩大实施外国留学生直接留川就业试点工作，加强在留学生群体中对这一政策的宣传和推广。

（二）加强国际人才政策的有效执行与落实，促进国际人才供需的高效对接，提升工作环境的国际化程度，为国际人才在川发展提供有利条件

本报告的调研结果显示国际人才最看中他们在引进地的工作机会和事业发展前景，因此，除了制定新的国际人才引进政策，进一步加强已有国际人才政策的有效执行和落实，进一步满足已引进国际人才的自身发展需求亦是重中之重。国际人才对各种相关人才政策，以及其专业领域或行业在四川的

现状和发展前景缺乏了解，这已成为他们为在四川长期发展做出规划和准备的阻碍。同时，报告也指出，虽然四川已有多个人才引进和对接的政策和品牌活动，其规模也在逐渐扩大，但是从调研结果来看，国际人才以及用人单位对这些人才引进政策和对接的品牌活动依然缺乏了解，利用率不高，这导致国际人才与用人单位之间缺乏有效的交流和对接的平台，也使得用人单位无法更有效充分地利用人才政策引进其所需的国际人才。因此，在建立“高层次国际人才”信息库的同时，还应关注如何提升已有的国际人才政策以及人才对接机制和平台在国际人才群体以及用人单位中的认知度。除了使用传统媒体宣传，相关部门和组织机构还可通过新媒体进行覆盖面更广更专业化的宣传工作。通过信息库与各类国际人才建立并保持联系，建立并整合出一个或几个具有品牌效应的信息交流平台，进行广泛推广，使广大国际人才了解在何处可以获得并交流相关信息，与用人单位建立更加直接和便捷的联系，从而使他们发现更多适合自己的工作和发展机会，感受到自身事业在四川发展前景的广阔。

（三）提升政府管理和公共服务领域的国际化水平

除了工作环境的国际化，政府管理与公共服务领域的国际化水平也与国际人才的安居和日常生活息息相关，直接影响到他们在四川的归属感、适应性和长期居留的意愿。根据调研结果，本报告提出了三项具体建议。

第一、推进政府管理和服务的国际化首要在于提升办事人员的国际化水平。具体来说，主要包括提升英语业务和基本交流能力；建立、完善并充分利用信息平台，可建立为国际人才提供专门政策信息的网站、热线及其他线上线下资讯平台，提供中英文版本，有专门工作人负责整理和及时更新相关政策、具体实施办法以及主管部门联系方式等。

第二、可向国外移民局或出入境管理部门学习相关经验，在为境外人才办理出入境和居留手续并提供相关证明的同时，可主动向境外人员（尤其是将在四川居留 6 个月以上的境外人才）提供方便其生活和居住的必要且具体实用的信息。这将极大地提升境外人才的归属感，感受到政府部门对他们的欢迎、支持与关心，增强其长期在四川工作和居留的意愿。

第三、提升公共服务领域机构（如银行、医院等）的国际化管理和服务水平。公共服务机构在制定管理和服务措施时，可将境外人才的需求纳入咨询、思考和政策设计范畴；提高工作人员的国际化水平；提升相关工作人员对国家已经颁布的针对境外人员提供各种服务的相关规定的熟悉程度，合理地制定和落实相关措施及程序，尽力在规定范畴内为外籍人才解决问题。

B.6
四川省人才政策现状分析

钟绍卓*

摘　要： 人才强国是我国当下的重要战略。在此背景下，四川省近年施行了一系列人才政策。各政策围绕人才的引进和培育，明确了政策施行的主要目标、引进人才的条件、资助及保障，收效明显。但就全省范围而言，人才分布的均衡性以及人才引进后的培育和保留都是现阶段应重点关注的问题。

关键词： 四川省　人才政策　引才条件　保障措施

一　背景

人才是指具有一定的专业知识或专门技能，进行创造性劳动并对社会做出贡献的人，是人力资源中能力和素质较高的劳动者①。人才兴则民族兴，人才强则国家强。历史和现实表明，人才是社会文明进步、人民富裕幸福、国家繁荣昌盛的重要推动力量，是我国经济社会发展的第一资源。

我国正处在改革发展的关键阶段，深入贯彻落实科学发展观，全面推进经济建设、政治建设、文化建设、社会建设以及生态文明建设，推动工业化、信息化、城镇化、市场化、国际化深入发展，全面建设小康社会，实现

---

*　钟绍卓，博士，西南财经大学讲师，主要从事人口、资源与环境研究。

①　中华人民共和国中央人民政府：《国家中长期人才发展规划纲要（2010～2020年）》（中发〔2010〕6号），http：//www. gov. cn/jrzg/2010 －06/06/content_ 1621777. htm，2010 －06 －06/2019 －04 －05。

中华民族伟大复兴，必须大力提高国民素质，在继续发挥我国人力资源优势的同时，加快形成我国人才竞争比较优势，逐步实现由人力资源大国向人才强国的转变。未来几十年，正是我国人才事业发展的重要战略机遇期，我国政府从顶层设计上加强了对人才工作的重视，出台了一系列政策文件。2006年，国务院出台《国家中长期科学和技术发展规划纲要（2006～2020年）》和《实施〈国家中长期科学和技术发展规划纲要（2006～2020年）〉的若干配套政策》，提出要加强对高层次创新人才的培养；2007年，国家人事部等部门印发了《关于建立海外高层次留学人才回国工作绿色通道的意见》，积极引进海外高层次留学人才归国建设；2010年，中共中央、国务院印发《国家中长期人才发展规划纲要（2010～2020年）》，提出要以"创新"为重点培养人才、建设人才队伍；同年，又出台了《国家中长期教育改革和发展规划纲要（2010～2020年）》，指出要"优先发展教育"以"建设人力资源强国"；2012年，中组部、人社部等11部门和单位联合印发《国家高层次人才特殊支持计划》，被称为国家"万人计划"；2016年，中共中央印发《关于深化人才发展体制机制改革的意见》，旨在加快建设人才强国，最大限度激发人才创新创造创业活力。

在此背景下，四川省依照党中央、国务院的科技战略规划，对科技事业发展和科技人才的开发、培养、管理都给予了高度重视，力争全面提高四川省综合竞争力。表1给出了四川省近年来的科技人才发展情况。数据显示，2016年四川省全年研究与实验发展支出经费为561.4亿元，与上年相比增加了11.6%，占地区生产总值的1.72%；研究与实验发展人员数量为12.5万人，比上年增长6.7%，逐年增加趋势明显。

表1　四川省近年的科技人才发展情况

年份	GDP（亿元）	年末常住人口（万人）	普通高校（所）	专任教师（人）	在校学生（万人）
2007	10505.3	8127	76	55903	91.8
2009	14151.3	8185	92	61772	103.6

续表

年份	GDP（亿元）	年末常住人口（万人）	普通高校（所）	专任教师（人）	在校学生（万人）
2011	21026.7	8050	94	67448	113.9
2013	26392.1	8107	103	76795	127.1
2015	30053.1	8204	109	84430	138.8
2016	32680.5	8262	109	85832	144.7
2017	36980.2	8302	109	/	150.0
年份	毕业生（万人）	重点实验室[a]（个）	两院院士（人次）	R&D[b]经费（亿元）	R&D 人员（人）
2007	22.8	78	59	139.1	78452
2009	25.2	62	62	214.5	85921
2011	28.9	143	62	294.4	82485
2013	31.8	170	59	400.0	109708
2015	36.2	293	62	502.9	116842
2016	36.2	206	58	561.4	124614
2017	38.6	210	60	/	/

注：[a]包括国家重点实验室和省部级重点实验室；[b]研究与实验发展。

资料来源：四川省统计局、国家统计局四川调查总队：《四川统计年鉴》，2007 年，2009 年，2010 年，2013 年，2015 年，2016 年，2017 年。

尽管四川省目前的专业技术人才队伍建设取得了较大的进步，但与国内发达地区相比仍有较大差距。以实施创新驱动发展战略的人才队伍建设为例，表 2 给出了四川省实施创新驱动发展战略现状与典型模式的对比。可以发现，相较于沿海地区便利的交通和地理优势而言，四川省的地理位置在一定程度上制约了创新人才、资金和外部知识等资源的获取，尤其是针对国外的知识流动渠道尚处于建设和发展阶段。另外，四川所特有的“休闲”文化也决定了其商务环境和创新软环境的建设难度大于东部“开放”地区，加之配套的人才引进和金融支持政策不及沿海，导致外来企业的根植性不强，川内民营经济发展缓慢。

表2　四川省实施创新驱动发展战略现状与典型模式的对比

典型城市	模式条件	四川省	
		现状	问题
北京	“大学＋中关村”	拥有一批重点高校，研发机构和创新型企业总数为西部第一，有成都高新区等国家级重点科技园区	不具备北京的科技资源优势，高校和科研机构的研发效率和成果转化率不高，园区产业化能力有待提升
上海	“商务环境＋国际人才”	商务环境在成都等少数地方较好，但四川总体情况不佳，近年回归人才大多数以川渝籍及其亲属为主	不具备上海的国际化优势，总体商务环境不佳，国际化程度不高，对优秀海归和外籍人才的吸引力较弱，国际化运作经验少
江苏	“地缘优势＋软环境”	四川的创新软环境在西部地区具有明显优势	与江苏不同，周边缺乏上海这样可依托的省市，地缘优势不明显，政府职能虽在转变，但服务意识有待增强
浙江	“出口＋民营经济升级版”	虽有一批民营企业（如新希望等），但四川工业企业中，起主要支撑作用的还是大量国有企业（如攀钢、长虹等）	不具备浙江的民营经济优势，尤其是地理位置限制了产品的大量出口
广东	“外来技术＋本土制造优势”	在传统食品制造和大型装备制造、军工制造方面有一定优势	不具备广东的区位优势，产业配套能力较弱，大规模吸引外部高质量大学、高校分支、人才落户的难度相对较大

资料来源：杨雪、曾婷：《四川省实施创新驱动发展战略的人才队伍建设研究》，《创新人才管理》2016年第5期，第72～76页。

总体来看，四川省面临的人才问题主要可概要为如下四个方面[①]：①全省的人才结构还不是很合理，缺乏相关的高层次人才，尤其是一些重点领域的重点产业，他们在高层次、创新性人才方面还较为欠缺；②人才的分布不均匀，普遍集中于一些实力强劲的军工企业以及央企中，而地方性企业，尤

① 唐小青：《〈四川省专业技术人才队伍建设中长期规划（2011～2020年）〉的政策研究》，电子科技大学，2017。

其是中小型企业人才严重缺乏；③人才市场化开发的程度还有待提升，能够发挥实际性效用的人才占比不高，人才资源浪费较大；④创新创造环境仍需改善。为改善四川省的人才现状，本文对四川省近年来重要的人才政策进行了梳理与分析，以期为四川省人才建设的推进和改善提供意见参考。

二 政策分析

根据政策出台的时间及其影响，本文选取了四川省共 8 项人才政策（见表 3）进行分析。所有政策均来自四川省政府官方网站。从政策的颁布时间看，四川省近年对人才引进的重视力度越发增大；从政策内容看，人才引进的目标、引才条件、资助和保障措施均有涵盖。下文将具体分析政策内容。

表 3 四川省人才政策目录

年份	政策名称	下文简称	颁布机构
2009	《四川省引进海外高层次人才“百人计划”实施办法》（川组通〔2009〕58 号）	百人计划	中共四川省委组织部等部门
2011	《四川省“青年百人计划”及“百人计划短期项目”实施办法》（川组通〔2011〕19 号）	青百计划、百人短期	中共四川省委组织部
2016	《四川省高层次人才特殊支持办法（试行）》（川组通〔2016〕25 号）	支持办法	中共四川省委组织部等部门
2016	《四川省“十三五”人才发展规划》（川委办〔2016〕13 号）	人才规划	中共四川省委办公厅、中共四川省委组织部
2016	《“天府高端引智计划”实施办法》（川人社办发〔2016〕27 号）	天府计划	四川省人力资源和社会保障厅、四川省外国专家局
2017	《四川省引进海外高层次人才“千人计划”实施办法》（川组通〔2017〕12 号）	千人计划	中共四川省委组织部等部门
2018	《四川省“天府万人计划”实施办法》（川组通〔2018〕21 号）	万人计划	中共四川省委组织部等部门
2018	《关于加大引进海外人才、加快建设高端人才汇聚高地的实施意见》	实施意见	中共四川省委四川省人民政府

（一）主要目标

表4梳理了四川省人才政策的目标。可以发现，四川省人才政策的时限大多以5年为期，少数会长达10年。计划引进人才数量随时间增加明显，2018年出台的《万人计划》和《实施意见》甚至达到了万人级。政策多围绕科技前沿和技术革新，旨在通过引进高层次人才，尤其是海外高层次人才促进本省经济的产业升级，提升本省的创新竞争力和综合实力。

表4 四川省人才政策目标

政策	时限	人数	其他
百人计划	2009年始，5～10年	重点支持50名、总计200名人才	领域：省重点创新项目、重点学科和重点实验室、省属企业和在川金融机构、以高新技术产业开发区为主的各类园区 地区：海外
青百计划	2011～2015年	100名人才	载体：企业和各类园区 地区：海外
百人短期	2011～2015年	100名人才	载体：企业和各类园区 地区：海外
支持办法	2016年起	/	有计划、有重点地遴选支持一批高层次人才，充分激发各类人才创新创造创业活力
人才规划	2016～2020年	/	目标：人才资源总量稳步增长至738.2万人；人才素质大幅提高，主要劳动年龄人口中受过高等教育比例达19%；人才比较优势明显增强，重点优势产业人才占比达20%；人才创新创业活力充分激发，年度发明专利申请量达44500件
天府计划	/	/	要求：围绕国际科技前沿，解决技术创新、产业升级的关键问题，提升区域创新能力 方向：先进制造业、现代农业、现代服务业和公共服务
千人计划	2017～2020年	1000名人才，100个团队	要求：突破关键技术、发展新兴产业、引领创新发展 地区：国(境)外

续表

政策	时限	人数	其他
万人计划	2018～2027年	省2300名人才，各市（州）10000名人才	要求：围绕省产业发展和自主创新需求，分层分类遴选（省杰出人才100名、领军人才1200名、青年拔尖人才1000名）
实施意见	2018年始，5年	省"千人计划"达2000人	其他：海外留学回国人员、在川外国留学生、来川工作交流的外国专家每年分别达到1万人、1.5万人次、2万人次

（二）引进人才条件

表5罗列了四川省人才政策的引才条件。各人才政策从学位、职称、科研技术水平、创新创业能力和工作经验等方面明确了引才条件。可以发现，四川省引进人才多以博士为主。《百人计划》、《青百计划》和《百人短期》针对中青年人才，涵盖了科研人才、技术管理人才和创业人才，要求海外科研工作经历，规定了引进后每年的在川工作时间。其余政策涵盖年龄段较广。其中，《天府计划》针对原则上不超过70岁的外籍专家，包括优秀的科学家、科技领军人才、经营管理人才和创新创业人才；而《支持办法》《千人计划》《万人计划》和《实施意见》对引进人才进行了分类。《支持办法》根据国家级学术称号、奖项、项目，以及省级头衔和工作性质等划分了4类人才，上达我国两院院士，下至定向工作的青年博士。《万人计划》详细到了杰出人才、8类领军人才和3类青年拔尖人才，《实施意见》则具体到4类人才。此外，《千人计划》中还包括了对团队和专项的引进条件说明。

（三）引进人才资助与保障

表6汇总了四川省人才政策的资金资助情况和服务保障措施。可以看到，各政策根据引进人才类别给予每人10万～200万元不等的资金资助，用于科研、项目、团队和生活补助等。另外，《支持办法》《千人计划》和

表 5　四川省人才政策引才条件

政策	基本条件	其他
百人计划	海外博士，中青年，每年在川工作时间不少于 6 个月	在国外著名高校或科研院所任教授或研究员等； 在国际知名企业、金融机构、国际组织中任中高级专业技术人才和经营管理人才； 拥有自主知识产权或核心技术，有海外自主创业经验的创业人才； 推进“两个加快”急需紧缺的战略性、领军型人才； 重点创新项目、学科和实验室、骨干企业和金融机构、创业人才等领域引进人才应符合额外条件
青百计划	自然科学、工程技术领域，不超过 40 周岁，海外博士	有 3 年以上海外科研工作经历； 回国前在海外知名高校、科研机构、企业有正式职位，或有海外创业经历； 全职来川工作； 科研领域拔尖人才，有成为学术或技术带头人的发展潜力
百人短期	本省产业发展急需、紧缺领域的领军人才或学术技术带头人，符合《百人计划》引才标准	省内工作单位固定，有具体的工作目标任务，能做出实质性贡献； 已与省内用人单位签订至少连续 3 年、每年在川工作不少于 2 个月的工作合同，明确合同期内工作成果知识产权归属
支持办法	第一类： 两院院士，发达国家同层次院士； 国家自然科学奖、国家技术发明奖、国家科学技术进步奖（下简称“国家三奖”）一等奖及以上获得者第一主研； 国家“千人计划”顶尖人才与创新团队项目入选者，国家“万人计划”杰出人才入选者 第二类： “国家三奖”二等奖及以上获得者前三名，四川省科学技术杰出贡献奖获得者；国家“千人计划”“万人计划”其他入选者； 全国杰出专业技术人才获得者、国家杰出青年科学基金获得者、百千万人才工程国家级人选、“长江学者”奖励计划特聘教授和讲座教授； 国家自然科学基金、国家科技重大专项、国家重点研发计划、技术创新引导专项（基金）、基地和人才专项等五类科技计划项目主持人，国家哲学社会科学基金重大项目主持人； 国内外知名高校、科研机构和企业中相当于本层次的高级管理人员和高层次专业人才	

续表

政策	基本条件	其他
	第三类： “国家三奖”三等奖获得者前三名，省部级科技奖一等奖获得者主持人； 省部级高层次人才引进计划入选者； 国家重点（工程）实验室、国家工程（技术）研究中心主要负责人； 国家自然科学基金、国家哲学社会科学基金重点项目主持人； 省部级学术技术带头人、优秀专家、创新型企业家、中华技能大奖获得者、全国技术能手及其他相当于本层次的高层次人才； 第四类： 博士，到本省高新技术企业工作或创办科技型企业的优秀青年科技人才； 博士或高职，到“四大片区”88个贫困县工作的急需紧缺专业人才	
天府计划	外籍专家，原则上不超过70岁，引进当年在川工作时间不少于2周	引领国际科学发展趋势的战略科学家，或从事科学前沿或技术应用基础研究的优秀科学家； 在国外高校、科研院所担任相当教授职务且具有引进领域世界先进水平成果的专家学者； 具有推动重大技术革新能力的科技领军人才，或担任高级职务的专业技术人才、经营管理人才； 拥有自主知识产权和核心技术的创新、创业人才； 急需紧缺的高技能人才或其他高端外国专家
千人计划	本省创新驱动发展急需的战略科学家、领军人才、高级管理人才，以及具有较大发展潜力的青年科技人才，博士，有3年以上国（境）外和省外工作经历且业绩突出	本省“三大发展战略”产业升级继续，且具有国内外一流水平的战略性、领军型人才； 国（境）和省外知名高校、科研院所、医疗卫生机构任教授、研究院、首席科学家或相当职务； 在国际国内知名企业、金融机构、国际组织中任高级职务的经营管理人才和科技领军人才； 拥有自主知识产权和发明专利，有海外自主创业经验的创业人才； 回国来川前在国（境）和省外知名高校、科研院所、医疗卫生机构、企业有正式工作经历，有成为学术科技带头人潜力的青年拔尖人才
万人计划	杰出人才： 瞄准世界科技前沿，在科学技术或工程技术领域有重大贡献和业绩的领军型科学家和杰出工程技术专家，具有成长为中国两院院士、国家“万人计划”杰出人才甚至世界级科学家的潜力	

续表

政策	基本条件	其他
	领军人才： 创新领军——主持省部级重大科研任务、领衔高层次创新团队、领导国家级创新基地和重点学科建设的科技人才和科研管理人才，其科学研究工作具有重大创新性和产业转化前景 创业领军——运用自主知识产权创办科技型企业的科技人才，或具有卓越经营管理才能的高级管理人才，其创业项目符合四川省战略性新兴产业发展方向并处于领先地位，具有高成长性和产业化前景 文化领军——在哲学社会科学、新闻出版、文化艺术、文博事业、文化产业和国际文化交流合作等领域取得重要成果、作出突出贡献，知名度较高，社会影响力较大 名师——长期从事一线教学工作，为人师表、师德高尚，对教育思想和教学方法上有重要创新，教学成果、培养学生等方面贡献突出，在教育领域和社会享有较高声望 名医——长期从事临床工作，医术精湛、医德高尚，为重大疾病预防、诊治和医学科技创新、学科专业发展等方面作出突出贡献，在医疗卫生领域和社会享有较高声望 工匠——长期在企业和一线岗位工作，为企业新技术、新工艺、新产品的研发和革新作出突出贡献，或掌握民间传统技能、绝招绝技的知名技艺人才，其技能技艺在本行业领域处于领先水平，行业影响力和知名度高 农业大师——长期在农村基层和农业生产一线工作服务，在农业新产品新技术的研发推广、农业生产等方面业绩突出，为农民增收致富、脱贫奔康作出突出贡献，在本行业和全社会具有较大影响 金融英才——在金融理论研究、金融创新产业化中取得重大成果，为打造西部金融中心作出重要贡献的战略领军人才和高级管理人才 青年拔尖人才： 科技——40 周岁以下，博士，自然科学、工程技术重点领域，有较高的科研和技术创新潜能，同龄人中拔尖人才，有成为带头人的潜力 社科——40 周岁以下，博士，哲学社会科学和文化艺术重点领域，有较强的创新发展能力和成为带头人的潜力 金融——40 周岁以下，硕士，实践经验丰富，业绩突出，有成为领军人的潜力	
实施意见	四类人才： 具有重大原始创新能力、处于国际领先水平的战略科学家； 掌握关键核心技术、推动重大技术革新的高层次创新创业人才； 熟悉国际规则、具有战略开拓能力的高级管理人才和金融人才； 具有较高学术造诣、适应四川省未来发展需求的紧缺专业人才	

《万人计划》明确了每人每月1000～2000元的岗位津贴，《支持办法》明确了每人5万～200万元的一次性安家补助，《支持办法》和《千人计划》同时对项目和团队给予择优资助。基本上每个政策都陈述了丰富的政策优惠和服务保障措施，包括引进人才的薪酬、任职、平台建设、出入境、住房、医疗保险、配偶子女安置等。专业化的平台、基地和信息系统的搭建有利于引进人才的后期培养，让人才更好地融入并服务于四川省的社会经济建设。

三　发现与启示

四川省一系列人才政策的相继施行充分彰显了四川省的人才强省战略，并且收效明显，出现了一大批高层次人才向四川聚集的“虹吸现象”。各引才政策始终以人为本，坚持把激励创新者的积极性放在优先位置，把破除制约人才发展的体制机制障碍和政策壁垒作为突破口，依靠“改革红利”释放“人才红利”。通过不同人才政策间的相互配合逐渐丰富了全省的人才体系。

但是，随着政策的施行，一些潜在的问题逐渐浮现。其一是全省人才分布极不平衡的问题。四川省五大经济区人才分布有明显的马太效应。其中以成都经济区一支独大，拥有人才占全省人才总量的40%，而自然条件差、经济相对落后的民族地区、贫困山区和革命老区人才总量仅占全省的11.4%①。长期的人才不平衡分布将持续增加全省经济发展的不平衡，不利于四川省综合实力的增强。其二是对引进的高层次人才后期保留和培养力度不够的问题。四川省各人才政策在前期人才引进方面都投入不菲，资助明确且清晰，但对人才引进后的培养和保留政策显得较为模糊。无论是政策计划还是投入资金都比较少，还未形成较为系统和完善的培养机制。如果没有相当的人才保持率，前期引进投入会变成“沉没成本”，长期性的研究与开发、产业发展等都会受到影响。

① 杨雪、曾婷：《四川省实施创新驱动发展战略的人才队伍建设研究》，《创新人才管理》2016年第5期，第72～76页。

表 6　四川省人才政策资助与保障

政策	资助	保障
百人计划	省委组织部依托“天府英才”工程专项资金，给予每人人民币 100 万元的资助（资助办法另行制定），主要用于科研启动、成果转化、创业资助、生活补助等； 用人单位、主管部门和地方政府配套其他资金，用于改善引进人才的工作生活条件	任职：可担任高校、科研院所、企业中级以上领导职务或高级专业技术职务，以及国家和升级重大项目负责人； 薪酬：用人单位协商提供； 创新创业：实行国际通行的科研、创业机制； 税收：奖金或非现金形式的补贴可（暂）免个税； 还享有出入境、医疗、保险、住房、配偶安置、子女入学等优惠政策，享有评价激励机制
青百计划	省“天府英才”工程专项资金给予每人人民币 50 万元的一次性工作生活补助	参照《百人计划》
百人短期	省“天府英才”工程专项资金给予每人人民币 50 万元的科研工作经费补助； 对期满后全职来川工作人才，可再申请发放人民币 50 万元的补助	出入境、医疗、保险等保障同《百人计划》
支持办法	岗位激励：前三类人才分别为每人每月 2000 元、1500 元、1000 元，第四类由用人单位与人才商定； 项目和平台支持：分“人才 + 项目”“带头人 + 项目 + 团队”“人才 + 团队 + 平台”，按规定给予 10 万 ~ 200 万元资助	一次性安家补助：四类人才分别为每人 200 万元、50 万元、30 万元和 5 万元； 管理服务：实行动态管理，集成出入境与居留、落户、医疗、保险、住房、配偶安置、子女入学、职务职称、学术交流、评价激励等方面的优惠政策支撑
天府计划	资助外国专家在川工作期间的部分食宿生活费、国际国内旅费及 60% 以内工薪。单个引智项目资助总额不超过 80 万元，其中资助工薪总额不超过 60 万元。项目实施周期较长的，最多可连续资助 5 年	

续表

政策	资助	保障
千人计划	资金资助:省“天府英才”工程专项资金,给予每人 50 万 ~200 万元资助,每个团队 200 万 ~500 万元资助,对项目资助最高达 5000 万元; 岗位津贴:每人每月 1000 ~2000 元岗位津贴	任职:可担任高校、科研院所、医疗卫生机构、企业等中层以上领导,国家和省级重大项目负责人等; 薪酬:用人单位协商确定; 税收:对发放人选者的一次性资助免征个税,对工资收入按规定税前扣除; 创新创业:在项目研发、平台建设等方面择优资助; 还享有出入境与居留、落户、住房、医疗、保险、配偶安置、子女入学、评价激励等政策优惠
万人计划	资金资助:省“天府英才”工程专项资金,给予每人 10 万 ~100 万元资助,用于创新研究、人才引进、团队建设、合作交流等; 岗位激励:每人每月 1000 ~2000 元	团队建设:支持所在单位为入选者量身组建创新创业团队; 项目支持:鼓励入选者承担国家级和升级各类项目,扩大横向纵向项目经费使用自主权; 平台支持:重点倾斜入选者平台申报; 还享有成果转化、岗位职称、薪酬待遇、住房保障、医疗、子女入学、培训休假、表彰奖励等方面的政策优惠

对此，四川省在2019年的人才工作中创新性地提出了一些政策。例如，3月出台的《加快推进成都平原经济区人才一体化发展十条措施》（下文简称《措施》）明确提出要打破地域限制，探索人才协同发展促进区域协同发展新路径，形成“研发设计在成都、转化生产在其他市（州）”“总部在成都、基地在其他市（州）”“家在成都、工作在周边市”的人才资源共享新模式。四川人才工作2019年路线的重要工作之一就是重点落实《措施》，研究川南经济区、川东北经济区、攀西经济区、川西北生态示范区人才协同发展支持政策，推进人才政策共享、平台共建、改革协同、工作联动。同时，聚焦“引育用留”持续深化人才发展体制机制改革，拟从人才引进、评价激励、人才服务、管理体制等方面制定实施更加积极、更加开放、更加有效的人才政策。并且，根据出台的《鼓励引导人才向基层流动十条措施》引导人才向基层一线流动。但这些仍是探索，未来还需通过实践进行不断的调整和完善。

综上，四川省要实现人才强省战略必须同时注重海/省外“高精尖缺”导向人才的引进和本省高层次人才的培育，不盲目追求海外高层次人才的引进，重视国内领军型高层次人才。根据全省产业分布和文化特色细化人才引进领域，有针对性地引进不同类别的人才，扬长避短，既避免与东部省份产生直接的人才引进竞争，也兼顾本省内部各经济区的人才平衡。此外，还应注重平衡高层次人才引进中的福利性政策和发展性政策，在满足高层次人才物质和精神需求的同时，加大对人才引进后的培育力度，建设好针对高层次人才的培养基地和基础设施。鼓励高校、科研单位和企业合作，加强不同领域高层次人才的沟通交流。通过定向派遣、挂职锻炼、海外交流等方式加强高层人才的在职培训。加大对高层次人才职业道德素养方面的培训力度，重视思想道德在高层人才职业生涯中所起的决定性作用。

行 业 发 展

Industry Development

B.7

借力新一轮西部大开发 推进国际型金融人才培养模式创新

卿 涛　穆鑫岩*

摘　要： 过去二十年，西部的发展取得了巨大的进步，但为了进一步缩小东西部地区发展差距，2019 年党和政府提出西部大开发将要进入新的战略发展阶段，与此同时，“一带一路”倡议的提出也为新一轮西部大开发提供了发展机遇。在此背景下，西部地区的进一步发展将对金融人才的数量和质量提出一定的需求，因此文章基于现阶段国际性金融人才的特点，从政府、产业和高校三方出发，探究国际性金融人才培养模式，致力于推动西部地区经济转型升级。

* 卿涛，西南财经大学人力资源管理研究所所长，教授，博士生导师，主要从事人力资源管理研究；穆鑫岩，西南财经大学工商管理学院硕士研究生，主要从事人力资源管理研究。

关键词：　国际型金融人才　西部大开发　“一带一路”　人才培养模式

一　新一轮西部大开发对国际型金融人才需求的迫切性

（一）新一轮西部大开发

为促进我国区域经济协调发展、缩小东西部经济发展及居民收入差距，我国从2000年开始实施西部大开发战略。过去二十年，西部的发展取得了巨大成就，国家发展和改革委员会公布的数据显示，西部大开发战略实施以来，西部12个省区的经济总量持续增长，特别是2012年以来，西部地区生产总值年均增速达到8.9%，高出全国增速1.8个百分点，而2018年经济总量在全国经济总量中的占比已上升到20.5%，成为我国经济增速最快的区域。

西部大开发的第一个十年，主要是进行基础设施和生态环境的建设，第二个十年，主要突出重点地区的发展，例如成渝经济区、关中—天水经济区以及北部湾经济区三个经济区的发展，从点到面，推动整个西部地区的发展。但从整体来看，西部大开发战略中的大部分省份位于我国领土的边缘地带，而东部和中部地区逐渐聚集为国家经济的中心，一体化趋势明显，即使西部大开发成就显著，东西部的发展依旧失衡。

面对区域发展不平衡的现状，党和政府在2019年的《政府工作报告》中，提出了将要“制定西部大开发新的指导意见”，并在中央全面深化改革委员会第七次会议中，审核通过了《关于新时代推进西部大开发形成新格局的指导意见》。新一轮的西部大开发将围绕抓重点、补短板、强弱项，以落实指导意见为抓手推进西部大开发，重点是（1）更加注重“保护”，从长远利益考虑，把生态环境保护放到重要位置，坚持走生态优先、绿色发展的新路子。（2）更加注重“开放”，发挥共建“一带一路”的引领带动作用，加快建设内外通道和区域性枢纽，完善基础设施网络，提高对外开放和外向型经济发展水平。（3）更加注重推动高质量发展，支持西部地区加强科技创新，拓展发展新空间，促进西部地区经济社会发展与人口、资源、环境相协调，推动西部大开发进入新的战略阶段。

（二）西部大开发与“一带一路”

习近平总书记在 2013 年 9 月和 10 月先后提出建设“新丝绸之路经济带”和“21 世纪海上丝绸之路”的战略构想。2015 年 3 月国家发展和改革委员会、外交部和商务部联合发布的《推动共建丝绸之路经济带和 21 世纪海上丝绸之路的愿景与行动》中明确提出西部边疆地区是“一带一路”建设的战略支撑区，并通过相应的制度安排，建立向西开放的交通、贸易、文化和投资平台。

“一带一路”构想的提出，改变了西部地区长期处于国家经济贸易边缘区的处境，将西部地区定位为连接“中国—中亚—西亚”的核心区域。借助“一带一路”政策的影响，西部地区可以在集合区位优势的基础上形成新的经济文化发展核心区，探寻西部经济发展新模式，逐渐减少对东部地区的单边依赖，并确立以西部支点城市为集聚中心，人口、经济与资源环境协调发展的新的地理空间。西部地区作为“一带一路”倡议背景下我国内陆地区向西开放的主要通道和交通枢纽，可以同时开发国内、国外两种资源和两个市场，促进地区资源的开发和利用，为西部地区金融发展赋予了新的势能①。“一带一路”倡议对西部地区的经济相对位置和物理边界进行了重新定义，为西部大开发战略实施中难以消除的东西部发展失衡与内部城乡发展失衡的问题提供新的解决思路和方向。即将开始的新一轮西部大开发，将是融合“一带一路”部署的全新的规划，在这个阶段我国的对外经济合作将愈加频繁，国际金融事务参与的广度及深度将大幅提升，对西部地区的发展提供了极大的机遇和挑战。

① 薛伟贤、顾菁：《西部高新区产业选择研究——基于一带一路建设背景》，《中国软科学》2016 年第 9 期。

（三）对国际型金融人才的需求

西部大开发政策经过多年的推进，取得了一定成效，但从整体来看，目前西部多数地区过度依赖外部力量扶持，未能进入持续性的内生发展模式，西部地区过度依赖政策扶持主要源自两个方面：第一，政策对西部的投入集中于基础设施的建设领域，资金投入结构简单，呈现“强财政，弱金融”的局面，金融机构经营的市场化程度低，受行政力量的影响较大，西部金融机构的自主经营能力没有得到实际的提升①。第二，人力资本匮乏，未能建立成熟的人才培养、吸引和应用机制，在教育、科研和人才政策方面缺乏作用显著的措施。西部地区全日制教育整体发展慢，受教育人口比例偏低，教育及科研的经费保障能力差等，人才流失严重，人才的缺失也限制了西部地区自生发展能力的培养和提升。为了从根本上解决西部过度依赖政策扶持和东西部发展失衡的问题，首先，西部地区需要进一步深化金融体制改革，构建综合性、多元化的金融机构组织体系，提高区域经济增长质量。在新一轮西部大开发实施的过程中，为了强化在国际金融体系中的话语权，保障国家金融安全，我国需要积极融入世界金融体系的改革与发展，深度参与国际金融规则的制定与修改，以便更好地适应“一带一路”建设过程中的内外部环境的变化，这也为西部地区的金融发展与改革提供了一定的机遇。其次，在实施战略部署时，西部地区还需要建立有效的人才培养与应用机制，重视人才的培养、吸引和保留。人力资本是区域经济发展中的关键要素，高层次的金融人才具有国际视野，能够充分洞察和把握“一带一路”与金融发展的关系、规律和趋势，促进地区经济增长方式的转变。

根据国家统计局2018年发布的数据②，近年来，我国金融行业从业者总数持续增长，如表1所示，截至2017年底，我国金融业就业人数达688.8万人，其中四川省金融业就业人数为31.7万人。

---

① 汪兴隆：《货币资金区域配置失衡的考察及其调整——金融支持西部大开发的思考》，《财经研究》2000年第6期。

② 国家统计局编《中国统计年鉴（2018）》，中国统计出版社，2018。

表 1　我国金融行业从业者统计

年份	2006	2007	2008	2009	2010	2011
金融业就业人数(万人)	367.4	389.7	417.6	449.0	470.1	505.3
年份	2012	2013	2014	2015	2016	2017
金融业就业人数(万人)	527.8	537.9	566.3	606.8	665.2	688.8

另外，金融行业从业者薪酬呈逐年上升的趋势，城镇非私营单位中，分行业门类看，截至2017年底平均工资最高的三个行业分别是信息传输、软件和信息技术服务业、金融业以及科学研究和技术服务业，分别为全国平均水平的1.79倍、1.57倍和1.5倍，可见我国目前对金融人才的重视程度。但面对金融人才的巨大需求，西部现有的金融人才在数量和能力水平上都严重不足，并且存在人才结构不合理的问题。在政府层面，政府部门需要大量金融高端管理人才，目前政府经济部门中缺乏既熟悉金融业务、精通现代金融知识，又具备管理能力的人才；在金融机构层面，缺乏高端技术性人才，尤其是精通投行的地区型研究人员较少，影响投行业务的开展，金融战略策划型高端人才严重不足，缺乏具有国际眼光并熟悉西部情况的高端金融战略团队。西部地区现有的金融人才现状无法满足新一轮西部大开发和“一带一路”倡议发展的人才需求，加快培养能够在新一轮西部大开发中发挥重要作用的高素质国际型金融人才，是西部地区面临的一个紧迫课题。

二　国际型金融人才的特征与标准

高素质的国际型金融人才应该具备以下特征和标准。

（一）高尚的职业道德

诚实守信是金融从业人员的首要品质，但当前我国高校的金融专业教学中，主要关注对金融专业知识的传授，对职业道德教育的重视程度不够。尤其是我国正处于金融业发展不断加快的时期，违法违规现象多发，金融业是充满利益诱惑的行业，从业者必须严格遵守法律规范，培养廉洁自律的职业操守，保证有关信息与财产的安全，具备优良的职业道德素养，守住底线。

（二）良好的心理素质

从外部环境来看，金融行业与宏观经济走势、国内外市场变化息息相关，外部环境不确定因素较多；从内部来看，金融市场本身波动较大，极具风险与挑战。面对风险与挫折，国际型金融人才既要有创新意识和应对挑战的勇气，又要有冷静、理性、慎重处理并抗击挫折的能力。因而，高素质金融人才必须具备良好的心理素质，具有应对危机的灵活应变能力和对风险的敏锐识别能力。

（三）广阔的国际视野

在经济全球化背景下，金融市场、金融交易、金融机构以及金融监管都实现了国际化，金融从业者的工作范畴不只局限于本国的金融机构。因此高素质的金融人才必须具有国际化的视野与理念，既要立足本国国情，又要具有洞察全球经济动态的目光，必须把握时代金融脉搏和发展趋势，审时度势，趋利避害，在国际金融市场上寻找机会和发展的空间。

（四）扎实的理论基础

金融市场复杂多变，只有拥有深厚的理论基础才能付诸实践，高层次、国际化金融人才应该在系统掌握经济学、管理学、法学等学科的基础之上，深入学习和研究金融学理论，既要熟悉传统的货币金融理论发展的脉络，又要熟悉和精通现代金融理论的最新发展趋势，例如投资理论、网络金融理论、金融工程理论等。

（五）娴熟的操作技巧

高素质的国际金融人才不仅是理论的专家，也应是操作能手。他们需要在实践中熟练运用专业知识，以及数理分析和网络信息处理等现代实践技能，具备解决实际问题的超强能力。比如证券投资与理财管理、商业银行经营与风险管理、资本运营与投资管理、国际金融与跨国公司理财管理、公司金融与投融资等方面的能力。

（六）跨文化交流能力

高素质国际型金融人才不仅要熟练掌握外国语言，更重要的是熟悉不同的社会文化和风俗习惯，有效地与其他国家的人进行沟通与交流，从而发掘和开拓出更广阔的生存与发展空间。比如“一带一路”所经国家众多，空间辽阔，国情民意复杂，合作领域广阔，因而需要专业素质高、具备跨文化沟通能力、掌握多国语言的国际化人才，才能有效推进各项工作的开展。

（七）持续的创新能力

优秀的金融人才需要保持持续的创新能力才能维持其自身的竞争优势，创新是高素质国际化金融人才最重要的能力和最本质的属性，从业者的创新能力决定了金融机构的竞争力。金融从业者也是微观金融操作层面的创新主体，活跃在金融实践第一线，具有丰富实践经验的金融人才，对宏观金融政策和金融制度的创新具有强大的推进作用。

（八）超强的学习能力

科技发展将会对金融体系产生颠覆性影响，特别是信息技术、通信技术与金融行业进一步融合后，将会突破传统金融的时空限制，为金融的业态、金融的功能带来重大变化。现代经济发展的基本平台是互联网，互联网金融及第三方支付、区块链技术等都有更广泛的发展空间，优秀的金融人才必须要对新技术、新科技有充分的理解能力和超强的学习能力，既要具备金融理论知识，也要深入学习互联网相关知识，成为复合型金融人才，紧跟行业的发展和变革。

三　国际型金融人才的培养模式

培养高素质国际型金融人才需要高校、市场和政府多方协同开展，本文从以下几个方面着手进行探讨。

（一）重视高校金融专业培养模式创新

1. 高校教育中的人才培养

《国家中长期教育改革和发展规划纲要》指出，高校是我国培养创新人才的重要基地，是我国基础研究和高技术领域原始创新的主力军之一，是解决国民经济重大科技问题、实现技术转移与成果转换的生力军。随着经济的不断发展以及我国高等教育改革的不断深入，我国高校已经成为人才培养、科研技术发展和推动协同创新发展的主要力量，探讨人才培养模式必须从高校教育的改革与创新出发。

全球经济发展的经验证明，高等教育与社会经济发展是相互依赖相互促进的关系，高校科研成果的产出以及人才培养的质量离不开社会经济的支持，同样社会经济的发展也离不开高校的科研力量和人才输出。以成都市为例，成都市作为国家西部大开发的战略高地，是西部科技、商贸和金融的中心，党中央国务院先后赋予了成都市全面创新改革试验区、内陆自由贸易试验区、国家自主创新示范区、国家级天府新区等多重战略机遇，成都市的发展为高校教育提供了政策和经济上的支持。同时，以西南财经大学、四川大学、电子科技大学以及西南交通大学等为代表的教育部重点大学，以及世界双一流建设大学的发展，为成都市的战略发展培养和输出了符合西部地区需求的各类各层次专业人才，为推动地区经济的发展做出了重要贡献，在2019 年，成都市已跃居全国新一线城市的首位。

高校始终肩负着人才培养与输出的重任，例如西南财经大学多年来形成了以经济学、管理学、金融学为重点，多学科协调发展的办学特色，为国家经济建设和社会发展培养了大批优秀人才和金融行业的领军人物，被誉为

“中国金融人才库”。根据《西南财经大学2018届毕业生就业质量报告》，2018年西南财经大学有23.42%的毕业生签约进入“世界500强”企业工作，24.38%的毕业生签约进入“中国500强”企业工作。学生就业行业中，2018届毕业生在金融行业的总体分布为37.79%，其中本科、硕士毕业生分别为28.73%、45.61%，均高于其他行业，体现了学校为金融业输送人才的能力。从学生就业的区域分布来看（如图1、图2所示），2018年，本科生在西南地区的就业比例为46.16%，硕士生在西南地区的就业比例为57.03%，博士生在西南地区的就业比例为71.25%，为国家西部大开发战略的实施和西部地区经济的发展提供了强有力的人才支撑。

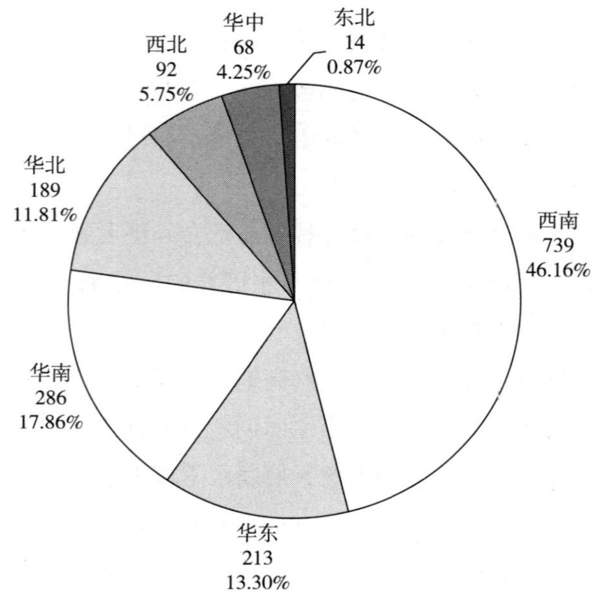

图1　2018届本科生签约就业地区流向

因此，高等学校已经面向经济和社会发展的需求进行了功能的逐步完善，成为为经济和社会发展培养优秀人才的重要机构，进一步用国际视野完善高校的金融专业人才培养模式，办好高校的金融专业是国际型金融人才培养的重要一环。

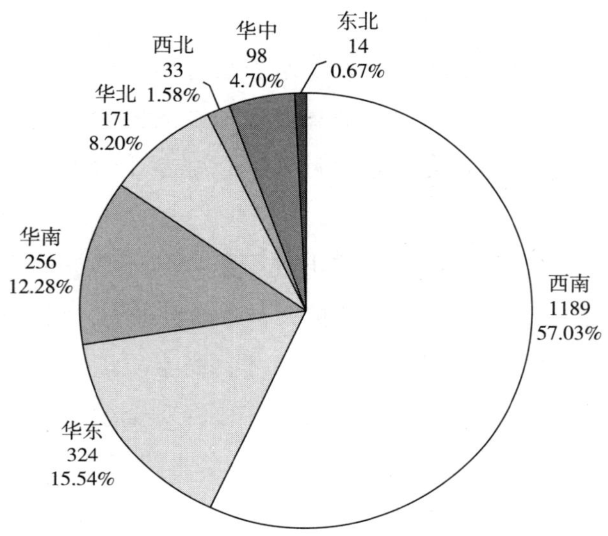

图2　2018届硕士生签约就业地区流向

2. 高校金融专业存在的问题

目前我国高校金融专业还存在一些问题。首先，高校内各层次专业人才的培养目标不够明确和清晰，本科、硕士和博士的培养目标存在一定的重合性，课程安排与内容不变，没有根据经济市场的需求进行实时更新和调整，导致部分教学内容还比较陈旧，影响高校对高层次金融人才的培养效率和培养质量。

其次，高校在科研投入和激励上的投入总量仍然不足，投入结构也不够合理，无法为高校教师的科研和教学提供有力支持。高校师资团队的知识更新和实践能力还有待提升，高校缺乏对教师科研教学的有效激励机制，导致高校课堂形式单一，教学方式和内容缺乏创新，培养出的金融专业毕业生质量难以满足金融人才市场的需求。

再次，近年来我国高校的整体研究能力不断提升，但存在与企业、市场脱节的问题，培养出的金融人才的能力与市场需求之间存在一定的偏差；高校研究成果转换能力也有待提高，学校与企业之间缺乏高效的知识流动和研究成果的转化，高校培养的金融人才进入企业需要面临理论转换为实践能力的问题。

最后，我国高校的金融专业人才培养缺乏国际化的视角和合作培养模式，由于深处内陆，西部地区的高校更加缺乏国际交流、对国际知名学者的邀请、合作办学和交换生项目等，金融专业学生难以培养国际化视野。

这些问题导致金融人才的供需出现了结构性矛盾。一方面，随着我国高等教育的普及，办学规模不断扩大，普通金融人才已呈现过剩现象；另一方面，高层次的金融岗位又急缺人才，高素质国际型金融人才供应不足。培养国际性金融人才，首先需要高校针对金融专业人才培养模式中面临的这些主要问题进行调整，对金融专业的培养目标、课程体系、教学方法、师资培养等方面进行创新性改革，进一步加强学位制度建设，重视学生的实践能力、创新精神和国际化视野，组建国际化的金融专业师资力量，以适应我国金融国际化以及西部大开发对金融人才培养的要求。

（二）实施教育中枢战略

"教育中枢"由学生中枢、人才中枢、知识/创新中枢三类形式组成（如图 3 所示），强调教育资源与所在地的经济发展进行深度融合，有意识地、战略性地建立集教育资源和地区产业资源于一体的庞大集群体系①。该体系主要涉及所在区域的教育、培训、知识创新等活动，教育中枢的建设主体包括境内外的高等院校、跨境分校、研究机构、教育培训公司和企业，以及本地教育部门和其他相关部门。在地区建立基于高等教育教学、培训和科研活动的聚集地，以提升人才培养质量和地区经济的竞争优势，实施教育中枢战略有助于培养、吸引和保留高层次的金融人才。

① Knight, J. Education Hubs: A Fad, a Brand, an Innovation?［J］. *Journal of Studies in International Education*, 2011, 15 (3): 221 - 240.

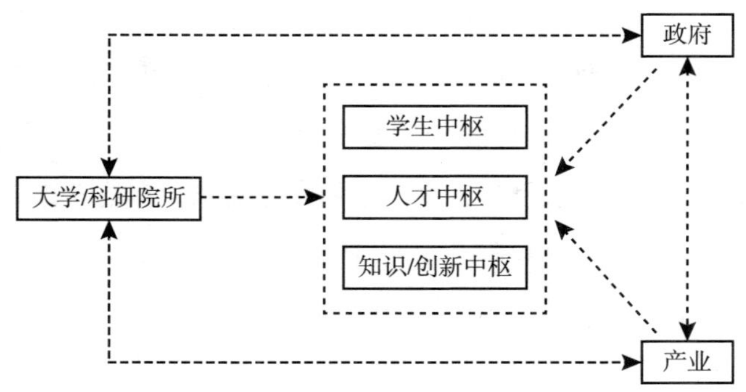

图3　教育中枢系统

实施学生中枢，以吸引大量本地学生、外地学生以及国际学生资源来繁荣当地的高等教育。西部地区可以通过提供场地、设施、公共资源等条件支持外地甚至外国高校来建立分校，通过促进学生交流、项目交流和教育资源的流动来提升人才培养。例如，西南财经大学与美国纽约城市大学合作举办会计学专业本科项目，与英国伦敦大学合作举办国际商务专业本科项目，金融学院针对国际型金融人才开展联合培养项目等措施都吸引了大量优质的学生生源。

实施人才中枢，强调人力资本培训功能，通过吸引优质教育资源开展培训服务来提升人才素质与技能水平。西部地区可以围绕所需金融人才的具体需求，通过吸引优秀教育资源开办教育培训项目，与学生中枢对金融人才的初步培养配合展开，逐步实现地区优秀人才的储备，促进高质量人力资本的供给。例如银行可以与高校进行合作，2008 年，汇丰银行捐赠 1.5 亿元人民币支持北京大学建设世界一流商学院“汇丰商学院”，同样地在西部，中国建设银行与西南财经大学合作办学，以银校合作办学模式开展职业培训、课题研究、课程开发、师资队伍建设等，打造高端银行智库，推动产学研一体化，共建建行大学西南学院，是人才中枢服务西部经济发展、服务国家重大战略，践行高质量金融人才培养的生动实践。

实施知识/创新中枢，需要关注提升教育资源的知识创新与知识应用，着力培养创新型人才，并聚焦高科技产业和高附加值产业，形成新的经济增长点。为了增强科研成果转化与服务社会的能力，四川大学、电子科技大学等都在政府支持下与企业合作建有研发创新中心，鼓励教授领衔组建市场化创新团队，大大缩短了研究成果转换成实际运用的距离，通过聚焦高科技产业和高附加值产业，培养了创新创业型人才①。

面向金融行业在地区发展过程中产生的实际需求，实施教育中枢战略，灵活采取学生中枢、人才中枢和知识/创新中枢三种形式，推动当地教育资源与产业、政府进行紧密互动，建立经济动力系统，在区域内形成良性竞争和发展，不断改进对高层次金融人才的培养模式，建立地区经济发展和竞争的人才优势。

（三）建立政产学研协同创新培养平台

大力推进政府、产业/企业、高校以及科研院所的深度合作，构建政产学研协同创新的人才培养模式，政产学研协同创新平台的构建对优秀金融人才培养具有不可估量的作用。根据三重螺旋理论，在知识经济背景下，高校、产业和政府三方应相互协调，推动知识的生产、转化、应用与升级，三方密切合作、相互作用，并且在职能上存在一定的重叠，如图 4 所示。在三重螺旋系统中，知识流动主要在三个范畴内进行：一是政产学各自的内部交流。例如行业内各企业直接存在合作和竞争关系，各大高校之间可以开展学术交流与合作，集合各自的优势联合培养人才。二是一方对另一方施加的影响，例如行业对高校提出相应的人才需求和技术需求，督促高校面向市场不断更新培养模式和教学内容，政府对高校人才培养提供政策上的支持和引导。三是协同平台内部进行的知识流动，这类混合型协同组织基于三方重叠的功能构建，内部知识流动需要面对的障碍和壁垒较少，效率较高②。

另外在三重螺旋模型中，大学、产业部门和政府除了开展自身职能外，还可以承担另一方的职能，大学除了传统的培养人才和开展科研之外，还可

① 邹晓东、程春子：《区域教育中枢：面向经济区域化的跨境高等教育新进展》，《高等教育研究》2018 年第 5 期。

② Etzkowitz, H., & Leydesdorff, L. The Dynamics of Innovation: From National Systems and "Mode 2" to a Triple Helix of University – Industry – Government Relations. *Research Policy*, 2011, 29 (2), 109 – 123.

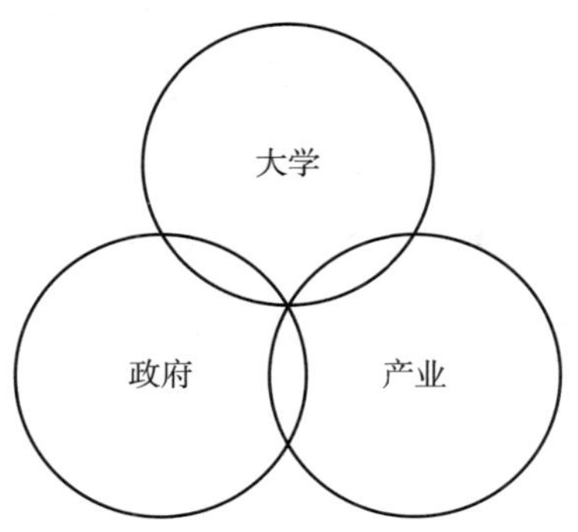

图4　三重螺旋模型

以扮演企业的角色，转换科研成果组建公司，企业也可以招募研究型人才在企业内部进行高水平研究，由高层次人才牵头对员工开展培训。政产学三方的功能难以完全区分和单独发挥作用，只有通过集合政府、产业/企业、高校和科研院所等各方资源和优势，建立政产学研协同创新培养平台，才能更好地开发人才、推动创新。

2019 年，在成都市政府的支持下，西南财经大学与成都交子金融控股集团合作成立的“交子金融科技创新研究院”，是以西南财经大学的金融、大数据、人力资源管理等优势专业和学科领域为重点，与各行业的企业以及科研院所合作，建立的协同创新培养平台。交子金融科技创新研究院服务于国家战略和地方发展，深度融合人工智能、机器学习、大数据、区块链等新兴前沿技术，致力于构建国内一流国际知名的金融科技创新平台、科技成果转化平台、人才集聚与培育平台、高端金融智库平台以及国际交流与合作平台，将研究成果直接为市场经济服务，是一个典型的在实战中培养优秀金融人才和管理人才的政产学研协同创新平台。

建立政产学研协同创新平台，首先需要以“政”为基础，政府要作为组织者，根据国家中长期人才发展规划的要求，拟订当地金融人才发展的整体规划；在发展规划的基础上，出台相应的政策，由政府提供政策引导金融人才的培养、发展和合理流动，营造有利于不同行为主体间有效互动的政策环境与氛围，为校企提供政策上的保障。其次，以“校企联合培养”为纽带，行业内资深人员可以基于企业自身需求，全程参与整个教学培养过程的课程设计、课堂授课、课程评价、实习管理甚至就业指导等各个环节，构建从理论到实践的完整的知识体系。最后，以“研”为动力，学校和科研院所合作，为教师提供学术研究平台、为学生提供广阔的实习研究的场所，提高学生的实践能力和对行业发展形式的感知，还可以通过与国外学术机构的深度合作，拓展优秀金融人才的国际化视野，提升金融人才培养质量。

四　结论

从经济社会发展现代化的角度来看，地理位置已不再是影响区域发展的决定性要素，西部地区应借助新一轮西部大开发以及“一带一路”带来的资源和契机，改变在我国经济发展中“边缘地带”的地位，抓紧推动经济增长方式的变革和培养国际化金融人才，为改变金融发展模式、提高区域自主发展能力提供所需人才，在经济新常态下，逐步消除东西部区域发展失衡，实现均衡发展。

B.8
四川金融人才环境与发展建议

陈　凌*

摘　要： 金融行业是国民经济的晴雨表，反映着国家不同阶段的发展状况，展示出不同的民族特性。金融行业的蓬勃，展示的是国家经济飞速发展的积极状态；金融行业的调整，又反映出国家经济结构的变革。金融中心的建立与发展，使城市在区域区位、金融政策、金融人才和金融设施建设等方面具备一定的有利条件。人力资源，在现代社会是第一生产力。金融中心的能力竞争，人才引进是重要的擂台。如何吸引高端金融人才扎根，吸引后如何留住人才，成为金融人才抢夺战中制胜的关键。

关键词： 金融人才　发展环境　四川省

一　中国城市金融发展现状

金融行业可以看作国民经济的晴雨表，反映出国家不同阶段的发展状况，展示出不同的民族特性。金融行业的蓬勃，展示的是国家经济飞速发展的积极状态；金融行业的调整，又反映出国家经济结构的调整与改革。

---

* 陈凌，深圳前海中铁资产管理有限公司风险总监，主要从事金融行业审计及风险管理的实务工作。

世界经济发展到今天，金融中心不一定是经济中心，因为金融中心在区域区位的要求、金融政策的引导、金融专业人才的流动性和金融设施的建设等方面衍生出了更为细化和严苛的要求。金融中心，已经同经济产业结构沉淀而成的经济中心产生分化，所以在现代城市的发展过程中，区域内的经济中心并不一定可以成为金融中心。但是金融中心对于一个城市经济的发展、城市形象的树立，一直具有巨大的积极作用。

（一）中国核心金融城市梯度分类

2019 年 3 月 11 日，英国智库 Z/Yen 集团与中国（深圳）综合开发研究院（以下简称综研院）联合在迪拜“全球金融峰会”期间发布第 25 期全球金融中心指数（GFCI 25）。本期指数中，除了香港、上海、北京进入前 10 外，中国内地还有深圳、广州、青岛、天津、成都、杭州、大连 7 个城市进入榜单。其中，上海保持了全球第五的位置，与上期持平；北京自上年反超旧金山、波士顿等城市杀入十强后，2019 年下跌一位排行第九。虽然深圳、天津、成都、大连的评分有不同幅度的上升，但本期排名较上期略有下降。

最新一期排名中绝大多数金融中心的评分有所提高，整体呈现良好的发展态势。前五名金融中心排名与上期相同，全球前十大金融中心排名依次为：纽约、伦敦、香港、新加坡、上海、东京、多伦多、苏黎世、北京、法兰克福。全球金融中心指数发布 25 期以来，上海排名节节攀升。亚太地区排名前五的金融中心的平均分已超过其他区域，北美地区亦有不俗的表现，其中加拿大的金融中心多伦多、蒙特利尔和温哥华的评分有显著增长①。GFCI 25 前 50 名单如表 1②。

---

① 中国（深圳）综合开发研究院官网 - 研究动态：《第 25 期全球金融中心指数：香港、上海、北京稳居前十》，http：//www. cdi. com. cn/detail. aspx？ cid = 5824。

② 《全球金融中心指数前 50 名单出炉：上海站稳前五名》，新浪网澎拜新闻，http：//finance. sina. com. cn/china/gncj/2019 - 03 - 14/doc - ihrfqzkc3774346. shtml。

表 1　全球金融中心指数前 50 名单

中心	GFCI25		GFCI24		较上期变化	
	排名	得分	排名	得分	排名	得分
纽约	1	794	1	788	0	▲6
伦敦	2	787	2	786	0	▲1
香港	3	783	3	783	0	0
新加坡	4	772	4	769	0	▲3
上海	5	770	5	766	0	▲4
东京	6	756	6	746	0	▲10
多伦多	7	755	11	728	▲4	▲27
苏黎世	8	739	9	732	▲1	▲7
北京	9	738	8	733	▼1	▲5
法兰克福	10	737	10	730	0	▲7
悉尼	11	736	7	734	▼4	▲2
迪拜	12	733	15	722	▲3	▲11
波士顿	13	732	13	725	0	▲7
深圳	14	730	12	726	▼2	▲4
墨尔本	15	729	20	699	▲5	▲30
旧金山	16	727	14	724	▼2	▲3
洛杉矶	17	724	16	721	▼1	▲3
蒙特利尔	18	722	24	690	▲6	▲32
温哥华	19	721	18	709	▼1	▲12
芝加哥	20	717	17	717	▼3	0
开曼群岛	21	713	29	683	▲8	▲30
卡萨布兰卡	22	712	28	684	▲6	▲28
特拉维夫	23	710	25	689	▲2	▲21
广州	24	708	19	708	▼5	0
百慕大群岛	25	705	30	680	▲5	▲25
阿布扎比	26	702	26	686	0	▲16
巴黎	27	699	23	691	▼4	▲8
日内瓦	28	698	27	685	▼1	▲13
青岛	29	694	31	679	▲2	▲15
卢森堡	30	691	21	694	▼9	▼3
大阪	31	690	22	693	▼9	▼3
华盛顿哥伦比亚特区	32	689	36	655	▲4	▲34
摩纳哥	33	686	46	629	▲13	▲57

续表

中心	GFCI25		GFCI24		较上期变化	
	排名	得分	排名	得分	排名	得分
台北	34	676	32	670	▼2	▲6
爱丁堡	35	674	43	634	▲8	▲40
首尔	36	668	33	668	▼3	0
马德里	37	667	53	619	▲16	▲48
都柏林	38	658	37	652	▼1	▲6
吉隆坡	39	652	40	638	▲1	▲14
惠灵顿	40	647	45	630	▲5	▲17
阿姆斯特丹	41	646	35	657	▼6	▼11
多哈	42	642	34	662	▼8	▼20
慕尼黑	43	641	39	639	▼4	▲2
维也纳	44	640	51	621	▲7	▲19
米兰	45	638	56	613	▲11	▲25
釜山	46	636	44	631	▼2	▲5
泽西	47	635	47	628	0	▲7
约翰内斯堡	48	634	57	612	▲9	▲22
斯图加特	49	633	New	New	New	New
汉堡	50	632	41	636	▼9	▼4

资料来源：《第 24 期全球金融中心指数新鲜出炉：中国四大“十强”，成都占了三个!》，http：//finance. ifeng. com/a/20180917/16510823_ 0. shtml。

从我国金融业的发达程度来判断，香港、上海和北京，从金融机构总部的数量、本外币存款余额、金融行业人才的聚集度与金融交易及创新的活跃度等核心指标来看，这三座城市毫无疑问一直处于国内城市金融业遥遥领先的第一梯队。对于深圳和广州两座城市，深圳毗邻香港，近年来的发展呈现碾压广州的态势，而广州作为广东省的省会城市，政策、交通、教育等方面还是具有积淀性的优势。重庆、南京等城市，近年来也在尝试差异化和特色化的金融发展路线。

从最新公布的榜单结果，结合我国入围榜单的城市综合分析，本文对中国内陆金融中心城市进行梯度划分：

（1）上海、北京、深圳、广州当属我国目前第一梯队的金融中心城市；

（2）青岛、天津、成都、重庆、杭州、南京、大连、武汉可归属我国第二梯队的金融中心城市。

武汉等部分城市虽然未入围上述全球金融中心指数（GFCI 25），但结合这些城市的金融政策亮点及金融发展特色，本文也将金融发展较为突出的部分城市放宽列入第二梯队进行对比。

（二）人力资源在金融中心建设中的重要作用

人力资源，在现代社会是第一生产力。人才，笔者在本文中将其定义为具备相应领域专业素养的劳动主力，属于人力资源中具有调动力、聚集力、高效率和创造力的核心人力。所以人才在第一生产力中，当属第一生产力的核心。

上海，目前属于中国所有内地城市中，在全球金融中心排名最靠前的城市，列全球金融中心排名第五位。

全球金融中心指数有五项考察因素：营商环境、人力资源、基础设施、发展水平、国际声誉，上海有四项位列第五名，只有发展水平一项排在了第六名。而在金融中心五项考察因素中，受访者认为营商环境是最重要的，被提及的次数达555次，人力资源第二，达522次，基础设施第三，为480次，国际声誉第四，为478次，发展水平排最末，为428次①。

在该指数的五项考察因素中，被认为最重要的营商环境的主要考察因素为政治稳定和法治、机构和监管环境、宏观经济环境、税收和成本竞争力等。而人力资源维度的评判中，考察因素包括了专业人才的可获得程度、劳动力市场的灵活度、教育与发展以及生活质量。

四川金融的发展可以先行横向对比同上海及其他金融第一梯队城市的发展现状，找出各维度的差异，借鉴上海或者其他我国可比城市的优势，做出发展评价，才能得出符合自身发展的建议。本文重点分析四川地区金融人才的发展环境及评价建议。

---

① 《全球金融中心指数前50名单出炉：上海站稳前五名》，新浪网澎拜新闻，http://finance.sina.com.cn/china/gncj/2019-03-14/doc-ihrfqzkc3774346.shtml。

二 成都金融人才发展评价

（一）财经高校教育资源在金融第一梯队城市的分布评价

对于金融人才的培养，其金融知识及社会实践，目前集中在高等教育阶段进行培养，高校通过开设金融学、经济学、管理学、会计学、统计学等金融相关学科，培养相关专业学士、硕士或博士学位学生，学生可获取经济学、管理学等相关学科学位证书，进入社会工作后可较为对口地从事金融领域的工作。

在第一梯队的金融中心城市中，香港地区受英国殖民等因素影响，教育体制和内陆城市有一定区别。除香港外，上海市财经专业实力较为突出的学校包括：上海财经大学、复旦大学和上海交通大学。上海财经大学在财经类院校的各项评比中极为突出，常年稳居财经类大学排名第一。复旦大学虽属综合性大学，但其金融学等金融经济相关学科的排名靠前，学子综合素质和招考分数较高，也属于财经学子争相报考的高校。上海交通大学虽为理工科突出的综合型大学，但其安泰学院和近年来着力打造的上海高级金融学院，具备特色化、精英化的教育特点，招收学生数量较少，但证券分析等细分金融领域研究较为深刻，塑造出一条独特的金融人才培养路线。

北京作为我国首都，教育资源也异常耀眼。北京市财经专业实力较为突出的学校包括：清华大学、北京大学、中国人民大学、对外经济贸易大学和中央财经大学。在中国人民银行研究生部（金融业俗称“五道口”）并入清华大学与之共建之前，清华大学其自身的经管学院已是各省市状元级别的高考考生争相进入的“香饽饽”学院。2012 年 3 月，清华大学与中国人民银行共建清华大学五道口金融学院，是我国金融系统第一所专门培养金融高级管理人才的高等学府。除此之外，北京大学（包含光华管理学院等）和中国人民大学的金融经济学专业学科，均具有不俗的实力，在高考的生源比拼中，常年都受到实力高分考生的各种青睐；而对外经济贸易大学和中央财经大学，虽然在高考分数线上相较清华、北大、人大三所重点高校要“温柔”许多，但其由于具备专属财经培养的体系和北京金融活跃的市场氛围，也成为不少立志从事金融行业学子的首选，成为北京市高校培养金融人才的重要摇篮。

相较于上海市和北京市，广州市和深圳市的财经学科高等教育优势要弱上许多。广州市财经专业较为突出的高校为中山大学和暨南大学，而深圳市有为数较多一流院校的研究生分部坐落，如北京大学光华管理深圳分院、中国人民大学深圳研究院、香港大学深圳研究生院等，但深圳本土高校仅有学校排名和财经专业排名不太靠前的深圳大学，其本科生源及财经专业的培养实力较为一般。

（二）财经机构资源在金融梯队城市中的分布评价

1. 内地主要城市金融业发展情况

根据中国人民银行公布的《中国区域金融运行报告》，2017 年末内地主要城市金融业发展状况可汇总为以下维度横向对比：生产总值、本外币存款余额、金融业增加值、金融业 GDP 占比。从生产总值、本外币存款余额和金融业增加值三个指标来看，北上广深无疑处于第一梯队，领先其他第二梯队城市较大量级。着重看成都，处于第二梯队城市中等偏上位置，但本外币存款余额的同一线城市的差距还是巨大的（见表 2）。

表 2　2017 年内地主要城市金融业发展状况

城市	生产总值(亿元)	本外币存款余额(亿元)	金融业增加值(亿元)	金融业 GDP 占比(%)
上海	30133.86	112461.74	5330.54	17.69
北京	28000.4	144086.0	4634.5	16.6
深圳	22438.39	69668.31	3059.98	13.6
广州	21503.15	51369.03	1998.76	9.3
青岛	11037.28	15129.0	750.98	6.1
天津	18595.38	30940.81	1951.75	10.5
成都	13889.39	34423.3	1604.3	11.6

续表

城市	生产总值(亿元)	本外币存款余额(亿元)	金融业增加值(亿元)	金融业 GDP 占比(%)
杭州	12556.0	36483.24	1055	8.4
大连	7363.9	14142.9	682.2	9.3
重庆	19500.27	34853.53	1813.73	9.3
南京	11715.1	30764.63	1355.05	11.6
武汉	13410.34	24499.41	1097.58	8.2

2. 内地主要城市金融机构分布

城市主要的金融活力，与该城市具备的金融机构的数量息息相关。银行机构、保险机构、券商机构、公募私募基金、其他类金融机构等，都是重要的金融活动参与者。以下从银行业分布和券商及其他机构分布两个维度概览内地主要城市金融机构的分布情况。

（1）银行业分布

2019 年 2 月 11 日，中国银保监会网站发布 4588 家银行业金融机构法人名单和 115 家外国及港澳台分行名单（截至 2018 年 12 月底）。此次数据发布也更新了外资银行及港澳台分行名单，合计共 115 家、涉及 69 家外资银行。

表 3 是笔者汇总的本次公布的 6 家大型国有商业银行、12 家股份制商业银行和 17 家民营银行在内的 35 家银行总行所在地的分布情况。

表 3　中国国有大型银行、股份制银行、民营银行总部分布

总部所在地	国有大型银行	股份制银行	民营银行	合计
北京	5	4	1	10
上海	1	1	1	3
深圳		2	1	3
广州		1		1
杭州		1	1	2
天津		1	1	2
福州		1	1	2
温州			1	1

续表

总部所在地	国有大型银行	股份制银行	民营银行	合计
长春			1	1
武汉			1	1
成都			1	1
烟台		1		1
南京			1	1
重庆			1	1
梅州			1	1
威海			1	1
长沙			1	1
合肥			1	1
沈阳			1	1

外资银行在中国的分布地，主要集中在上海（53 家）、北京（17 家）、广州（10 家）、深圳（8 家）。其余部分城市主要有厦门 4 家（分别为集友银行、中国信托商业银行、第一商业银行、美国建东银行）；福州 4 家（集友银行、合作金库商业银行、华南商业银行和台湾银行）；青岛 3 家（分别为日本山口银行、韩国产业银行、韩国釜山银行）；武汉 2 家（台湾土地银行和台湾中小企业银行）；昆明 2 家（马来亚银行和泰国泰京银行）；天津 2 家（合作金库商业银行和台湾土地银行）；苏州 2 家（合作金库商业银行和兆丰国际商业银行）；宁波 1 家（兆丰国际银行）；成都 1 家（第一商业银行）；沈阳 1 家（韩国产业银行）；汕头 1 家（创兴银行）；乌鲁木齐 1 家（巴基斯坦哈比银行）；南通 1 家（日本名古屋银行）。

以上数据显示，四川成都区域内的内资银行总部、外资银行总部比例相对较低。

（2）券商等机构地区分布

证券机构、公募基金、信托和交易所的总部，大多分布在金融第一梯队城市，表 4 汇总了北上广深金融机构的总部数量分布情况。

表 4　中国证券机构、公募基金、信托和交易所总部分布

单位：所

城市	证券机构	公募基金	信托	交易所
北京	18	20	11	1
上海	16	47	7	4
深圳	16	24	2	1
广州	3	5	2	0

资料来源：东方财富 Choice 数据。

除总部数量外，券商营业部、公募基金、私募基金和上市公司的分布，也呈现金融第一梯队城市远远领先于第二梯队城市的特征。表 5 汇总了我国券商营业部、公募基金、私募基金、上市公司的分布情况。

表 5　中国券商营业部、公募基金、私募基金分布

单位：所

城市	券商营业部	公募基金	私募基金	上市公司
上海	702	43	4406	264
北京	479	23	5080	301
深圳	402	23	3182	266
广州	275	2	915	91
杭州	244	1	1125	125
重庆	198	1	246	48
成都	193	0	413	70
武汉	162	0	283	52
天津	156	1	233	48
苏州	152	0	274	99
南京	144	0	355	74

资料来源：《金融实力大 PK：哪个城市会成为真正的“金融中心”》，https：//cj. sina. com. cn/article/detail/2293134804/471140。

根据目前我国银行及重要金融机构和上市公司的分布情况，可以看出，第一梯队金融城市领先第二梯队较多，成都金融机构的数量，尤其是总部数量不占优势。

（三）城市入户政策对金融人才的吸引

人才的角逐，已经成为城市金融资源打擂的一大主要角力点。城市的金融越活跃，越能够吸引到优秀的金融人才聚集。例如北京、上海、深圳、广州，一线城市的金融资源和金融业务，具备很强的引领性。北京和上海的入户政策一直非常严苛，但是仍然有众多金融人才趋之若鹜，为留在这两个城市而拼搏。深圳和广州，核心金融机构的数量与质量同北京、上海相比还有一定差距，但是目前广深区域的入户政策较为宽松，鼓励具有高等教育的青年人才落户或前往，政府会给予落户补助、住房补助等一系列人才补助，而且政策实施落地情况良好。特别是针对高端金融人才，数年来都有金额不菲的购房补助。

国家发改委在《关于培育发展现代化都市圈的指导意见》中明确提出，放开放宽除个别超大城市外的城市落户限制。据媒体报道，2019 年以来，已有海口、广州、大连、常州、西安、南京等 6 个城市发布新政，放宽落户限制。为了吸引人才，除了落户限制，多地还发布多样化人才政策[①]。

对于第二梯队的金融中心城市，如果要提升城市的金融活跃度与竞争力，利用具备吸引条件的人才引进政策，聚集英才来带动行业及产业的发展，是比较有利于一线城市优秀金融人才“回流”、带动资源与专业知识回归第二梯队城市的一大手段。自 2017 年起，内地十多个城市开始发布新一轮的人才引进政策，进入人才抢夺战白热化的阶段。

根据新华网《超 16 个城市升级人才引进政策：“落户”放宽学历年龄限制》信息，2017 年初，武汉市“五年内留住百万大学生”计划打响了争夺人才第一枪。这一年，争夺人才大战主要集中在武汉、西安、成都、南京、厦门等新一线或二线城市。2018 年 3 月 21 日，北京市宣布建立人才引进“绿色通道”，凡是符合一定条件的科技创新人才、文化创意人才、体育

① 《超 16 个城市升级人才引进政策：“落户”放宽学历年龄限制》，新华网，https://baijiahao.baidu.com/s?id=1626303275136488390&wfr=spider&for=pc。

人才、金融管理人才、高技能人才、专利发明者和北京市紧缺急需的自由职业者，均可申请引进。同月，上海也提出打造“人才高峰”。2018 年，全国超过 100 个城市发布了人才政策，一线城市以及三四线城市也开始争夺人才。2019 年一开年，各地争夺人才政策集中发布。据统计，截至 2 月 18 日，至少有 16 个城市发布各类人才引进与落户等政策。

购房、生活补贴成为多地吸引人才的重要手段。2019 年初，多城发布相关政策：安徽亳州市最高可领 80 万元安家费；江苏省镇江市对硕士、博士毕业生分 3 年给予每人 15 万元、20 万元的购房补贴；浙江宁海县对落户宁海的顶尖人才团队，最高给予 1 亿元的经费资助。

各地人才引进服务也有了进一步提升。1 月 10 日，北京市发布《关于全面加强新时代首都技能人才队伍建设的实施意见》提出，中华技能大奖获得者、享受国务院政府特殊津贴者、北京市有突出贡献者等 5 类高技能人才，可按规定直接办理人才引进，其配偶及未成年子女可一并随调随迁；深圳市在实现大学毕业生引进“秒批”的基础上，将“秒批”拓展到在职人才引进、留学回国人员引进、博士后入户及其配偶子女随迁；海口市政府设立人才服务“一站式”平台，实行一站式受理、一次性告知、一条龙服务。

除此之外，南京市修订积分落户政策，在房产方面首开房屋面积每满 1 平方米加 1 分的先例，最高不超过 90 分，多套房面积不累计计分；湖北省襄阳市发布文件，连续 6 个月缴存住房公积金的，可以申请公积金购房贷款。

四川省成都市的落户政策为实行条件入户和积分入户“双轨并行”的户籍政策。成都高新区为创业团队提供 5 套以上的人才公寓，给予最高 500 万元的一次性启动资金支持。

2017 年 8 月 3 日，成都市房管局局长夏先义在会上发布并解读了《关于创新要素供给培育产业生态提升国家中心城市产业能级的人才安居工程实施细则》（以下简称《细则》）。《细则》明确，人才安居方式包括人才购房支持、人才公寓租赁和购买、产业新城（工业园区）配套住房租赁、自建人才公寓或倒班房租赁等方式。《细则》的重点在于：（1）高端人才购房可不受户籍、社保、限购政策限制；（2）符合要求人才申请租住人才公寓 5

年后，可申请按入住时价格购买；（3）高技能人才可申请租住产业新城配套住房；（4）鼓励用人单位自建人才公寓。

在第二梯队金融中心城市中，入户政策均具备一定的吸引力。特别是购房条件和具体资金补助的政策，具有一定的现实意义，可吸引一批一线城市金融人才回流第二梯队金融城市。值得注意的是，四川省成都市高新区是具有对创业团队提供人才公寓以及资金支持的政策的，具备较大的吸引力。但后续需关注政策落地情况以及目前成都购房限购政策对于核心金融人才购房的实际影响。

三　四川金融人才发展建议

自古以来蜀地的风光，可以滋养世世代代人生生不息，不只是文化的传承，不只是缔造舌尖上的成都，还应当可以从方方面面跟进大中国最前沿的发展节奏，走出蜀地人才特有气质的具备竞争力的步调。根据上文的分析结果并结合笔者了解的四川金融行业发展的部分情况，笔者提出以下四川金融人才发展的建议。

（一）金融人才的培养——高校教育

高校教育是金融人才进入社会实际开展金融工作的知识储备地、社会实践平台以及金融行业人才获取初步信息的所在地。打造一流的具备浓郁财经文化和专业财经学术研究氛围的高等院校，对于四川地区金融人才的培养，具有重要作用。

目前四川一本院校中，均设置了财经相关专业，西南财经大学更是国内财经高校中的重要一员。目前川内财经教育，除去书本化知识的学习外，还可从以下几方面进行产学升级。

1. 生源交流、联合培养

首先，川内四所一本院校，可尝试进行生源交流，成立联合培养项目。目前社会的高速发展，产生了对复合型人才的需求。川内四所学校可利用各自最擅长的研究方向，找寻联合培养研究课题，将科技、财经、建设、文化等优势学科与金融融合，开展定期或不定期的课题研讨，组织学生参与。一方面可拓宽财经学生的视野，另一方面也可丰富人才的知识结构和视野。

其次，川内院校的培养也可进一步联动国内优秀的财经学院，尤其是金融第一梯队城市的财经院校，做生源交流及联合课题研究。跨区域的交流，能够让学生在地域的经济差异、学习工作方式和经济产业结构认识等方面，产生更加具体的现实认知，从而将视野放宽于全国，而不是只关注四川或者西南片区来思考问题。

最后，川内财经专业学院还可加大与世界一流财经学校的合作，需要提供更多的研究课题和交流项目，特别是提供奖学金的支持，以便于为优秀金融人才的打磨提供更优越的环境。

2. 师资队伍的分级搭建

近年来，高校教师的素质与能力不断提升，名牌高校对于高校教师的要求也是越来越高，越来越多有一流刊物发表的海归学者回流中国院校，从事高校教育和项目的研究。

高校教师这一社会群体，具有渊博的知识、广阔的视野、开放的思想和深刻的研究能力。梅贻琦曾言，所谓大学者，非谓有大楼之谓也，有大师之谓也。打造一支具有大师的高校师资队伍，可让更多优秀学子愿意自五湖四海投奔而来，桃李不言，下自成蹊。

高校教师具有很强的专攻领域，但往往并非全才，而是专才。用好专才就应当激励其特长领域，而对其不善领域做一些包容。在一定体制范围内给予分级考核、多维度的权责奖励机制，有利于高校教授在细分领域深耕，绽放更耀眼的光辉。

3. 创造更多具备实战意义的社会实践

高校学生在十多年的教育生活后，迈入社会成为新生的劳动力，是就业群体中具备独特性质的一个群体。但是如何将书本技能转变成实用的工作技能，并且具备一定的逻辑思维能力和主观辨别能力，这需要学生产生对社会实践的认知与思考。

对于金融人才的打造，需要更多的社会实践，而且是以具备实战意义的社会实践作为条件。众多的金融才子佳人，怀揣登峰“华尔街之梦”的美好理想。但是在实际的金融工作中，需要从做好每一件细碎不起眼的小事开始。而且金融行业的属性，是附属于各行各业作为资金融通的手段而存在的。其实对于金融的从业者而言，并非西装革履的人上人，而应当自高校教育就开始脚踏实地认知社会的各行各业，具备对宏观经济的敏锐嗅觉及微观行业的真实认知。对于实际工作的真实认识，需要学生们同更多金融前辈进行交流，也需要沉下心来，从书本走入实践。

（二）金融人才的引进——实力金融机构的引入

金融第一梯队城市相较于金融第二梯队城市的一个明显特征，就是金融机构总部及分支机构数量较多。分支机构的众多业务审批权限，需要上升至总行层面进行审批；金融业许多模式的业务创新，也需要总部的市场调研与同业的积极研讨和自由碰撞。所以，金融第一梯队城市，具备良好的金融氛围，机构间具备畅通的交流沟通渠道，业务的发展与开拓性更加超前，且工作效率和方式方法也值得借鉴。

对于金融第二梯队城市的发展建议中，非常重要的一点在于实力金融机构的引入。可以说，人才往往可以随着优秀的机构而移动其驻扎地；吸引了优秀的人才聚集后，又可以吸引到更多优秀的机构设立其场所或是分支机构。

实力金融机构的引入，可从以下几个层面考虑具体的引入措施。

1. 金融机构总部

通过税收或者政策优势，吸引金融机构总部在川设立。

2. 双总部或多总部

通过税收或政策优势，吸引知名金融机构在川建立双总部或多总部之一。

3. 非银行金融机构及其他机构的引入

金融第一梯队城市中，除银行外，信托、证券、公募基金、私募基金、P2P 等各类资金融通机构数量较多，市场的活跃与创造力更强。金融人才具备多项金融子行业的工作经验，且可利用相关性进行更好的金融创新或风险控制。为活跃金融市场，推进金融人才的聚集，除银行外的非银行金融机构或其他财富管理、资金融通机构，也可尝试引进，丰富活跃四川金融体系的结构。

4. 西南片区金融信息科技平台

信息对于金融行业的工作而言，至关重要。现代科技的飞速发展，使得金融和信息科技等行业产生了交集，且在不断地发展中。四川作为西南金融重地，可考虑重点打造金融信息科技平台，服务于西南甚至全国的金融机构。

（三）金融人才的引进——入户政策

根据前文的分析，第二梯队的入户政策已呈现白热化竞争的态势。作为人才流动的重要考虑因素，城市对于人才的引进政策，是否具有真正的可执行性，相当关键。

而且政策不应当是独立而割裂的单一政策，需要从各种配套层面打造真正包容欢迎的环境。四川人民热情友好，对于川外人口的落户，相较于其他城市更为包容和友好，这是积极有利的方面。但是具体入户政策的落地，可能存在各种问题，需要进行阶段性的回顾或者横向对标，且注重对于目标人群的实际调研，以期起到真正的积极推动作用。

（四）金融人才的可持续竞争力——产业联动

一个城市的金融业发展，核心因素之间会相互影响，如果健康发展、积极促进的话，能够更快速地走上各板块相辅相成推进的道路。

根据 GFCI 对于金融中心的其他考察因素设置，金融业发展水平还取决于产业集群的广度和深度、资本可获得性、市场流动性和经济产出；城市金融声誉的主要考察因素包括了城市品牌与吸引力、创新程度、城市吸引力与文化多样性、与其他金融中心的比较定位。营商环境的主要考察因素为政治稳定和法治、机构和监管环境、宏观经济环境、税收和成本竞争力等；基础设施则包括建筑设施、信息通信设施、交通基础设施和可持续性。

四川省尤其是成都市，目前在金融声誉及基础设施方面，近年来发展情况良好，效果显著。成都市高新区的金融城，构造了金融企业良好的办公环境，该地段高级写字楼的空置率较低，也体现出金融产业的蓬勃发展。

每个城市都有其优势产业，一般单个城市难以做到各产业特别均衡地发展。对于四川而言，农业、旅游业、饮食业等产业在国内处于发达地位。通过优秀产业的发展，会衍生出满足其资金需求的金融端服务产品，也可通过主动制定特色化的金融发展路线，如文旅产业基金、生态农业基金等特色化金融产品，促进相关产业联通，同步发展。

放眼全国，四川地区金融人才的发展路径具备其优势，但是跟优秀的金融一线梯队城市相比，也尚存许多可以借鉴学习的方面。笔者仅从部分视角进行剖析评价，并结合自身经历研究提出建议。才疏学浅，仅供交流学习使用。唯愿四川人才、四川金融人才未来的发展，更加欣欣向荣，明媚闪烁。

B.9

四川省科技人才发展状况与战略对策研究

叶 京*

摘 要： 从四川省科技人才发展取得显著成果的现状出发，梳理四川省在科技人才发展规划、科技人才培育与投入、招才引智活动开展、科技人才服务工作优化等方面实施科技人才发展战略的相关政策措施。基于四川省科技人才发展存在的结构不合理、布局不均衡、与产业匹配度不高等相关问题，针对四川省科技人才工作所面临的机遇和挑战，从补足短板和发挥优势两方面出发，以“育才引智”为行动方向，提出未来科技人才发展相关对策。

关键词： 科技人才 人才战略 四川省

我国科技人才队伍经过爆发式增长得到迅速壮大，截至2016年底，我国科技人力资源总量已达9154万人，总量仍稳居世界第一。现已进入稳定增长阶段，科技人力资源密度增速开始下降。从2011年至2016年，我国每万人口科技人力资源数从498人增加至660人，增加162人，年均增幅为5.8%；而2005年至2011年，我国每万人口科技人力资源从325人增长到498人，增加173人，年均增幅为7.37%。科技人才发展任务从单一的数量

* 叶京，博士，中国科学院科技战略咨询研究院助理研究员，主要从事人才培养与人才战略研究。

增加转变为全面的质量提升。在此背景下，四川省作为西部地区人口最多、经济总量最大的省份，把握科技人才发展状况及存在的问题，摸清提升科技人才质量的发展方向，将有助于发挥地区优势，提高全省竞争力，实现转型发展、创新发展、跨越发展，在西部大开发中占据重要地位。

一　四川省科技人才发展现状

从21世纪初期，四川省就重视并着手开展人才建设。2000年，根据“在西部大开发中实现四川省经济追赶型、跨越式发展的意见”的新形势和新任务的要求，四川省确立了“抓龙头、建队伍、强管理、重培养、服好务”的人才工作思路，并在2008年举行的四川省科技奖励大会上明确提出要将四川努力打造成为一个西部人才聚集的高地。2018年6月《中共四川省委关于全面推动高质量发展的决定》中提出“提升科技成果转化实效、建设西部创新人才高地”具体要求，为全省科技人才发展指明了方向，四川省科技人才队伍建设取得显著成效，为促进四川省经济社会发展和社会进步做出了较大贡献。

一是科技人才规模不断扩大。从四川省的科技人才发展现状来看，截至2016年底，四川省人才资源总量已达669.9万人，其中专业技术人才292.3万人。全省人才资源总量占人力资源总量的比例达10.1%，科技工作人员总量达35.3万人，研究人员共7.08万人。全省拥有两院院士55人（1人系双院士），其中，中国科学院院士22人，工程院院士共计34人；“千人计划”的专家共计227人，“万人计划”的专家共计81人；省级“千人计划”的专家共计793人、创新创业团队72个，省部级以上专家9000余人①，引领西部地区。

二是科技人才储备和培育力量增强。根据2016年统计数据，四川省普

① 唐小青：《四川省专业技术人才队伍建设中长期规划（2011～2020年）的政策研究》，电子科技大学硕士学位论文，2018。

通高等学校共110所，理工院校共35所，在四川省各类院校中排名第一。该年毕业生数共362127人，全省理工农医类院校学校数量占比40%，培养毕业生占比40.8%，教职工储备数量占比43%。其中正高级占比42.7%、副高级占比45.1%、中级占比43.5%、初级占比39.2%（见表1）。

表1　四川省理工农医院校基本情况（2016年）

单位：人

项目	学校数(所)	毕业生数	教职工数	正高级教师	副高级教师	中级教师	初级教师
普通高等院校合计	110	362127	126017	9128	22624	33418	15235
理工农医院校合计	44	147879	54290	3899	10206	14534	5977
理工院校	35	117118	42739	2928	8065	11132	4589
农业院校	2	11540	4038	331	709	1003	383
医药院校	7	19221	7513	640	1432	2399	1005

三是结构不断优化，科技人才队伍日趋年轻化，支柱产业和新兴产业的人才数量稳步增长，企业科技人才数量大大增加，成为四川省科技活动的重要力量，2014年企业科技人才总数达到22.6万，占科技人才总量的66.1%；高校科技人才比例与企业相比差距较大，总数为5.9万，占比为17.3%；科研院所从事科技活动的人员为4.5万，占比为13.3%。其中45岁以下的科技人员占人才总数的65.8%，35岁以下的占比为53.88%①。

四是科技成果丰硕，企业实力突出。图1和图2反映了2016年四川省科技成果水平情况，包括基本项目数、成果水平。企业的科技成果水平无论从国际先进还是国内领先都远超出高等院校和科研院所。另外，根据《2016年四川省科技统计年鉴》数据，R&D经费占地区生产总值的1.72%。R&D经费按执行部门，企业和科研机构占比最大。R&D经费按资金来源，企业的R&D经费逐年增长，并自2013年起超过政府资金。

① 冯璐、赵潇、刘奕伶：《四川省激励青年科技人才创新创业的实践与对策》，《科技展望》2016年第26（33）期，第255～257页。

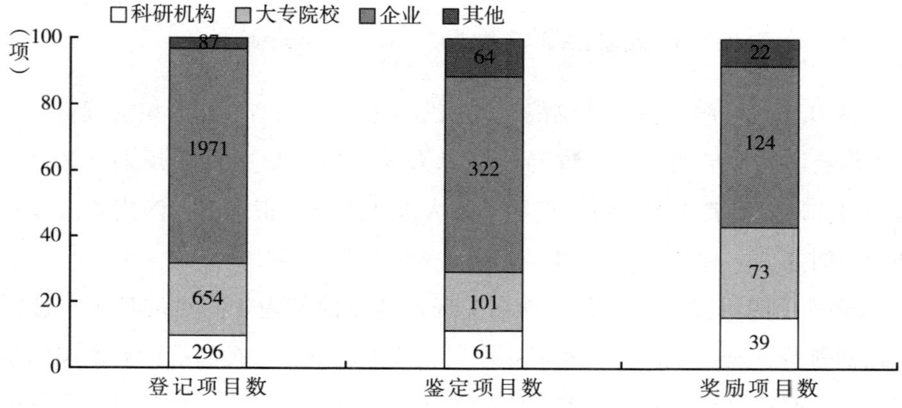

图 1　四川省科技成果基本项目情况（2016 年）

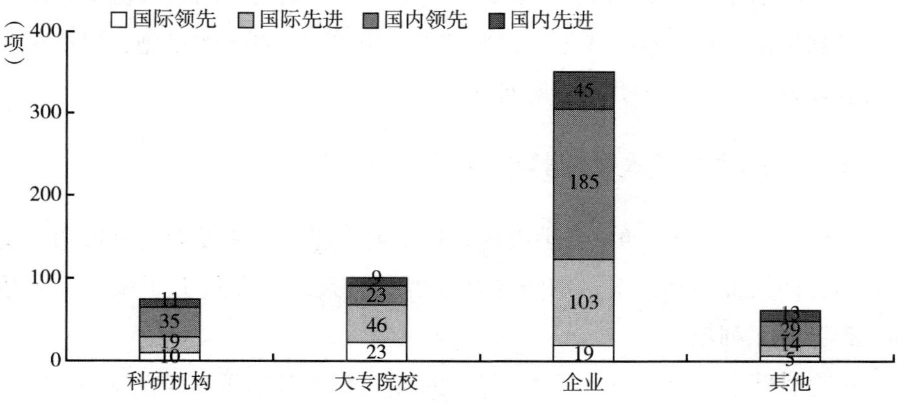

图 2　四川省科技成果水平情况（2016 年）

二　四川省科技人才发展战略

通过对四川省科技人才发展战略的梳理及综述分析，可以看出四川省政府从战略层面高度重视科技人才发展工作，并一直不断加大对科技人才工作的推进力度。四川省从科技人才发展规划、科技人才培育与投入、招才引智活动开展、科技人才服务工作优化等方面做出了一系列卓有成效的工作。

（一）重视科技人才战略性规划

2010年起重视科技人才的战略性规划发展，四川省政府开始陆续召开人才工作会议，颁布如《四川省专业技术人才队伍建设中长期规划（2011～2020年）》等重要人才政策、启动了重大人才工程，正式进入四川省人才发展战略时期。

2016年四川省“十三五”规划中提出建设西部人才高地的任务。包括实施创新型企业家和科技人才培养计划，培养造就一大批高端产业发展的紧缺人才；制定更加开放、更加有效的人才引进政策，聚集一批经济社会发展急需的高层次人才。积极开展招才引智，深入实施高层次人才引进“千人计划”“天府高端引智计划”等重大人才工程；鼓励人才向基层流动、向艰苦地区和岗位流动、在一线创业，促进人才资源有效配置等措施，以解决四川省人才发展存在的各类不均衡问题。

（二）加大科技人才培养与投入

“十二五”以来，四川省围绕提高自主创新能力、建设创新型四川，适应并结合四川省实际情况，围绕更好发展科技人才，实施了“领军人才培养工程”等系列项目。

在全省特色优势产业、现代农业、民生工程和基础研究四大领域，以中青年拔尖人才为重点，启动实施了“天府科技英才计划”。计划围绕青年科技人才培养，措施包括“青年科技基金”“科技创新苗子工程”“青年拔尖人才培养工程”“青年科技创新研究团队资助计划”等。“青年拔尖人才培养工程”为青年科技人才的质量提升提供了平台；“青年科技创新研究团队资助计划”为青年拔尖科技人才提供了良好的研究氛围。

各级、各地政府部门都开始设立一定的专项经费来建设科技人才项目，企业等非公立性质组织也加大了科技人才投入，推出了“智力转化工程”和“非公组织人才扶持工程”等措施，“智力转化工程”为科技人才的智力成果转化和创新创业提供了平台。通过推动产学研结合，加快高校及科研院所的智力转化及解决人才市场化程度低、人才效用不高及企业人才缺乏的问题。

（三）招才引智工程形成品牌

为实现增加高端科技人才目标，四川省推出了各项人才工程和人才管理保障制度。从继续教育知识更新、青年科技人才的培养和领军科技人才的吸引方面制定了相关政策，如2009年制定了《四川省人才工作领导小组关于实施海外高层次人才引进计划的意见》、2016年制定《四川省“百人计划”引进人才享受特定生活及工作待遇的若干政策规定》等多部文件。通过制定“高端人才引进工程”和“海外高层次人才引智工程”加强高层次科技人才和项目的引进。

2017年正式采用“天府英才”战略计划，计划根据四川省经济发展状况以及科学技术水平制订，旨在引导企业走向科技创新之路、激励人才更加专注于科学领域的发展、带领创业者们走上正确高效的道路。有针对性地挑选出500名左右的科技人才、创建出100支左右的高效队伍，并集中对他们进行课程辅导、做出一部分科技成果、带动一部分新兴技术的发展、引领一部分企业走向科技创新之路，以此来提升整体科研市场的氛围及技术水平。并以“天府英才”工程为统揽，实施“千人计划”“天府万人计划”“天府高端引智计划”“留学人员回国服务四川计划”，完善海外优秀人才引进政策措施，加快集聚培养高精尖缺人才和高水平创新团队。

同时为保障招才引智工程的顺利实施，四川省专门构建了海外人才引进工作小组。工作小组负责海外高层次人才引进计划的组织领导和统筹协调，以利于政策实施过程中各方在工作上的协调和配合。

（四）优化科技人才服务工作

2014年以来，四川出台一系列举措，通过深入推进科技奖励机制改革，优化科技人才服务工作，健全科技人才激励机制。省政府及相关部门通过修订《四川省科学技术奖励办法》《四川省科学技术奖励办法实施细则》，制定《四川省科学技术奖励评审工作规程（试行）》，建立公开提名、科学评议、实践检验、公信度高的科技奖励机制，引导广大科技人员创新创业，服务经济转型升级发展。同时迅速发展科技人才服务机构、增强科技人才管理部门的服务意识，使得科技人才的工作、生活方面的条件显著改善。

三　四川省科技人才发展问题

尽管通过一系列的科技人才发展战略的推进，四川省科技人才队伍取得了良好发展，但仍与其他发达地区如广东省的科技人才发展情况存在较大差距。因此，找准四川省科技人才发展存在的问题是四川人才队伍建设的最重要任务之一。

当前我国科技人才发展存在如科技人才结构性矛盾依旧突出；“以人为本”的科技人才评价激励机制有待完善；科技人才投入整体不足，且在行业、领域、区域间的配置不均衡；科技人才流动渠道不够畅通，尤其是在产学研之间的流动存在制度性障碍等问题。同样，四川省也存在与全国科技人才发展问题类似的普遍性问题，除此以外根据科技年鉴统计数据分析，目前四川省科技人才发展的实际状况还存在以下几个问题。

（一）科技人才结构不合理

科技人才总量和结构仍需提升优化。尽管四川省的科技人才总量大、人才数量增长较快，但总人口占比在全国排名靠后，相较于其他省份仍不占明显优势，甚至有的方面还存在很大差距。全省的科技人才增幅不大且人才结构不够合理，缺乏高层次科技人才，欠缺重点领域和重点产业中的创新性人才，当前科技人才较难满足四川省的社会经济发展需求。尤其是当前市场环境的变化使得原有的人才结构不符合四川省发展的需求。

政府部门出台了一系列人才政策，但在实际工作中仍存在一些观念上的误区。如“重引进轻培养”“重学历轻能力”“重年龄轻经验”“官重于学”“重硬件轻软件”等观念上的误区，从根本上导致科技人才队伍建设的阻滞，不利于科技人才队伍结构的均衡发展。因此在科技人才队伍建设上，目前存在着“重科学家轻企业家、重科技人才轻管理人才、重工程技术人才轻技能人才、重自然科学人才轻人文社科人才、重应用学科人才轻基础学科人才”的偏向。

（二）科技人才分布不均衡

一是全省的科技人才普遍集中在实力强劲的军工企业和央企，地方性企业和中小型企业严重缺乏。《四川省专业技术人才队伍建设中长期规划》中指出，全省人才分布属于中央在川单位和军工企业强，地方和中小企业弱。全省的高层次技术人才主要集中在军工国防产业，新能源产业、进口制造产业、高科技产业、环保产业、绿色食品产业虽取得了空前发展，但科技人才的缺乏以及科技人才的发展水平受限直接影响高新技术产业的发展，如电子信息技术产业作为高科技重点领域之一，其科技人才规模仍有较大需求。

二是全省科技人才存在地域分布不均的情况，无论是高校还是创新企业中的科技人才主要位于省会城市成都，其次位于四川省的第二大城市绵阳。根据2016年四川省科技年鉴数据，成都市研究人员数量占全省的55.6%。排名第二的绵阳市也超过10000人；德阳市、自贡市、攀枝花市、泸州市、南充市、宜宾市超过1000人，在第二梯队；其余13个市、自治州均不足1000人（见图3）。这一方面表现出成都市是四川省科技创新资源最为密集的人才高地，另一方面呈现了四川省科技人才区域分布不均衡现象非常突出。

科技人才主要集中在省会城市，而经济原本相对落后、人民生活比较艰苦的甘孜州、阿坝州、凉山州这些地区，基本没有科技人才，导致这些地区更不容易脱贫致富，也不利于四川全省的经济发展。

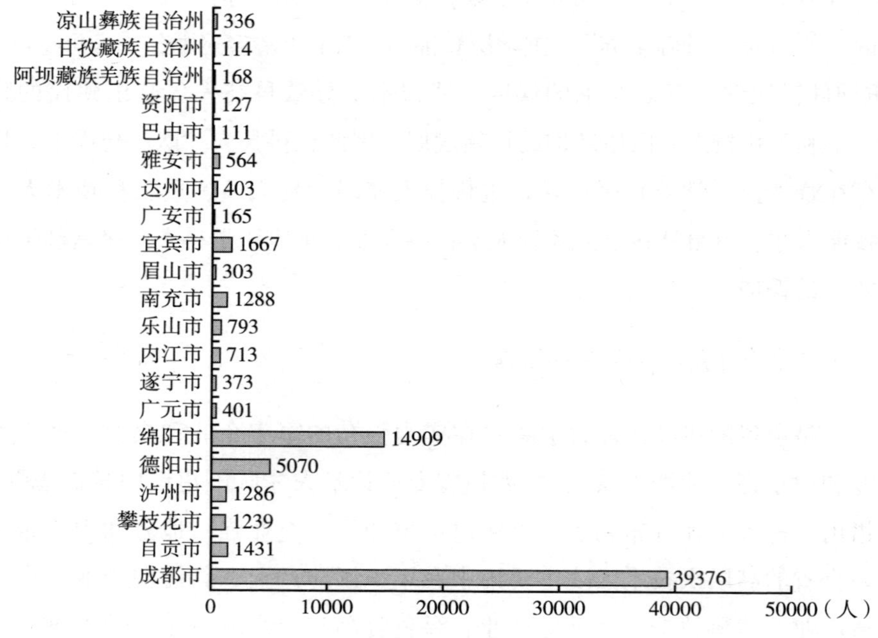

图 3　四川省研究人员分布（2016 年）

（三）科技人才与产业匹配度不高

科技人才资源未得到有效发挥，市场化开发程度偏低，人才资源浪费程度较大。原因之一是尽管四川省政府和学校越来越重视科研，但企事业单位参与度不高，使得科研成果的利用和转化率不足①。企业对成果转化的重视不够，用于科学研究和项目开发的有效投入不足，科技成果转化的激励机制不够完善等多种原因，造成科技成果转化率不高，特别是在基层，在中小型企业（尤其是在创业初期），科技成果转化难度较大。广东省的人才市场化程度相对比较成熟，可以借鉴广东省的相关做法。

① 丛日玉：《四川省“十二五”期间高校科技实力综合分析——基于人文社科研究》，《现代经济信息》2017 年第 15 期，第 415 ~416、487 页。

四　四川省科技人才发展对策

基于四川省科技人才发展状况，针对四川省科技人才发展问题，从补足短板和发挥优势两方面出发，以“育才引智”为行动方向，为四川省面向2035年建设一支满足社会经济发展需要的科技人才队伍，提出以下对策建议。

（一）补足短板

1. 科技人才结构短板

尽管四川省科技人才高职称、年轻化趋势明显，但相比其他发达地区如广东省、浙江省等，科技人才质量仍有提升空间。有必要树立正确的人才理念——“以人为本”，在实施重大人才工程中，要按照中央提出的“全面集聚人才”的要求予以改进完善，注重科技人才工程实施的均衡性。同时要尊重科技人才成长规律，放眼前瞻性工作的长期作用。招才引智不同于招商引资，实效的发挥需要一定周期，并不能立竿见影。

针对科技人才与产业匹配度不高的问题，可以采取前后激励相结合的方式支持科技人才创业，以提高科技人才项目产业化程度。前后激励是指不仅在引进初期提供创新创业启动资金，在引进后期也有必要参考国内外先进经验，利用政府远期约购、订购产品或技术等方式对科技人才的创新创业项目进行支持，以激发科技人才创新创业活力。继北京、上海、武汉、重庆及广东省内的深圳、珠海等城市纷纷出台相关政府采购创新产品办法之后，2017年6月1日起，四川省正式实施创新产品远期约定政府购买制度，有效激发了科技人才创新创业活力。

2. 科技人才布局短板

针对人才布局存在的短板，四川省政府也印发了《关于分类推进人才评价机制改革的实施意见》，明确提出要建立向重大发展战略、产业企业、艰苦边远地区和基层一线以及青年人才倾斜的人才评价特殊通道，促进人才发展与经济社会发展深度融合。

引进人才要围绕四川省的重点发展产业和亟待提升发展领域进行，聚焦省重点发展产业需求，有目标、有计划地定向引进符合四川省产业发展需求的科技人才，开展能推动四川省经济发展的招才引智项目。建议四川省以电子信息、装备制造、食品饮料、先进材料、能源化工等万亿元级支柱产业为依托，聚焦新能源汽车、节能环保、生物医药、轨道交通、动力及储能电池等具有核心竞争力的新兴产业重点领域，开展定向引进。

针对四川省科技人才的区域和用人主体过于集中等问题，建议为甘孜州、阿坝州、凉山州这些经济困难地区引进和培养更多的科技人才，提供一部分技术救援以利于地区均衡发展。针对人才引进困难或不能引进的情况，建立人才交流网络平台，通过科研合作项目、咨询讲学等方式，增加对外沟通和交流，以引进智力。这将有助于推进四川省各区域的科技人才协调发展，为构建现代产业体系和脱贫攻坚做出积极贡献。

科技人才发展工作是系统性、长期性的工作，尽管近年来四川省在创新资源集聚方面取得了较好成效，但缺乏高精尖技术和创新企业等科技人才利用载体这一问题，对四川省科技人才的集聚和发展产生制约。有必要加强科技人才创新创业生态圈建设。科技人才的发展一定要以载体为依托，集聚人力资源、科技服务、风险投资、法律咨询等领域的专业化服务机构，促进科技人才之间，以及人才与各类服务机构、服务机构之间的交流与合作，形成创新创业生态系统。当前国内外都十分重视创新集群建设和创新创业生态系统的构建。结合全省的创新产业区域规划，出台符合各区域产业特色的配套科技人才政策措施，加速人才聚集。科学分析全省重点、特色产业人才需求趋势，结合四川省重点产业布局，每年发布紧缺产业人才指数，根据紧缺产业和岗位的用人需求情况，引导科技人才资源合理配置。

3. 科技人才制度短板

近年来，尽管四川省政府立足四川社会发展的实际情况，制定和颁发了一系列针对科技人才工作的法律法规，实施了一系列战略工程，但四川省的政策大多是促进性政策，人才保障性及服务性政策偏少，有必要进一步完善科技人才政策体系。我国其他发达地区如广东省的政策文件相比更为全面和细致，不仅通过制定各种政策解决科技人才发展中遇到的各种突出问题，同时不断优化科技人才的相关配套措施，服务意识较强，地区优势明显。

全面的科技人才政策制定包括从人才的扶持性政策到人才的保障性政策再到人才的激励体系，能够有效挽留人才、吸引人才，进而防止人才流失，对科技人才的创新创造起到激励作用。如根据地区科技人才流动规律，针对四川省近年来科技人才净流出的重点行业，适时推出相关政策引导，有效应对区域人才竞争。

有必要增强省市科技人才发展协调性，提高全省各地方政府对科技人才工作的重视程度。各级政府部门要坚持人才引领创新发展的理念，将科技人才发展列入经济社会发展综合评价指标当中。做好科技人才工作机制的顶层设计，充分调动各市、自治州的积极性和主动性。通过出台政策落实的地方实施细则、将地方政府人才工作纳入考核等方式，推动科技人才工作的全面政策实施。同时可以学习和借鉴广东省等发达地区科技人才工作，围绕四川省自身优势和核心竞争力，制定具有四川特色的科技人才发展战略并积极推动实施。

进一步科学化管理科技人才项目。尽管四川省对科技人才项目的制度管理日趋完善，但在实际的运行过程中还存在一些问题。如人才工作上下联动格局中，省市两级对科技人才扶持资金的信息管理需要统一。目前四川省还缺乏针对科技人才投入的信息共享平台，而缺乏整体的人才投入准确数据，不利于开展对科技人才项目总体成效的评估。

（二）发挥优势

四川省的科技人才发展具有自身的特点，虽然与广东省这类沿海发达地区依然有较为明显的差距，特别是在人才的市场化程度低、人才分布严重不均等方面，但通过近年来的努力，吸引了较多高层次人才入川扎根，并且重点打造高新优势产业，大力推动产学研结合等，突出了四川省特色和产业重点。

1. 教育优势

发挥四川省教育优势，促进科技人才培养。截至 2016 年共有 110 所普通高等院校、44 所理工农医院校，截至 2017 年科学研究与开发机构共有 3547 个。用好四川省高校和科研院所的人才智力优势，充分发挥大学服务社会的功能以及科技园人才培养优势，同时也能积极推动更多科技成果得到有效转移转化。这可以弥补地方因财政科技经费投入有限，而导致对科技人才培养上的投入不足。

紧跟四川省经济社会发展和科技发展的重点，发挥区域特色，重点培养四川省优势学科和省内需求大的科技人才预备队伍。大力实施“万人计划”“天府高端引智计划”等高端人才工程，加强基础研究，加快核心技术攻关，提升未来发展核心竞争力。“万人计划”从 2018 年起至 2027 年，四川将重点围绕产业发展和自主创新需求，采取分层分类遴选方式，省层面重点支持 100 名杰出人才、1200 名领军人才和 1000 名青年拔尖人才，示范带动各市（州）支持培养 10000 名左右各类高层次人才。

以重大科技人才工程为牵引推进科技人才培养，更加聚焦创新人才、产业人才、青年人才。进一步提升科技人才工程实施的科学性、实效性，重视优化整合各类科技人才计划和交叉重复的科技人才工程项目，提高科技人才工程质量。同时以政策支持、财政资助为核心设计实施重大科技人才工程，重在培养引进，避免因“戴帽子”和“封头衔”搞成“永久性待遇”。

2. 制度优势

科技人才的作用发挥在实际工作岗位上，除了进一步发展高等教育、培育具备资格的科技人才以外，更加需要改善科技人才的使用机制，形成良好的用人环境，把更多人才吸引到科技岗位上从事实际工作。这从根本上需要深化人才发展体制机制改革，建立具有竞争力的人才制度体系。

一是坚持人才优先发展战略，注重围绕产业链、价值链、创新链布局人才链，建设一批产才融合发展高地。需要推动政府引导与市场共同主导，共同促进产业振兴与人才发展。积极构建政府和市场协调发力的人才工作格局，坚持人才资源、经济产业协同发展理念，在机制、政策等方面做好顶层设计，通过二者共同参与、共同作用，最大限度地凝聚方方面面的力量，推动振兴产业集群与人才集聚互为支撑、共同提升。

二是创新科技人才项目扶持与管理方式，发挥现有科技人才的作用。通过优化科技人才环境，调动科技人才的积极性。尊重科技人才成长规律，有针对性地支持不同发展阶段的科技人才，以满足科技人才在成长阶段中的不同诉求。管理上可以采取市场化的方式，通过产业引导科技基金进入项目，避免财政的直接投入。

三是完善科技人才服务政策，引才同时也要留住人才。优化科技人才服务内容，整合全省资源，拓宽服务范围，增加服务内容，加大对科技人才在医疗保险、子女教育、住房等方面的支持。促进政府推动与市场作用发挥，整合公共服务与市场化服务，做到“政企社才”多方共治。依托市场化服务机构，提供全链条、个性化和专业化的服务。打造良好科技人才服务平台，满足产学研协作、科技项目孵化与转化等服务需求，形成科技人才创新创业的支撑体系。

五　结语

育才引智可以看作科技人才发展战略的重要方向。一方面引进海外、省外高精尖人才；另一方面培养和激励省内本土人才，同步推进高层次人才引进与本土人才培养。四川省制定的新政——对外引才政策《关于大力引进海外人才、加快建设高端人才汇聚高地的实施意见》和对内培养计划《四川省“天府万人计划”实施办法》，着力海外精准引才、本土积极育才两方面，实行本土成长人才与引进领军人才资源优势互补机制，实现各类科技人才队伍建设的同步推进与协调发展。

四川省科技人才战略的制定，要尊重科技发展规律和科技人才成长规律。不仅要响应和紧跟国家相关政策，同时基于本省的实际情况和特色优势等方面的分析，要从四川省的社会经济发展战略出发，提出符合本省社会经济发展方向和产业发展需求的战略指标，坚持“以人为本”牢固树立人才引领发展的理念，采取“育才引智”方略，有针对性地进行科技人才的培养、引进、利用，开展平台建设、服务保障等措施，加快建设西部创新科技人才高地。

B.10

旅游人才国际化亟待发展

——以成都市为例

陈肖肖　李　庆*

摘　要：在全球化的推动下，中国出境游快速发展，中国游客也成为世界各旅游国家争相吸引的群体。然而，与出境游的火热程度相比，中国入境旅游发展相对缓慢，外国人入境旅游与中国大陆居民出国旅游在游客数量方面存在赤字逾4000万。根据2005～2015年的数据，我国入境游客增速低于发达经济体和新兴经济体入境游客的增速，同时低于亚太地区发展的整体水平。为缓解中国出入境旅游赤字，本文研究了外国游客占比高、国际旅游业发展良好的成都，分析了成都的入境旅游发展经验，并提出通过加强国际旅游宣传与合作、实行签证改革、培养旅游人才、完善国际旅游服务配套等方式发展中国入境旅游、缓解国际游客赤字的建议。

关键词：入境旅游　出境旅游　旅游人才国际化　成都市

一　中国国际游客赤字逐步拉大

改革开放以来，我国国民经济持续稳步发展，居民生活水平显著提升，

* 陈肖肖，全球化智库（CCG）副研究员，主要从事国际人才、国际移民、国际教育等方面的政策和社会研究；李庆，全球化智库（CCG）人才研究总监，负责CCG人才和移民领域的研究与管理工作，主要从事包括教育全球化、海归人才发展、国际人才引进、移民与出入境管理、人口流动与社会融入研究等。

在世界地位逐步提升、友好邦交发展不断深入的过程中，中国护照的含金量逐步提升，来一次说走就走的出境游已经不再是奢望。面对国内旅游成本不断攀升、假期人口流动密集、旅游服务能力不足等挑战，近年来，中国游客在旅游目的地的选择上更趋国际化，出国旅游成为国人假期旅游的选择，越来越多的中国面孔出现在世界各个城市和景点，中国大陆出境旅游发展火热。

（一）出境游客持续快速增长，中国成为世界旅游大国

国家统计局数据显示，2016 年，中国大陆出境游客为 1.35 亿人次，同比增长 5.5%，较 2006 年增长 291.5%（见图 1）。虽然 2016 年的增长幅度与 2010～2014 年 20% 左右的增长幅度相比明显放缓，但就总体而言，中国大陆出境旅游市场仍保持较快的增长态势。

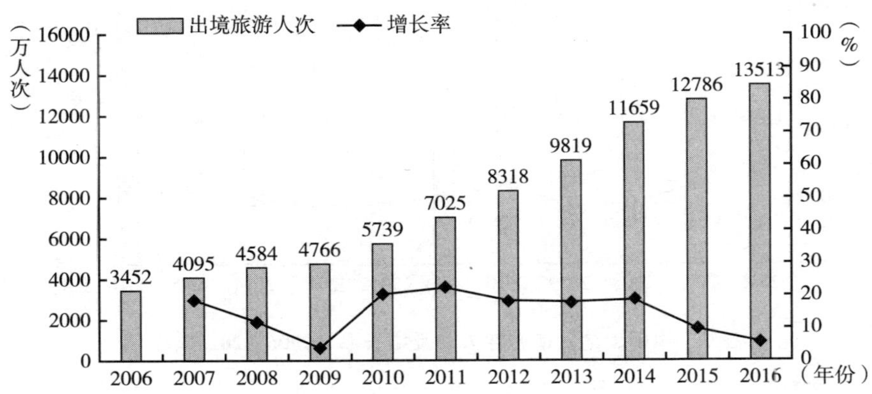

图 1　中国大陆出境游客人数及增长率（2006～2016 年）

资料来源：国家统计局网站，http：//data. stats. gov. cn/easyquery. htm？ cn = C01。

根据世界旅游组织（World Tourism Organization，UNWTO）发布的《联合国世界旅游组织 2017 年年报》，2016 年全球国际旅客到达数量为 12.35 亿人次，按照国家统计局 2016 年中国大陆游客出境 1.35 亿人次计算，中国大陆旅客占国际游客的比重超过 10%，稳坐世界旅游大国的位置。2017 年

初，习近平主席在达沃斯论坛上的讲话里提到，预计未来5年中国出境游客将达到7亿人次，出境旅游人数将达到历史新高。

（二）入境游客增长缓慢，外国入境游客仅占入境游客总数的五分之一

与中国大陆居民出境旅游的持续快速发展形成鲜明对比的是，我国大陆地区入境旅游发展相对缓慢，尤其是外国人入境旅游。国家统计局数据显示，我国入境游客数量从2006年的1.25亿人次增长到2016年的1.38亿人次，11年间增幅为10.8%，年均增幅不到1个百分点（见图2），与2006~2016年中国大陆居民出境人数285.7%的增幅相比存在较大差距。

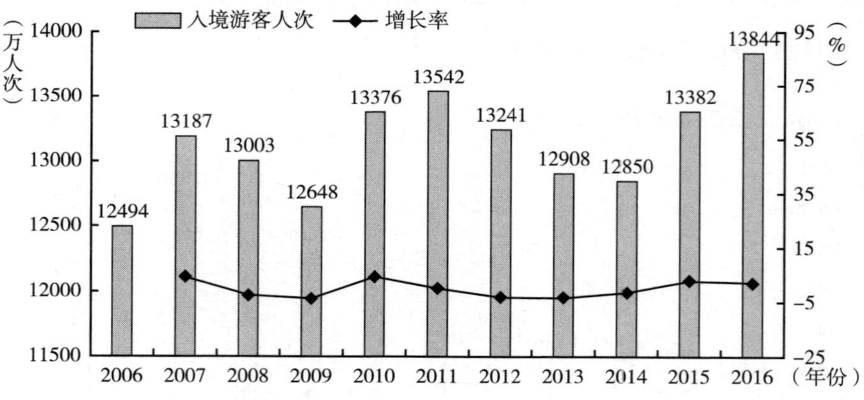

图2　中国大陆入境游客人数及增长率（2006~2016年）

资料来源：国家统计局网站，http：//data. stats. gov. cn/easyquery. htm？cn = C01。

将统计口径进一步精准到外国人（即扣除港、澳、台入境游客数据），我们发现，在2016年1.38亿人次的入境游客中，外国人为2815.12万人次，入境外国游客仅占我国入境游客总数的不到1/5，其中相当一部分可能还是华人。总体而言，2006~2016年，入境外国游客数量由2006年的2221.03万人次增加到2016年的2815.12万人次，11年间增幅为26.8%（见图3）。与此同时，入境外国游客的比重由2006年的17.8%增长到2016

年的 20.3%，占比仅上升 2.5 个百分点。可以说，外国人入境旅游近十年在旅客数量和占比方面没有太大的变化。

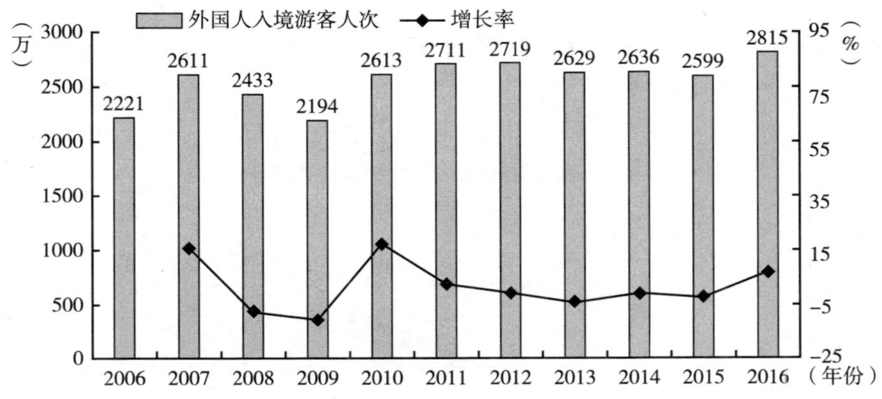

图 3　外国人入境游客及增长率（2006 ~ 2016 年）

资料来源：国家统计局网站，http：//data. stats. gov. cn/easyquery. htm？ cn = C01。

（三）出国旅游增速远高于入境外国游客增长，国际游客赤字逐步拉大

我们将一个国家出境到其他国家（地区）的本国游客大于入境本国的外国游客数量定义为国际游客赤字。2016 年，国内居民出境人数为 13513 万人次。根据香港、澳门、台湾的旅游官方统计数据，同年，前往香港、澳门和台湾的大陆游客访问量分别为 4277.81 万人次、2045.41 万人次和 351.17 万人次，三地共接待大陆游客 6674.39 万人次。因此，将国内居民出境人数减去前往香港、澳门和台湾的大陆游客访问量，就可以得出我国（大陆）居民出境到国外的数量，即 6838.61 万人次（见图 4）。上文提及，2016 年，外国人入境游客数量为 2815.12 万人次，则我国 2016 年的国际游客赤字为 4023.49 万人次（不包括边民入境数据）。

我国国际游客赤字并不是短期现象，而是经济发展和全球化推动下所产生的社会效应。可以看到，在 2011 年前，我国出国旅游人数低于外国游客

入境数量，随着我国经济的发展和居民收入的增加，尤其是我国国际合作的广泛开展与中产阶级规模的逐步扩大，出国旅游成为越来越多游客的选择，且其热度也在不断上升，增长速度远高于入境游客的变化速度。预计在当前发展态势下，未来五年我国国际游客赤字将进一步拉大，数量可能超过1亿人次。

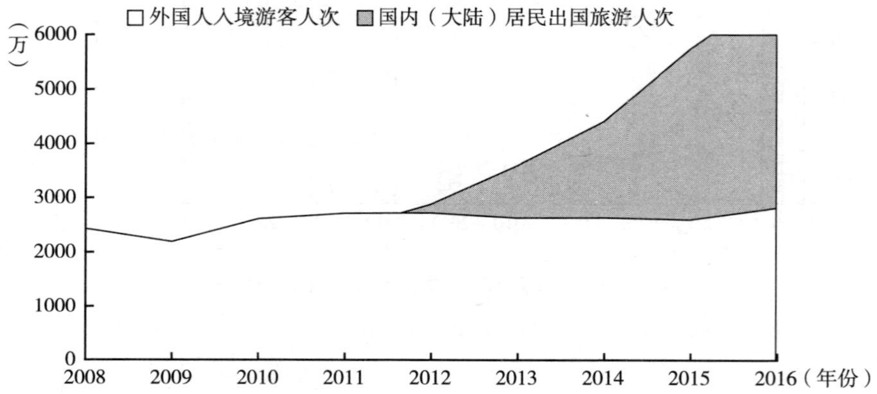

图4 我国大陆居民出国旅游人数与外国人入境旅游人数赤字情况（2008~2016年）

资料来源：国家统计局、香港地区、澳门地区和台湾地区主管部门统计数据。

二 成都入境旅游发展情况及优势分析

面对入境旅游发展缓慢且增量被亚太区域内其他国家和地区蚕食的情况，促进入境旅游发展、提升国际旅游竞争力迫在眉睫。成都，作为“外国人入境中国旅游最喜欢的五大城市”之一①，在吸引国际游客、发展入境旅游方面为我国入境旅游发展提供了借鉴。

① 《2019最受外国人喜欢的5个中国城市，成都上榜，北京排名第二》，排行榜123网，https：//www. phb123. com/shenghuo/pinpai/31633. html，2019年2月11日。

（一）成都入境旅游发展情况

近年来，成都市入境旅游增长显著，2016 年和 2017 年的入境游客年增长率均超过 10%。2017 年，涉外旅游人数 3013364 人，首次突破 300 万，其中，外国人 2258882 人，占比 75%，港澳台同胞 754482 人，占比 25%。与全国范围内外国入境游客仅占入境游客 20% 的比例相比，成都旅游显然对外国人有更强的吸引力。

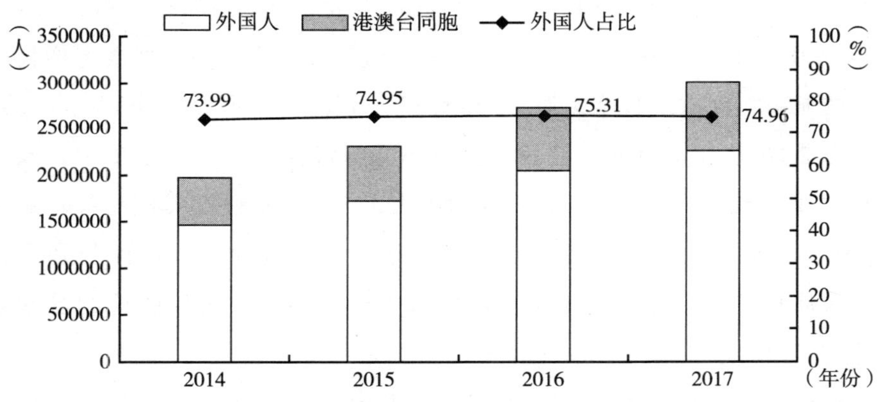

图 5　成都入境游客统计（2014～2017 年）

资料来源：成都市统计局、国家统计局成都调查队编《成都统计年鉴》，2015～2018。

从外国入境游客来源国家或地区来看，美国、英国和法国位居前三名，2017 年到成都旅游的人数分别为 363773 人、220113 人和 220113 人，占成都外国游客的比例分别达 16.1%，9.7% 和 9.7%。① 入境客源来源排名前十的其他国家和地区还包括日本、新加坡、德国、加拿大、泰国、意大利和印度尼西亚。可以看到，成都的大部分外国入境游客来自西方发达国家或地区，与我国外国人入境游客主要来自周边邻国相比，成都在国际游客来源地经济社会发展程度上有较大幅度的提升。

① 成都市统计局、国家统计局成都调查队编《成都统计年鉴 2018》，中国统计出版社，2018。

（二）成都入选多个全球最佳旅游目的地榜单，国际游客吸引力及国际旅游业竞争力逐年提升

近年来，成都凭借其独特的美食、文化和自然人文景观等旅游资源，入选多个全球最佳旅游目的地榜单，吸引了全球游客的目光。在美国国家地理学会出版的杂志《国家地理旅行者》推出的2017年21个“全球最佳旅游目的地”中，成都凭借充满魅力的美食和文化，成为中国唯一入选的城市。① 万事达卡（MasterCard）发布的“全球目的地城市指数”显示，2009～2016年，中国成都以20.14%的客流量增长率成为全球游客增长率第二的城市，仅次于日本大阪。② 全球第一旅游评论网站TripAdvisor（猫头鹰）揭晓的“2016年旅行者之选——全球最佳目的地”榜单中，成都跻身“中国最受全球游客欢迎的10大旅游目的地”，该榜单是基于TripAdvisor全球千万旅行者对旅游目的地酒店、餐厅、景点评分和点评数量及质量等综合计算得出，客观反映了全球各大旅游目的地的受欢迎程度。③

除全球旅游榜单外，在国内入境旅游研究中，成都也被列入境旅游热门目的地，并成为入境游客流散的重要节点城市。根据腾讯文旅团队和TalkingData联合发布的《智慧旅游助力美好生活——2018年旅游行业发展报告》，成都位列中国十大入境旅游热门目的地城市，入境旅游热门指数高于苏州市和杭州市。④ 中国旅游研究院发布的《中国入境旅游发展年度报告（2018）》则显示，成都是入境游客流散的重要节点城市

① 《成都入选2017年21个游客青睐“全球最佳旅游目的地”》，人民网，http：//sc. people. com. cn/n2/2017/0127/c345167 -29651251. html，2017年1月27日。

② 《“全球目的地城市指数”成都成为全球游客增长率第二城市，重庆未入围》，天府社区网，https：//bbs. scol. com. cn/thread -15139892 -1 -1. html，2016年10月11日。

③ 《成都跻身最受全球游客欢迎十大中国旅游目的地》，新浪四川，http：//sc. sina. com. cn/news/b/2016 -03 -27/detail -ifxqswxn6434853. shtml，2016年3月27日。

④ 《智慧旅游助力美好生活——2018年旅游行业发展报告》，移动观象台（INTELLIGENCE），http：//mi. talkingdata. com/report -detail. html? id =879，2019年1月。

之一，以成都为节点的扩散方向包括北京、云南、上海、广州、福建等地，其中，“成都→重庆”“重庆→成都”属于入境旅游客流的典型扩散路径。①

（三）成都吸引外籍游客的优势因素分析

1. 大熊猫的故乡

成都是大熊猫的故乡，被誉为“中国魅力·熊猫摇篮”的成都大熊猫繁育基地是成都吸引国际游客的一个重要原因，也是游客特别是外国游客在成都旅游的必选目的地。该基地拥有全球最大的圈养大熊猫人工繁育种群，是观赏大熊猫、亲近大熊猫的最佳去处。1995 年，成都大熊猫繁育基地获得联合国环境规划署（UNEP）颁发的“全球 500 佳”称号，1998 年被世界旅游组织评估为与世界自然遗产九寨沟齐名的“一个传奇世界”。② 2015 年，接待中外游客数量近 300 万人次。

2. 美食之都

2010 年 2 月，成都被联合国世界教科文组织授予“美食之都”的称号，成为亚洲首个、全球第二个获此殊荣的城市。成都美食源远流长，品尝川菜、火锅、各色小吃是成都旅游的重要体验，很多游客也因此来到成都。与此同时，每年在成都举办的“中国国际美食旅游节”，由于汇集了几十个国家和地区的美食，对于弘扬川菜、传承美食文化、促进国际交流和吸引国际游客到成都旅游也起到了重要的作用。③

3. 灿烂的历史文化和众多名胜古迹

成都历史悠久、文化灿烂，是南方丝绸之路的起点，拥有众多名胜古迹，包括 2 项世界遗产。都江堰—青城山是世界上迄今为止，历史最久远、

---

① 中国旅游研究院：《中国入境旅游发展年度报告（2018）》，https：//www. meadin. com/156399. html，2018 年 7 月 1 日。

② 成都大熊猫繁育研究基地，http：//www. panda. org. cn/china/about/about/2013 - 01 - 10/54. html。

③《成都，凭什么吸引 UNWTO》，人民网，http：//sc. people. com. cn/n2/2017/0915/c345509 - 30735588. html，2017 年 9 月 15 日。

唯一还在使用的无坝生态水利工程，是中华文化和智慧的结晶；距今 3000 年左右的历史都市遗址——“金沙遗址”则闪耀着古蜀文化的光芒。此外，还有代表三国文化的武侯祠、以诗歌文化著称的杜甫草堂、象征佛教文化的文殊院和以民俗著称的天府古镇等。

4. 交通便利，国际、国内连通性强

成都拥有便利的交通基础设施，铁路、航空和高速公路辐射中亚、南亚、欧洲，为国际游客来成都旅游提供了便利。双流国际机场拥有 100 多条国际航线，拉近了成都和世界的距离。天府国际机场建成后，成都将成为国内除北京、上海之外，第三个拥有双国际机场的城市。数据显示，截至 2018 年，成都共开通国际（地区）航线 116 条，定期直飞航线 611 条，覆盖亚洲、欧洲、北美、非洲、大洋洲的重要枢纽城市。① 2018 年，成都航空口岸年出入境边防检查总站共验放出入境旅客 599. 82 万人次，出入境旅客流量仅次于上海、北京和广州，居全国第四位。②

5. 国外友好城市数量众多，“朋友圈”遍布四海

遍布全球的友好城市及领事馆“朋友圈”为成都旅游的发展起到了很好的宣传与促进作用。自 1981 年与法国蒙皮利埃市和斯洛文尼亚卢布尔雅那市结成友好城市起，成都与越来越多的国外城市结为友好城市，截至 2017 年，国外的友好城市数量达到 32 个，包括德国波恩市、英国谢菲尔德市、美国檀香山市、澳大利亚珀斯市、泰国清迈等，成都旅游的国际影响力借此逐步提升。此外，成都还被誉为“中国领馆第三城”，截至 2018 年 9 月，成都拥有的领事机构达 17 个，“朋友圈”遍布四海，成为宣传成都旅游的最佳大使。

---

① 成都市人民政府：《2018 年成都国民经济和社会发展统计公报发布》，http：//www.chengdu.gov.cn/chengdu/home/2019－03/31/content_ d8bb12391fba4bb487389ef533ef7dff.shtml?y7bRbP＝KaMHkqcFbNjFbNjFbLI02qKpyIPxBlqNROryrQqiKd7qqxL，2019 年 3 月 31 日。

② 《2018 年成都机场出入境旅客 599. 82 万人次》，《成都晚报》，http：//dy.163.com/v2/article/detail/E4GUD6DH0512EL5Q.html，2019 年 1 月 2 日。

三　成都入境旅游发展经验

成都入境旅游的快速发展得益于成都市国际吸引力和影响力的不断提升，包括国际大型会议的举办、海外旅游宣传活动、国际合作的开展，以及便利的出入境政策、入境旅游规划的支持和外籍人士社会融入的实现。

（一）借助国际会议彰显“成都魅力”

借助国际会议的举办，积极彰显“成都魅力”，为参会国际人士及其亲友来成都旅游奠定基础。据统计，2017 年，成都举办重大会展活动 595 个，其中国际展会活动 140 多个，包括 G20 财长和央行行长会议、世界航线发展大会、联合国世界旅游组织第 22 届全体大会等。其中，2017 年 9 月在成都举办的联合国世界旅游组织（UNWTO）第 22 届全体大会是国际旅游界最高规格会议，吸引了来自 130 多个国家的上千名嘉宾参会，是世界旅游组织历史上参会人数最多、规模最大的一次盛会，成都也成为继 2003 年北京之后第二个在中国举办该大会的城市，成都旅游、成都魅力给与会嘉宾留下了难以忘怀的记忆。①

自 2012 年起，成都开始举办成都国际旅游展（Chengdu International Tourism Expo，CITE），展会为来自世界各地和国内各省市的旅游组织及旅游运营商提供了一个良好的交流平台。据悉，该展会每年吸引超过 3000 位专业观众，观展人士过万，至今已成功举办六届并成为一个国际化、多元化、权威性的专业展会，受到国内外旅游界人士的一致认可。② CITE 的顺利举办不仅展示了成都的对外开放水平，也彰显了成都旅游市场的良好发展前景，为宣传成都旅游提供了良好的国际化平台。

---

① 《分享丨和我在成都的街头走一走，看让如何吸引你！》，搜狐，https：//www.sohu.com/a/259636031_99940589，2018 年 10 月 15 日。

② 《2018 第六届成都国际旅游展（CITE）即将召开》，搜狐，http：//www.sohu.com/a/275337874_551718，2018 年 11 月 14 日。

（二）积极开展海外旅游宣传活动，提升成都旅游和文化品牌形象

为了让全世界游客更直观地了解成都，成都还在美国、英国、法国、俄罗斯等重要国际客源目的地市场开展了一系列节事主题营销活动，向外籍游客宣传成都旅游和文化品牌形象，展示其作为世界旅游目的地的魅力，提升成都旅游在全球的知名度和影响力。

2017 年 5 月，成都代表中国到英国伦敦参加了全球顶级花展——切尔西花展。融入“金沙太阳神鸟”、川剧变脸等以“中国成都·丝绸之路”为主题的成都花园，在切尔西花展一经亮相，就成为焦点。此前，成都还代表中国出现在全球著名庆祝活动、有着 90 年历史的美国梅西大游行上，开展了以“天府成都·熊猫故乡”为主体的成都花车大巡游活动，赢得了现场 350 余万观众的喝彩和 6000 余万电视直播观众的点赞，并博得了全球主流媒体和美国社会各界的热切关注。① 此外，成都还参与了莫斯科“世界厨房·成都味道——2018 年俄罗斯莫斯科成都旅游体验中心旅游推介活动”、在捷克布拉格开展了“畅游成都·熊猫之都——2018 布拉格—成都旅游文化公众推广活动”，还以不同形式在匈牙利、捷克、俄罗斯等国家，通过一系列活动向境外各国民众宣传成都旅游和文化品牌形象。

（三）依靠国际合作扩展全球旅游市场

成都还与国内外知名组织、国家签订合作协议，以此扩展国际旅游市场、吸引更多国际游客。2017 年，成功举办了中国—欧洲中心（成都）周年庆暨中欧旅游年亮灯仪式，与中国旅游研究院、欧中“一带一路”文化旅游发展委员会和欧盟项目创新中心（成都）签署了四方《战略合作框架协议》，与哈萨克斯坦阿拉木图州旅游局签订旅游合作备忘录，成华区成功

① 《成都旅游五年发展铸就辉煌》，人民网，http：//sc. people. com. cn/n2/2017/1027/c345167 - 30861417. html，2017 年 10 月 27 日。

举办“第二届中国—中东欧国家艺术合作论坛成果展演——中国与塞尔维亚文化交流”活动，有力助推成都市与“一带一路”沿线国家更深层次的文化旅游交流合作。另外，成都还在匈牙利的布达佩斯举办了“2018 成都—布达佩斯旅游同业交流会”，并与其签署了合作框架协议，共同推进成都旅游发展。

（四）出入境政策为外国人来成都旅游提供便利

在出入境政策改革方面，成都积极与公安部合作，开放过境免签并延长停留时长，为国际游客到成都旅游提供了便利。成都（双流机场）自 2013 年 9 月 1 日起开始执行 72 小时过境免签政策，来自德国、美国、巴西、新加坡等 45 个国家（地区）的公民从成都出入境或停留 72 小时不再需要中国签证。[①] 2019 年 1 月 1 日起，经国务院批准，成都的过境免签停留时长延长至 144 小时，同时，政策对象扩展到奥地利等 53 个国家的公民[②]，为短期来成都旅游、临时商务访问的外国人提供了出入境便利，也进一步带动了成都旅游、交通、餐饮、住宿等消费的增长。

（五）政府助力世界旅游目的地建设，入境旅游政策利好

2015 年，《成都市旅游业促进条例》颁布，明确提出鼓励旅游企业引进并使用国际标准、塑造城市国际旅游品牌以及推动国际化信用服务体系建设等措施。同年，为助推成都市世界旅游目的地和世界旅游名城建设，市政府印发《成都市促进旅游业改革发展若干政策措施的意见》（以下简称《意见》），《意见》提出了设立旅游基金，支持打造世界级、国家级旅游资源品牌，加强旅游市场诚信体系建设等 20 条政策措施。为促进旅游专业机构发

① 《继北上广之后成都实现 72 小时过境免签政策》，民航资源网（CARNOC），http：//news.carnoc.com/list/260/260391.html，2013 年 8 月 30 日。

② 国家移民管理局：《厦门等 5 城市实施 144 小时过境免签政策》，https：//www.nia.gov.cn/n741435/n907688/n932720/n1008173/n1008180/n1008213/n1008256/c1009064/content.html，2019 年 3 月 12 日。

展，《意见》对年度接待入境游客排名前10位的市内旅行社，根据排名次序给予30万～50万元不等的奖励。对旅游企业在国外新设分支机构并经营一年的，给予一次性奖励50万元。

此外，市旅游局编印了《〈成都市旅游业促进条例〉导读》，制定出台了《成都市旅游行政处罚自由裁量标准（2016年修订）》《成都市旅游业改革发展奖励若干政策措施有关（补助）实施办法》《成都市旅游业改革创新评选办法》等。

这一系列地方旅游法规、办法的实施，有力促进了成都旅游业健康发展。

（六）积极推进“家在成都”工程，帮助外籍人士实现社会融入

为推进外籍人士“家在成都”工作，成都市旅游局积极开展旅游从业人员培训工作，普及涉外礼仪、提升外语导游语言和服务水平，编印了中英双语版《家在成都·外籍人士成都旅游指南》，向外籍人士宣传成都旅游景区、线路、美食、住宿、娱乐、购物等旅游资源。同时，还印制了中英双语版《72小时过境免签自助旅游手册》，包括了政策解读、旅游线路、景区、美食等信息。

在帮助外籍人士实现社会融入方面，成都还颁布了《家在成都——外国人在蓉生活指南》，包括了在成都生活、旅行、投资、娱乐等方方面面的信息，不仅可以帮助外籍游客快速了解城市概况，还能找到具体的商场、餐厅、艺术馆、博物馆地址，帮助外籍人士享受生活工作的便捷和感受家一般的温暖。

四　成都入境旅游发展亟须培养和吸引更多国际人才

我国旅游人才培养起步晚，开设旅游外语专业的院校不仅数量有限，在旅游局公布的统计数据中，中等职业教育旅游外语专业的毕业生人数近两年

也呈现快速下降的趋势[①]，接受旅游从业人员培训的人员数量难以满足入境游发展的需求。为培养专业化、国际化的旅游人才，本文建议：一方面借鉴成都发展经验，开展旅游从业人员培训，提升外语导游语言和服务水平；另一方面通过旅游业发展优势宣传吸引更多的国际人才参与入境旅游的发展，如具有语言及国际交流优势的海归人才。

① 国家旅游局：《全国旅游教育培训统计》，2014 年、2015 年和 2016 年。

专题分析

Monographic Analysis

B.11 人才环境竞争力与人才环境优化探索

——兼谈成都人才环境优化路径

柴剑峰　龙　磊*

摘　要：　本文通过明晰城市人才环境竞争力的内涵，从经济发展、工作成长、开放包容及生活人居4个维度选取了22个评价指标，构建了城市人才环境竞争力指标体系，对包括成都在内的18个城市的人才环境竞争力进行了综合评价，发现成都在“经济发展环境”和“生活人居环境”维度上表现突出，在“人才成长环境”和“开放包容环境”维度上有所欠缺。通过聚类分析，本文进一步探索成都与样本城市差异及影响因素，并围绕环境的四个维度提出了成都人才

* 柴剑峰，博士，四川省社会科学院研究生院常务副院长，研究员，主要从事人力资源管理、生态治理、区域经济管理研究；龙磊，四川省社会科学院硕士研究生，主要从事劳动经济学研究。

环境的优化路径。

关键词：人才环境竞争力　指标评价　人才环境优化

国以才立，业以才兴。作为经济社会发展的主动力，人才在国家竞争和区域竞争中的决定性作用越来越明显。城市是由人集聚所形成的区域，人才是城市发展的潜力和动力，人才多寡和优劣决定了城市的地位与品质。为此，提升城市核心竞争力，首先要营造良好的人才环境，汇聚人才资源，通过优质人力资本的积累、开发来支撑城市的高质量发展。本文立足于城市人才环境竞争力的内涵，在借鉴以往城市人才竞争力指标体系的基础上，构建了城市人才环境竞争力指标体系，基于此，对 18 个全国重点城市进行了综合评价和聚类分析，一方面，探究影响城市人才吸引力的关键因素，为我国城市人才环境建设和优化提供了理论依据；另一方面，以成都作为具体案例进行验证并提出优化成都人才环境竞争力的具体方案。

一　文献述评

“城市人才竞争力”是城市在人才竞争方面的优势，即一个城市在吸引、集聚、培养、使用和转化人才资源时所体现出来的优势。在国内有代表性的城市人才竞争力相关研究中，倪鹏飞等（2002、2008）认为，城市竞争力的核心是人才本体竞争力，并兼顾人才现状和城市人才潜力导向两个方面，设计了 18 个主客观指标，并以指数定义。杨河清等（2006）从人才数量、人才质量结构、经济环境、生活环境、社会文化环境、自然环境、人才市场环境、人才效益、人才政策 9 个维度出发选取了 65 个指标，构建了首都人才竞争力评价体系，通过层次分析法对各项指标进行赋权。潘晨光等（2006）将人才竞争力指标体系划分为目标层、准则层和指标层三个层次，从人才规模、人才素质、人才投入、人才产出、人才环境五个维度对我国

31 个省（区、市）的人才竞争力进行了分析评定，这些研究成果将人才发展环境因素作为重要的内容进行了分析，从不同视角，采用不同方法，对城市人才竞争力指标体系进行全面、系统的构建、完善和实证研究，并用以指导城市人才政策的制定。

城市人才环境是一个城市为人才资源满足其自身生存、发展、自我实现的目的所提供的社会资源和自然资源的总和。通过对人才资源之于城市长远发展的分析，一些学者意识到人才环境的重要性，并开始将人才环境作为关键要素单独加以研究。张珍花等（2002）认为，对人才的吸引取决于人才的发展环境，并构建了吸引人才评价指标体系，对江苏 13 个城市的人才吸引力进行了实证分析。王顺（2004）认为，提高城市竞争力的核心在于营造良好的人才环境，并系统全面地构建了城市人才环境竞争力指标体系，对测度城市人才环境提供了有益借鉴。石金楼（2007）综合考虑经济因素、社会因素及技术因素三个方面，并构建了 5 个二级指标和 18 个三级指标的城市人才环境竞争力指标体系，综合评价了江苏省 13 个地级市的人才环境。王雅荣等（2015）基于文献分析，通过德尔菲法赋权，构建了包含经济环境、生活环境、文化环境及政策环境 4 个维度、17 个指标的评价体系。

随着大数据、互联网、云计算等新技术的运用，人才工作场景、方式发生了新的变化，人才发展环境被重新塑造，作用必须得到重新认识。人才环境不再仅仅是城市人才竞争力的一个组成部分，更是人才竞争力最为核心和基础的支撑部分，直接嵌入人才竞争力的全方面、各过程。城市人才环境很大程度上会影响人才培育、人才流动以及人才效能，并进一步影响人才资源对城市科技教育发展、经济社会建设以及文化内涵积淀等多方面的地位和作用。可以说，人才环境竞争力就是城市人才竞争力。

现有的研究成果仍不能很好地解释城市人才竞争力，在对城市人才竞争力的研究成果中，人才环境仅仅是衡量人才竞争力的维度，缺乏对人才环境的足够重视。而在城市人才环境竞争力的研究成果中，或是紧紧停留在定性研究上，或是缺乏对人才环境的足够认识，难以全面系统地反映人才环境对于城市人才竞争力的重要性。因此，本文立足于“人才环境竞争力就是人才竞争力”这一基础论点，进一步探讨人才环境的本质，构建科学合理的指标体系，然后在全国范围内选取具有代表性的18个城市做出人才环境竞争力评价，以期找出各城市的差距所在并针对成都提出具有可操作性的对策建议。

二　指标体系构建

（一）指标选取

基于前人的研究成果，按照系统性、科学性、时效性、可比性的要求，本文所建立的城市人才环境竞争力指标体系包括经济发展环境、工作成长环境、开放包容环境和生活人居环境4个一级指标、12个二级指标以及22个评价指标。

1. 经济发展环境

城市经济发展环境是城市人才环境竞争力的决定因素。与其他生产资料相同，人才的流动大都是朝着最能体现其生产价值的方向流动的（乡土情结等因素也对人才流动有所影响），而经济发展较好的城市往往能够为人才提供更为广阔的平台、更美好的前景以及更充分的价值体现，这也是大城市产生“虹吸效应”的根本原因。金融贷款、产业结构、生产效率以及城市发

表1　城市经济发展环境评价客观指标模块

一级指标	二级指标	评价指标(单位)	评价指标解释
经济发展环境	金融贷款指数	金融机构人民币贷款余额(亿元)	金融支持力度
	产业结构指数	高新技术企业总产值占地区工业增加值比重(%)	产业发展质量及潜力
		第三产业占GDP比重(%)	产业结构
	生产效率指数	规上企业万元GDP综合能耗(吨标准煤/万元)	经济发展质量
	城市发展指数	地区生产总值(亿元)	城市经济体量
		地区生产总值增长率(%)	城市发展潜力

展4个维度共6个评价指标，较好地刻画了城市的经济发展环境（见表1），在强调城市经济发展底蕴的同时，还兼顾经济发展潜力、经济发展质量以及经济发展效率，契合“发展更高层次的开放型经济”的时代要求。

2. 工作成长环境

工作成长环境是城市人才环境竞争力的关键因素。城市经济发展影响人才对其自身发展的预期，对于人才吸引具有重要的影响，但是城市人才工作成长环境则影响人才培育、人才使用、人才效能等多个方面，对于人才在工作和学习的整个过程有着不可忽视的影响，是一个城市能否留住人才的关键因素。因此，本文从人才培育（教育发展）和科技创新（科技成果投入与转化）2个维度共5个评价指标，衡量一个城市的人才工作成长环境（见表2）。

表2　城市工作成长环境评价客观指标模块

一级指标	二级指标	评价指标(单位)	评价指标解释
工作成长环境	人才培育指数	普通高等学校数(所)	城市高等教育水平
		教育支出占公共财政支出比重(%)	城市教育投入
	科技创新指数	R&D经费投入强度(%)	城市科技发展投入
		每万人发明专利拥有量(件)	城市科技成果存量
		技术市场成交总额(亿元)	成果市场化效率及科技市场发育

3. 开放包容环境

开放包容环境是城市人才环境竞争力的具体体现。一个城市的开放程度和包容程度能够直接体现城市人才环境竞争力强弱，越是开放程度高、包容性强的城市，其人才环境竞争力往往越强，两者相互促进、相得益彰。

“人才开放”衍生于“开放经济”的概念，“开放经济”包括产品市场开放、资本市场开放以及要素市场开放三个层次，[①] 其中，人才资源作为稀缺的生产要素，对其开放性的提升无疑有益于城市人才环境竞争力的增强，甚至有助于改善城市的发展模式及经济结构。借鉴“开放经济”的内涵并

① 陆雄文：《管理学大辞典》，上海辞书出版社，2013。

结合人才资源的特性，我们认为“人才开放”应当与“开放经济”有所不同，具体表现为以下三个方面：一是人才开放包容应当是单向的。“开放”在一定程度上可认为是“资源自由流动”，但是“流动”隐含“流入”和“流出”两层含义，而人才流出明显是与城市长远发展的利益相冲突的，因此，鉴于人才资源的特性，本文暂将“人才自由流动”局限于人才引进，而不考虑人才流出。二是“人才开放”还应包括“人才资源共享”。随着交通逐渐便利以及互联网信息平台建设的不断完善，人才资源利用的无边界化是在所难免的趋势，未来城市对人才的使用应更加强调“为我所用”，而非“为我所有”，因此，人才开放的内涵还应当包括吸引人才进行学术交流和工作交流，这样的资源利用模式对于城市建设和城市繁荣同样具有极为重要的影响。三是“人才开放”还应减少人才在劳动力市场上的职位搜寻成本。促进要素自由、开放流动的根本目的在于利用市场机制，提高资源配置效率，虽然劳动力市场（包括人才市场）始终存在摩擦性失业，但是通过健全职业中介机制、完善职业中介体系、活跃职业中介市场、培育职业中介的微观主体，可在很大程度上提高人才资源的配置效率，促进人才资源更大程度的开放。因此，本文从人才吸引、人才交流和人才中介 3 个维度共 5 个评价指标，对城市开放包容环境进行客观评价，以体现“人才开放包容”的内涵和特征（见表 3）。

表 3　城市开放包容环境评价客观指标模块

一级指标	二级指标	评价指标(单位)	评价指标解释
开放包容环境	人才吸引指数	城镇单位在岗职工平均工资(元)	预期薪酬吸引力
		外来人口占常住人口比重(%)	流动人口吸引力
		高新技术企业数(家)	人才高质量发展平台吸引力
	人才交流指数	民航机场旅客吞吐量(万人)	对外交流互动频繁程度
	人才中介指数	人力资源服务机构(家)	城市人力资源服务水平

4. 生活人居环境

城市的生活人居环境是城市人才环境竞争力的重要影响因素。舒适的生活是人们普遍的向往，良好的生活人居环境不仅有利于吸引人才，更重要的是可以留住人才，最大限度地发挥人才的效能。但生活人居环境与工作成长环境有着本质的区别：生活人居环境更多的是从生活舒适的角度出发，强调城市配套设施建设及生活水平，反映了一个城市为人才所创造的客观居住环境。生活人居环境和工作成长环境又是殊途同归的，较低的生活成本、健全的服务体系以及良好人居环境等城市软环境，都能够对人才产生一定的吸引力。基于此，本文从生活成本和城市环境2个维度共6个评价指标，对城市生活人居环境加以衡量（见表4）。

表4　城市生活人居环境评价客观指标模块

一级指标	二级指标	评价指标（单位）	评价指标解释
生活人居环境	生活成本指数	CPI增长率（%）	生活成本水平
		商品房平均价格（元/平方米）	居民住房压力
	城市环境指数	每万人医院、卫生院床位数（万人/张）	医疗资源供给情况
		建成区绿化覆盖率（%）	城市生态宜居程度
		每万人公共图书馆图书拥有量（万人/册）	文化禀赋要素状况
		城市轨道交通运营线路长度（千米）	通勤便利程度

（二）城市样本选择

根据国际影响力、区域辐射带动力和特殊研究价值，本文共选取了18个城市作为研究的样本，这18个城市样本包括：北京、天津、上海、重庆、大连、宁波、厦门、青岛、深圳、哈尔滨、南京、杭州、济南、武汉、广州、成都、西安、郑州。总的来说，这些被选取的样本城市具有以下几个特点。

其一，全面性。所选取的样本城市都属于国家重点建设的城市，遍布全国所有重要发展区域，代表了改革开放40年来我国城市发展的缩影。在区域分布上，既包括沿海城市，也包括内陆城市，涵盖了京津冀、长江经济带、粤港澳大湾区、东北老工业基地、山东半岛等几大主要城市群；在行政级别上，涵盖了四个直辖市，也包括部分副省级城市和全部计划单列市，同时还有省会城市，体现了国家中心城市的概念。

其二，代表性。所选取的城市在所处区域都扮演着极其重要的角色，具有较强的区域影响力以及较大的发展潜力，有京津冀城市群（北京、天津）、长三角城市群（上海、南京、杭州、宁波）、粤港澳大湾区（广州、深圳）、成渝城市群（成都、重庆）、东北老工业基地（哈尔滨、大连）。不仅如此，还包括了武汉、郑州、西安三个新晋国家中心城市，这些城市不仅有着贯彻国家战略的使命，同时也要承担更多的引领区域发展、参与国际竞争等责任，在不断开放的时代背景下，典型城市的发展能更好地代表区域的发展。

其三，差异性。虽然所选取的各个样本城市集中了人口、资源和政策上的主要优势，但各城市的经济发展底蕴、工作成长平台、资源禀赋条件、开放包容程度和生活人居环境都存在一定的差异，通过对这些不同发展程度的样本城市进行人才环境评价，能够帮助我们从多个维度发现影响城市人才环境的本质。

三　城市人才环境竞争力评价与分析

（一）研究方法与数据来源

为消除主观赋权法所带来的人为主观因素，本文采用变异系数法确定各项指标的权重。变异系数法（Coefficient of Variation Method）是指利用各项指标所包含的信息，通过计算而得到各项指标的权重，若某项指标观测值的变异系数越大，则说明该项指标达到样本均值的难度也就越大，也就更能反映各样本在该项指标上的差距，这样的指标就应该赋予更大的权重；反之，则应该赋予更小的权重。

基于数据可得性的考虑，本文选取的数据来源于2018年《中国统计年鉴》《中国科技统计年鉴》《中国火炬统计年鉴》《中国环境统计年鉴》，以及2018年各城市统计年鉴、2017年度各城市国民经济和社会发展统计公报、政府年度报告以及相关部门年度工作总结（个别缺失数据采用插值法补齐）。

（二）评价结果

1. 数据无量纲处理

赋权之前应对各项指标数据进行无量纲处理，鉴于本文构建的指标体系包含的样本量不大，因此采用归一化的计算方式将数据转化为标量，消除量纲的影响。以 X_{ij} 和 X'_{ij} 分别表示处理前后的数据值，$\max X_j$ 和 $\min X_j$ 分别表示第 j 项指标的最大值和最小值。其中，X_{ij} 表示第 $i(i = 1,2,\cdots,m)$ 个城市的第 $j(j = 1,2,\cdots,n)$ 项评价指标的数值，本文中，$m = 18, n = 22$ 。对于“效益型”指标，采用正向计算公式进行处理：

$$X'_{ij} = \frac{X_{ij} - \min X_j}{\max X_j - \min X_j}$$

对于“成本型”指标，则采用负向计算公式进行处理：

$$X'_{ij} = \frac{\max X_j - X_{ij}}{\max X_j - \min X_j}$$

进一步地，为了使最终结果便于观察比较，本文在原始数据无量纲处理后，通过以下公式，将最终评价得分转换到［60，100］的区间内：

$$X''_{ij} = X'_{ij} \times 40 + 60$$

2. 变异系数法赋权

（1）计算第 j 项评价指标的变异系数（ CV_j ）：

$$CV_j = \frac{\sigma_j}{\bar{X}_j},(j = 1,2,\cdots,n)$$

其中，σ_j 和 $\bar{X}_j$ 分别表示第 i 项评价指标的标准差和均值。

（2）计算第 j 项评价指标的权重（ ω_j ）：

$$\omega_j = \frac{CV_j}{\sum_j^n CV_j}$$

（3）一级指标、二级指标权重计算

各二级指标的权重由细分的各项评价指标权重简单加总得出，类似的，各一级指标的权重由细分的各二级指标权重简单加总得出。经测算一级指标、二级指标以及各项评价指标的权重如表5所示。

表5　城市人才环境竞争力评价指标体系

一级指标(权重)	二级指标(权重)	评价指标	权重
经济发展环境（0.1932）	金融贷款指数	金融机构人民币贷款余额	0.0524
	产业结构指数	高新技术企业总产值占地区工业增加值比重	0.0386
		第三产业占 GDP 比重	0.0123
	生产效率指数	规上企业万元 GDP 综合能耗	0.0326
	城市发展指数	地区生产总值	0.0442
		地区生产总值增长率	0.0131
工作成长环境（0.3064）	人才培育指数	普通高等学校数	0.0391
		教育支出占公共财政支出比重	0.0131
	科技创新指数	R&D 经费投入强度	0.0298
		每万人发明专利拥有量	0.0726
		技术市场成交总额	0.1518
开放包容环境（0.2826）	人才吸引指数	城镇单位在岗职工平均工资	0.0167
		外来人口占常住人口比重	0.0918
		高新技术企业数	0.0617
	人才交流指数	民航机场旅客吞吐量	0.0589
	人才中介指数	人力资源服务机构	0.0535
生活人居环境（0.2178）	生活成本指数	CPI 增长率	0.0144
		商品房平均价格	0.0546
	城市环境指数	每万人医院、卫生院床位数	0.0216
		建成区绿化覆盖率	0.0070
		每万人公共图书馆图书拥有量	0.0445
		城市轨道交通运营线路长度	0.0757

3. 综合评价得分

（1）单项指标评价得分计算：

$$S_{ij} = \omega_j X''_{ij}$$

（2）第 i 城市人才环境竞争力综合得分计算：

$$S_i = \sum_j^n S_{ij}$$

各样本城市的综合得分、各一级指标得分以及各项排名如表 6 所示。

表 6　各样本城市人才环境竞争力得分及排名

城市	综合得分	排名	经济发展环境得分	排名	工作成长环境得分	排名	开放包容环境得分	排名	生活人居环境得分	排名
北京	93.439	1	17.464	1	30.342	1	27.311	1	18.322	1
上海	81.057	2	17.235	3	22.404	4	23.691	4	17.727	5
深圳	80.540	3	17.325	2	22.440	3	23.774	3	17.001	8
广州	77.789	4	15.672	4	20.941	9	24.191	2	16.984	9
天津	74.200	5	14.034	10	23.353	2	20.590	5	16.163	16
武汉	73.999	6	14.065	9	21.906	5	20.296	6	17.732	4
成都	73.198	7	15.032	6	20.470	11	19.857	10	17.839	3
南京	72.992	8	14.156	8	21.313	7	19.502	14	18.021	2
重庆	72.985	9	15.415	5	19.882	13	20.100	8	17.588	6
杭州	71.985	10	14.619	7	21.114	8	19.837	11	16.414	14
西安	71.340	11	13.309	17	21.661	6	19.613	13	16.757	12
宁波	69.458	12	13.884	11	19.211	18	20.135	7	16.228	15
青岛	69.291	13	13.353	16	20.067	12	19.898	9	15.973	17
大连	69.177	14	13.525	14	19.366	17	18.811	15	17.476	7
济南	69.018	15	13.224	18	20.804	10	18.212	17	16.780	11
郑州	68.715	16	13.862	12	19.586	16	18.387	16	16.880	10
厦门	67.810	17	13.713	13	19.668	14	19.632	12	14.797	18
哈尔滨	67.557	18	13.495	15	19.624	15	17.805	18	16.633	13

（三）城市人才环境竞争力比较分析

根据以上的评价结果可以看出，城市人才环境竞争力表现出以下几个特征。

第一，城市间梯度分布明显。尤其是北京，作为我国的政治、经济、文化中心，多项指标领先其他城市，综合得分也自成一档。另外，上海、深圳、广州 3 座城市也与其他城市差距明显，形成第二档。作为我国长久以来的超一线城市，这 4 座城市不仅在城市发展上遥遥领先，同时也加剧了地区人才集聚，对全国各地的人才有着很强的吸引力。另外，天津、武汉、成都、南京、重庆、杭州、西安这 7 座城市形成第三档，这 7 座城市或是直辖市，或是省会城市，均处于区域发展的核心地位，综合实力强劲，发展前景广阔，对周边地区的人才吸引力较强。宁波、青岛、大连、济南、郑州、厦门、哈尔滨这 7 座城市归为第四档，这些城市在 4 个维度中的表现都有一定的弱项，城市综合实力也不及前三档的城市，对于人才的吸引力稍显不足。

第二，地理因素影响明显。18 个重点城市的人才环境竞争力呈现明显的“东强西弱”态势，即东部沿海城市的评分普遍高于中西部城市。其中，中部地区排名最高的城市是武汉（第六位），西部地区排名最高的城市是成都（第七位）。重庆、西安、郑州的排名都相对不高。

第三，经济发展对人才吸引影响显著。比较各城市在“经济发展环境”维度中的排名和综合排名可以发现，两者之间存在较强的正向关系，往往经济发展较好的城市，其人才环境竞争力也相对较强。这也正好印证了“人才聚则事业兴”这一俗语。

第四，第三档城市在“生活人居环境”维度上表现较好。南京、成都、武汉、重庆 4 座城市在“生活人居环境”中分别列第二、第三、第四和第六位。究其原因，相较第一档和第二档城市，第三档城市在生活成本上有明显的优势，相较第四档城市，第三档城市具有城市配套设施的优势。具体而言，“商品房平均价格”和“城市轨道交通运营线路长度”是“生活人居环境”维度中权重最大的两项指标，分别为 0. 0546 和 0. 0757，第三档城市的房价明显低于北上广深 4 座城市，同时，在其他生活条件不变的前提下，第三档城市的基础设施建设和配套服务设施并不弱于其他城市。

（四）成都人才环境竞争力分析

根据综合评价结果，成都的人才环境竞争力属于较强的层级，除了北京、上海、广州、深圳4座超一线城市仅弱于天津、武汉，并且强于南京、杭州等城市外，与天津、武汉、南京、重庆、杭州、西安6座城市相差不大。具体而言，成都在“经济发展环境”和“生活人居环境”两个维度有着不错的评分，这得益于成都作为国家中心城市之一，城市的迅猛发展、经济体量的不断扩大以及城市基础设施的完善，在发展前景与生活舒适方面，特别是成都营商环境整体提升，进一步增强了人才吸引力。但是，成都在“工作成长环境”以及“开放包容环境”两个维度上的表现并不亮眼。对于前者，成都主要症结在于科教投入不够，有可能导致成都人才流失、人才引进困难以及人才利用效率低下，从而影响人才环境竞争力。2017年，成都“教育支出占公共财政支出比重”为14.26%，列18个城市第9位，“R&D经费投入强度”为2.3%，列18个城市第15位。对于后者，囿于地理环境的限制，成都的“开放包容环境”远不如其他东部沿海城市，主要表现为外来人口占常住人口比重较低，2017年，成都该项数据为12.09%，远低于深圳的67.71%，以及厦门、上海等一批城市。随着天府国际机场的建成以及四川自由贸易试验区的进一步建设，成都在开放包容环境上会有所提升。

四　基于聚类分析的城市人才环境竞争力分析

由于受地理条件、要素禀赋等多方面因素影响，样本城市内部仍存在一定的差异，这在表6中有着充分的反映，各个城市的评分呈显著的梯度分布特征。基于此，本文在对样本城市人才环境竞争力进行了评估及排名后，为了更清晰地对比各样本城市的人才环境竞争力，探索造成各个城市人才环境竞争力差异的主要因素，采用聚类分析（Cluster Analysis）的方法对各项指标做进一步分析。聚类分析的实质是根据研究方法，由机器自行建立一套分类标准，将一批样本数据按照某一性质的亲密程度，在没有先验信息的前提下对其进行自动分类，而不同类的样本个体在这一性质上差异较大。作为一种探索性的分析，并没有标准的结果，每一类并不存在优劣之分。

（一）总体聚类分析

本文使用 SPSS 23 软件以及前文所建立的城市人才环境竞争力客观评价指标体系中的 22 个指标数据进行聚类分析。区间测量采用平方欧式距离，聚类方法采用 Ward 法。其中，表 7 给出了具体的聚类过程，详细描述了聚类过程中每个样本城市的合并先后顺序。图 1 给出了样本城市凝聚过程的谱系图，显示了在此过程中“类”的合并情况。

表 7　样本城市人才环境竞争力聚类分析过程

阶段	组合聚类		系数	首次出现聚类的阶段		下一个阶段
	聚类 1	聚类 2		聚类 1	聚类 2	
1	11	13	17332309. 904	0	0	13
2	10	18	41113100. 878	0	0	5
3	2	12	81686910. 634	0	0	7
4	4	8	134118964. 624	0	0	8
5	7	10	187251796. 512	0	2	6
6	7	14	249891902. 714	5	0	10
7	2	9	312607679. 155	3	0	9
8	4	6	411081981. 162	4	0	12
9	2	5	546591640. 432	7	0	16
10	7	15	705867931. 947	6	0	12
11	3	16	1067496863. 108	0	0	15
12	4	7	1464603036. 723	8	10	13
13	4	11	1937832710. 923	12	1	14
14	4	17	3111317417. 430	13	0	16
15	1	3	4408841664. 120	0	11	17
16	2	4	6708648117. 969	9	14	17
17	1	2	15893874451. 412	15	16	0

根据上述聚类分析结果，本文将 18 个样本城市划分为 3 大类：Ⅰ类城市包括北京、上海和深圳 3 座城市，Ⅱ类城市包括天津、南京、杭州和广州 4 座城市，Ⅲ类城市包括济南、宁波、重庆、成都、武汉、西安、郑州、哈尔滨、大连、青岛、厦门共 11 座城市（见表 8）。

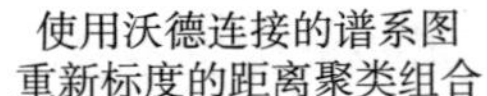

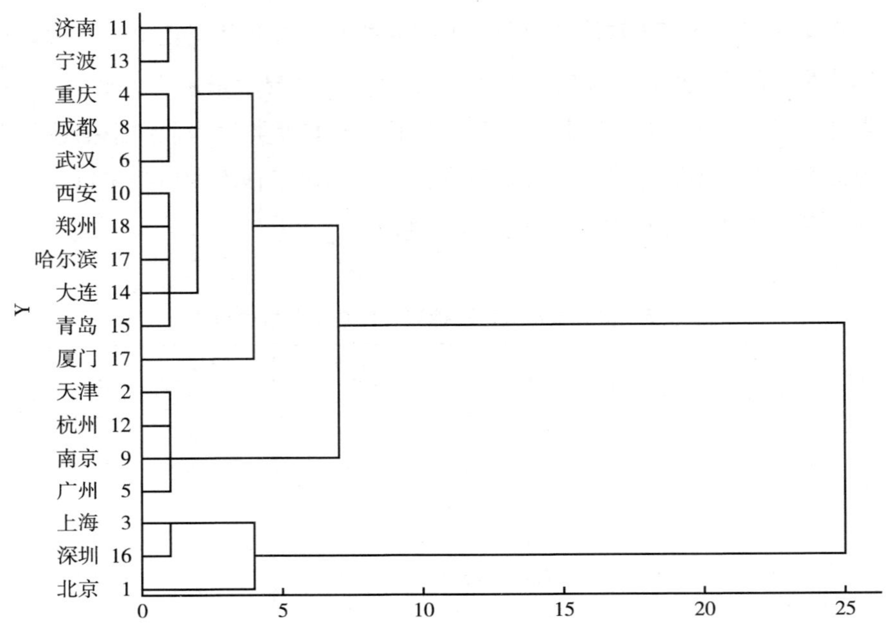

图 1　城市人才环境竞争力聚类分析谱系

表 8　城市人才环境竞争力聚类分析结果

类别	城市	城市数量（个）
Ⅰ类	北京、上海、深圳	3
Ⅱ类	天津、南京、杭州、广州	4
Ⅲ类	济南、宁波、重庆、成都、武汉、西安、郑州、哈尔滨、大连、青岛、厦门	11

结合聚类分析结果以及前文得出的城市人才环境竞争力评价结果可以发现，北京、上海、深圳作为综合评分最高的城市，在经济发展维度、人才成长维度、开放包容维度以及生活人居维度都具有很高的得分，因此被归为一类。天津、南京、杭州、广州 4 座城市的综合评分较为接近，且均属于东部沿海城市，经济发展程度类似，地理区位决定了这 4 座城市开放包容程度较

高，在生活人居环境相差不大的情况下，这 4 座城市被分为一类。济南、宁波、重庆、成都等 11 座城市被归为一类。

（二）分维度聚类分析

类似的，根据前文建立的城市人才环境竞争力评价指标体系，将 18 个样本城市按照经济发展环境、工作成长环境、开放包容环境和生活人居环境 4 个维度分别进行聚类分析，探析各个城市在人才环境竞争力体系不同维度中的分类情况。具体结果如表 9 所示。

表 9　不同维度聚类分析结果

聚类分析主题	类别	城市	城市数量（个）
经济发展环境	Ⅰ类	北京、上海、深圳	3
	Ⅱ类	天津、重庆、广州、成都、杭州、武汉、南京	7
	Ⅲ类	宁波、郑州、西安、青岛、哈尔滨、大连、济南、厦门	8
工作成长环境	Ⅰ类	北京	1
	Ⅱ类	上海、西安、天津、武汉、深圳	5
	Ⅲ类	大连、青岛、杭州、重庆、哈尔滨、郑州、济南、宁波、厦门、广州、成都、南京	12
开放包容环境	Ⅰ类	北京	1
	Ⅱ类	天津、杭州、南京、广州、深圳、济南、宁波、上海	8
	Ⅲ类	西安、厦门、重庆、武汉、大连、哈尔滨、郑州、成都、青岛	9
生活人居环境	Ⅰ类	上海、深圳、厦门、北京	4
	Ⅱ类	武汉、济南、宁波、青岛、成都、郑州、哈尔滨、西安、重庆、大连	10
	Ⅲ类	广州、杭州、南京、天津	4

在经济发展环境方面，北京、上海、深圳相似度较高，无论是金融贷款、产业结构、生产效率、城市发展，都处于全国最高水平，因此被归为一类。天津、重庆、广州、成都、杭州、武汉和南京是除了北京、上海、深圳之外，全国经济体量最大的城市，2017 年地方 GDP 都突破了 10000 亿元大关，但是和北京、上海、深圳有一定的差距，而且，这 7 个城市的经济发展质量也较为接近，因此被划为一类。另外，宁波、郑州等 8 座城市被分为一类。

在工作成长环境方面，北京的高校数量领先众多城市，在科技投入和科技成果转化方面，其他城市也难以望其项背。上海、西安、天津、武汉、深圳5座城市被划为一类，这5座城市在科技投入和科技成果转化方面较为突出，除了天津外，深圳、西安的R&D经费投入强度均超过了4%，上海、武汉也超过了3.2%，技术市场成交总额均超过了500亿元。另外，除了深圳外，其他4座城市的高校资源也非常丰富，对后备人才的培育具有先天优势。成都、南京、广州等12座城市被划为一类，这些城市在人才培育和科技创新方面的表现都不如另外两类城市，人才培育力度还有所欠缺。

在开放包容环境方面，无论是人才吸引、人才交流还是人才中介，北京的开放包容程度远不是其他城市可比的。天津、杭州、南京等8座城市被划为一类，这些城市都是东部沿海城市，地理区位的便利使其在接受外来文化方面有着得天独厚的优势，要素市场活跃，人才资源被充分利用，人才交流频繁。另外，西安、重庆、成都等9座城市被归为一类，这些城市大多处于内陆，相较于沿海城市，开放程度不高，落户的高新技术企业远不及其他两类的城市，人才吸引力有所不足，特别是重庆，2017年常住人口出现了负增长的现象，外来人口占常住人口比重为－11.27%，是18个城市中该项指标唯一为负的城市。

在生活人居环境方面，上海、深圳、厦门、北京被归为一类，这4座城市较为明显的相似点在于较高的房价，其中，北京、上海和深圳的平均房价在2017年都超过了50000元/平方米，厦门的平均房价也超过了47000元/平方米。另外，除了厦门外，其余3座城市都有着较为健全的城市轨道交通系统，在市政基础设施建设方面较为完善。武汉、成都、重庆等10座城市被划归为一类，这些城市的经济发展程度类似，居民生活成本、城市基础设施建设以及城市配套服务都相差不大。另外，广州、杭州、南京、天津被划归为一类，这4座城市均是较为发达的城市，发展水平类似，在居民人居环境上的建设也相差不大。

总体来讲，聚类分析的结果和前文所建立的城市人才环境竞争力评价指标体系的评价结果大体是一致的，而且也符合现实，从而印证了本文所建立的评价指标体系具有一定的合理性和科学性。但是相比较而言，聚类分析包括了指标数据的全面信息，其结论可能更为准确清晰，在一定程度上对以上指标评价体系进行了有益的补充。

（三）成都人才环境竞争力特征分析

根据聚类分析的结果，成都的人才环境竞争力特征与之前的结论类似，即“经济发展环境与生活人居环境较为突出，人才成长环境与开放包容环境略显不足”。进一步的，通过聚类分析可以发现，成都人才环境竞争力的特征与重庆、武汉较为相似，特别是重庆，在4个维度的聚类分析中，成都与重庆都属于同一类，其人才环境竞争力呈现较为明显的相似性，另外，除了“人才成长环境”外，成都与武汉的重叠性也较高。这表明了，各大内陆城市在人才环境建设方面具有比较大的重复性，在人才竞争中难以体现自身的优势，这成为制约各城市提升自身城市人才环境竞争力的主要因素。

五　成都人才环境竞争力优化路径探索

环境好，则人才聚、事业兴；环境不好，则人才散、事业衰。成都作为新一线城市，国家中心城市之一，肩负着引领地区经济社会发展的重任，如何长期有效地促进城市发展、带动周边进步，重点在于营造良好的社会氛围，形成人才吸引的长效机制。近年来，成都在人才环境营造上不断创新，人才环境竞争力趋势向好。按照建设全面体现新发展理念的国家中心城市的要求，成都坚持目标导向，实施短板管理。根据以上综合评价和聚类分析结果，成都应重点从以下四个方面着手，优化人才环境。

（一）打造充满活力的经济发展环境

优化人才环境的前提在于高质量的经济发展环境，加快构建具有全球竞争力的现代产业体系，提升产业开放度。重点打造先进制造业、高新技术服务业、金融业、文化创意产业、现代物流业等产业体系以及跨境贸易。大力推动人工智能、5G、8K、物联网产业，支撑数字经济与实体经济融合。加大金融扶持力度，构建完善的新金融产业圈，推动普惠金融，特别是精准服务中小微企业和民营经济。培育独角兽企业，扶持企业小巨人。创新技术、土地、资本及信息等要素供给，支撑人才与产业协同，提升生产效率。持续保持7.5%以上的增长率、10%以上的全社会固定资产投资增长率、10%以上的研发投入增长率，做大做强经济总量，做优经济结构，为人才创新、创造和创业打造充满活力的经济发展环境。

（二）构建良好高效的工作成长环境

优化人才环境的根本在于建设良好的工作成长环境，创新人才体制机制改革，抓好“双创”，切实用好人才、留住人才。继续加大财政教育支出，关注与成都经济社会发展密切相关的高等教育，加强对布局在成都的2个双一流大学建设高校、6个双一流学科建设高校、34个进入ESI全球前1%的学科投入，持续扩大高等教育规模，为成都发展提供足够的后备人才保障。积极引导科研院所与企业间的人才双向流动，提升企业对高水平人才的集聚能力。提升现有科研基地的能力，引导有条件的科研基地向功能型平台升级，打造创新合作网络。加强知识产权保护，完善高校职务发明产权归属和激励分配政策，鼓励发明专利和有效发明专利保持15%、20%以上的增长，技术合同成交额应率先赶超西安。

（三）建设兼容并蓄的城市开放环境

优化人才环境的基础在于开放包容的城市环境，坚持全球视野、国际标准，全面提升成都城市能级水平。深度融入“一带一路”倡议和长江经济带开放开发，充分发挥16家驻蓉领事馆、85个国际友城、281家世界500强企业、近2万名外籍人士以及众多的国际组织的集聚优势，大力拓展对外交往渠道，全面提升交流合作紧密度及国际交往便利度。增强成都对国际人才资源的吸附力，加快建设国家内陆开放型经济高地和国际友好往来门户城市，提高外来人口占常住人口比重。全面提升成都互联互通水平，加快形成

“双枢纽+补给港”航空枢纽格局、全面融入国家“8纵8横”高速铁路网、大力建成“3绕15射”高速公路网，增强国际性综合交通枢纽功能。以中国成都人力资源服务产业园为提托，集聚产业、培育市场、孵化企业、聚焦人才，打造多元化、多层次、专业化的人力资源服务产业链，到2020年努力孵化并培育3~5家全国性人力资源服务机构，人力资源服务园区实现营业收入超300亿元，从业人员超3万人，为人才吸引、人才培养、人才发展提供坚实的服务保障。

（四）营造舒适宜居的生活人居环境

优化拓展城市空间，提升成都城市形象和城市品位，优化城市生活人居环境，培育人才落地生根的土壤。健全医疗、教育、体育等公共配套基础设施建设，加大图书馆数量、提高质量，加快、加密城市交通供给，控制成都市房价水平，全面提升公共服务水平。大力涵养自然生态格局，描绘大尺度公园城市肌理，保证生态廊道及生态绿道深入城市核心区域，稳步提高建成区绿化覆盖率，建设网络化、多中心、生态型的城市发展大格局。延续城市文脉，传承成都故事和民风民俗，构建多样、多彩的历史文化空间。全面营造舒适生活人居环境，促进人、城、境、业的高度和谐。

B.12
深化人才供给侧结构性改革，推动人才高质量发展

龙枚梅*

摘　要：　新形势下人才资源作为经济社会发展第一资源的特征和作用更加明显，人才优势已成为国际竞争的最大优势。党的十八大以来，四川省人才发展取得了显著成效，但人才支撑“一干多支”发展战略和现代产业体系建设不足、高端人才缺乏、基层人才薄弱等问题比较突出。为此，建议深化人才供给侧结构性改革，提升要素配置效率，补齐人才发展短板，破除体制机制障碍，构建科学规范、开放包容、运行高效的人才发展治理体系，促进人才高质量发展。

关键词：　人才　供给侧结构性改革　高质量发展

习近平总书记在党的十九大报告中强调，我国经济已由高速增长阶段转向高质量发展阶段，正处在转变发展方式、优化经济结构、转换增长动力的攻关期。必须坚持质量第一、效益优先，以供给侧结构性改革为主线，推动经济发展质量变革、效率变革、动力变革。供给侧结构性改革，重点是解放和发展社会生产力，用改革的办法推进结构调整，减少无效和低端供给，扩大有效和中高端供给，增强供给结构对需求变化的适应性和灵活性，提高全

* 龙枚梅，四川省发展与改革研究所经济师，主要从事经济体制改革，社会事业发展研究。

要素生产率。而人才作为第一资源，是重要的创新供给要素。迈步进入新时代，人才资源作为经济社会发展第一资源的特征和作用更加明显，人才红利已成为经济社会发展的最大红利，人才优势已成为国际竞争的最大优势，我们需要深化人才供给侧结构性改革，补齐人才发展短板，破除体制机制障碍，构建科学规范、开放包容、运行高效的人才发展治理体系，形成具有国际竞争力的人才制度优势，为经济社会发展增添蓬勃活力和强大动力，为实现经济高质量发展提供坚强的人才支撑。

一　研究背景及意义

人才事业具有全局性和战略性。党的十八大以来，面对错综复杂的国内外经济环境，以习近平同志为核心的党中央把握发展大势，对人才事业发展和人才队伍建设做出一系列重要指示，反复强调要建立集聚人才发展的体制机制，聚天下英才而用之。十九大报告将坚定实施人才强国战略作为决胜全面建成小康社会的重大战略，做出了“人才是实现民族振兴、赢得国际竞争主动的战略资源”的重要论断，这是对人才重要内涵和地位作用的新定位、新提升，凸显了人才在党和国家事业全局中的地位更加重要，指明了人才工作肩负的责任更加重大、使命更加崇高。

党的十八大以来，面对经济发展新常态，四川省统筹推进“五位一体”总体布局，协调推进“四个全面”战略布局，把握新一轮科技革命和产业变革新趋势，树立“转型才能更好发展、后发也要高点起步”的理念，深入推进供给侧结构性改革，推动人才发展体制机制创新，努力营造有利于人才成长的环境，提高人才供给体系质量，推动人口大省向人才强省转变。但从总体上看，人才体制机制作用发挥不充分，人才队伍大而不强，领军人才、拔尖人才稀缺，人才创新创造活力不足、供给质量不高等，成为制约经济高质量发展的“瓶颈”之一。以推动经济高质量发展为目标，牢固树立并切实贯彻五大发展理念和科学人才观，深入推进人才供给侧结构性改革，对于有效提升要素供给质量，进一步激发全社会创新活力和创造潜能，加快形成经济社会发展新动能，具有重大的现实意义和深远的历史意义。

二　新形势对人才供给侧结构性改革提出新要求

当前，四川发展已经站在新的起点，正处在转型发展、创新发展、跨越发展的关键时期，但还存在高层次人才有效供给不足、人才结构与经济发展需求不尽匹配、人才制度建设不完善、创新环境不优等问题。对此，四川必须以习近平新时代中国特色社会主义思想为指导，全面落实习近平总书记对四川工作系列重要指示精神，坚持问题导向，主动适应社会主要矛盾变化，准确把握高质量发展的总体要求，以人才为首要资源，以创新为主要动力，通过供给侧结构性改革，挖掘人力资本潜能，提升供给体系质量和效率。

（一）深化人才供给侧结构性改革，必须紧扣高质量发展的要求

加快推动高质量发展是摆在全省面前的首要任务。为进一步深化省情认识、把握阶段特征，围绕解决产业体系不优、市场机制不活、协调发展不足、开放程度不深等问题，推动四川由经济大省向经济强省转变，更好满足人民日益增长的美好生活需要，四川省出台了《关于深入学习贯彻习近平总书记对四川工作系列重要指示精神的决定》《关于全面推动高质量发展的决定》。2 个决定提出要深化供给侧结构性改革，推动质量变革、效率变革、动力变革，建设实体经济、科技创新、现代金融、人力资源协同发展的产业体系，构建市场机制有效、微观主体有活力、宏观调控有度的经济体制，加快建设经济强省的总体要求。同时围绕总体要求，抓住主要矛盾和矛盾的主要方面，针对性提出了若干条务实举措，其中就包括“做大做强人才智力支撑”和“建设西部创新人才高地”。因此，在新形势下深化人才供给侧结构性改革，应紧紧围绕高质量发展的要求，用改革的办法优化人才结构，促进人才在地区间合理有序流动，提高人才发展的质量和效益。

（二）深化人才供给侧结构性改革，必须贯彻扎实开展创新创造的要求

创新是引领发展的第一动力，而发展的不竭力量蕴藏在人民群众之中，人才是实现民族振兴，增强国际竞争力的首要资源。习近平总书记强调要扎实开展创新创造，加快科技成果向现实生产力转化，全方位推进科技创新、产业创新、企业创新、产品创新、品牌创新，塑造更多依靠创新驱动、更多发挥先发优势的引领型发展。深化人才供给侧结构性改革，要学习贯彻习近平总书记关于“扎实开展创新创造”的重要指示，深刻把握新时代治蜀兴川的根本动力，坚持把发展基点放在创新上，突出创新企业、创新人才、创新平台“三个重点”，深化重点领域和关键环节改革，提升科技创新和成果转化实效，做大做强人才智力支撑，大力推进全面深化改革和创新驱动发展，加快创新创造、转型升级步伐，最大限度地发挥人才的创造力，努力建设西部创新人才高地。

（三）深化人才供给侧结构性改革，必须紧扣乡村振兴战略实施的要求

习近平总书记强调要坚持把解决好农业农村农民问题作为全党工作重中之重，把城乡发展一体化作为解决“三农”问题的根本途径，带头做好农业供给侧结构性改革这篇大文章，着力实施乡村振兴战略，实现由农业大省向农业强省跨越。四川省把实施乡村振兴战略作为做好“三农”工作的总抓手，按照“产业兴旺、生态宜居、乡风文明、治理有效、生活富裕”总要求，统筹推进乡村“五个振兴”，其中就包括“人才振兴”。通过加快培育新型职业农民、打造农村专业人才队伍、引导社会人才流向乡村等更加积极、开放、有效的人才政策，让愿意留在乡村、建设家乡的人留得安心，让愿意返乡下乡创业就业、回报乡村的人更有信心，推动乡村人才振兴。因此，在新形势下深化人才供给侧结构性改革，必须深入实施乡村振兴战略，强化乡村振兴人才支撑，补齐乡村人才发展的短板，提高乡村人才发展的质量，为乡村振兴注入新动能。

三　四川省人才供给侧结构性改革主要做法及成效

（一）规划先行，科学谋划人才发展

四川省始终把人才工作放在突出位置，大力实施人才强省战略，把人才作为强省之本、创新之源、发展之基。从四川发展实际出发，着眼人才的长期发展，制定了《四川省“十三五”人才发展规划》，提出到2020年，全省“人才资源总量稳步增长，队伍规模不断壮大”“人才素质大幅度提高，结构进一步优化”“人才比较优势明显增强，竞争力不断提升”“人才创新创业活力充分激发，人才效能明显提高”的发展目标。除对人才发展进行总体规划外，四川省还分别制定出台全省专业技术人才、企业经营管理人才、技能人才、农村实用人才、社工专业人才“五个专项规划”，构建形成了“1+5”人才规划体系，力争加快构建多层次人才支撑体系，以人才集聚推动创新要素集聚，以人才新优势打造发展新引擎，以人才工作创新发展推进全面创新改革驱动转型发展。为加快培养造就四川创新发展急需紧缺的本土高层次人才队伍，2018年启动实施“天府万人计划”，从2018年起至2027年，重点围绕产业发展和自主创新需求，采取分层分类遴选方式，省层面重点支持100名左右杰出人才、1200名左右领军人才和1000名左右青年拔尖人才，示范带动各市（州）支持培养10000名左右各类高层次人才。截至2017年底，全省专业技术人才329万人，技能人才750万人。其中，高级专业技术人员36万、高技能人才130万，比2012年分别增长88.5%、64.8%。累计吸引7.8万名留学回国来川，并以每年10%的速度增长。

（二）人才新政，激发人才供给活力

瞄准长期制约人才发展的难点痛点堵点问题，聚焦人才引进、培养、激励、评价、流动关键环节，不断创新人才政策，激发人才供给活力。先后制定扩大人事自主权“10条政策”、加强基层人才队伍建设“18条意见”、培

养产业大军“21条意见”、深化职称制度改革实施意见、深度贫困县人才振兴工程和引进海外人才等系列“人才新政”，逐步完善了引才聚才机制，优化了创新创业环境，激发了人才队伍活力。其中，成都市创新出台了“成都人才新政12条”，提出了改革人才落户制度、实施人才安居工程、推行“蓉城人才绿卡”制度等历年来含金量最高、惠及面最广、支持力度最大、针对性最强的12条精准、实惠的措施，在全社会引起强烈反响，并首次荣登外籍人才眼中最具吸引力的中国城市前五。除制定人才新政外，还不断完善已有政策，力求释放人才发展更多空间。通过降低招人门槛、放宽招聘条件，基层单位空编问题得到有效缓解；通过提高中小学、医疗卫生等单位岗位结构比例，全省新增卫生高级岗位1.7万个，2016年通过职称评审的中小学教师是往年的2倍以上，进一步拓展了人才成长空间；通过扩大薪酬分配自主权，2017年省教育厅属29所高校申报绩效工资据实核增约3.8亿元，强化了知识价值在收入分配中的正向激励作用。

（三）引育并重，提高人才供给质量

紧扣创新驱动，积极开展重大引才行动，注重完善人才培养开发、评价考核、管理服务等政策，形成了梯度有序的人才引育体系。2017年，21个市州通过各类引才工程引进急需紧缺人才2万余名，其中硕士和博士研究生近7000名。紧扣产业发展方向，以“高精尖缺”为重点，推进人才发展与经济社会发展深度融合。成都、泸州、自贡、资阳、南充等地采取“人才+项目+资本”模式引才，实现了市场、资本和人才的有效整合。自贡、遂宁、达州、南充等地统筹推动企业家、科技创新人才、工匠大师、青年创客等专项人才培育计划，有效集聚地方产业发展急需人才。成都市支持在蓉高校和职业技术（技工）院校根据成都产业发展需要调整学科（专业）设置，给予最高2000万元补贴。绵阳市结合军民融合产业发展，在全市45所大中专院校开设军民融合相关专业186个，每年培育军民融合人才3.8万人。紧扣开放合作，畅通引才渠道，大力吸纳海内外高层次人才。建立海外高层次留学人才来川工作绿色通道，制定做好海外留学人员身份认证等留学

人员服务政策意见，留学人员职称评审受到广泛欢迎。成都市打造了“‘蓉漂’人才荟”“创业天府行动计划——海外行”，内江市启动“海外高端人才走进内江”。眉山、广安、内江、绵阳等地继成都之后相继成立外国专家局，进一步畅通了直接服务外国人才的渠道。近3年来，办理工作许可事项来川工作专家年均增长10%以上；共实施各类国家和省级引智项目512项，引进1100多名外国高层次人才，年均增长15%；3名专家获国家“友谊奖”，15名专家获“天府友谊奖”。

（四）创新突破，释放人才发展新动能

深入推进“放管服”改革，不断为用人单位“放权松绑”。中小学高级教师职称评审权下放至市州，高校职称评审权直接下放至高校，清理取消400余项职业资格许可和认定事项，全部取消省上自行设置的职业资格23项。试点试验，加快形成可复制可推广的有益经验。在全国率先建立“定向评价、定向使用”的“基卫高”基层职称制度，近万名基层卫生专业技术人员取得基层中、高级职称，激励和稳定了基层卫计人员队伍，成为全国已复制、已推广的经验。选取经济开发区、个别区（市、县）等作为人才发展体制机制改革试点单位，鼓励先行先试。广元市剑阁县制定高层次人才“英才编制”，坚持全县统筹、有编占编、无编调编的原则，专项用于解决引进高层次人才的事业编制。搭建平台，打通军民人才融合创新通道。推进校院地企协同发展，打造国际人才合作园区，推动与清华、同济等知名高校签署战略合作协议，促成同济西部创业谷、人大文化创意研究院等一批产学研合作平台落户四川。成都市研究制定军民人才融合发展政策，支持军民两用高端人才的项目落地，规划建设军民融合“1+N”园区平台体系，全市军民融合企业达400余家，间接配套企业上千家，带动军民融合产业全面快速发展。绵阳市设立54.5亿元科技城军民融合发展基金，建成全国唯一的军民融合技术交易平台——国家军民两用技术交易中心，组建四川省军民融合研究院，军民融合企业达到321家，2017年总产值突破1500亿元。

（五）服务基层，补齐人才发展短板

着眼长远，多管齐下，补齐脱贫攻坚和乡村振兴人才发展短板，实现人才助力乡村振兴发展。充分发挥政策对人才流向的激励作用，各地结合省上扩大用人单位自主权“10 条政策”、基层“18 条政策”等，因地制宜出台激励政策，引导人才向基层和艰苦地区流动。泸州市实行贫困村卫生站（室）村医生“县聘乡管村用”或“乡聘村用”机制，通过岗编分离，促进专业人才向基层一线流动。统筹各方力量，选派干部人才等赴脱贫第一线，打赢脱贫攻坚战。凉山州向脱贫攻坚一线选派“第一书记”2072 人，计划生育和禁毒防艾、脱贫攻坚专职副书记 200 人、驻村工作组成员 6510 人，全力保障脱贫攻坚人才需求。大力实施专家下基层行动，组织开展国家级和省级专家服务示范活动，5 年来组织 20 余批专家服务团到甘孜、阿坝、凉山等艰苦边远地区开展智力帮扶活动，现场指导 2000 余次，培训培养各类人员 12 万余人次。努力促进农民工等人员返乡创业，印发《促进返乡下乡创业二十二条措施》，进一步加大对农民工、大学生和复员转业退役军人等人员返乡下乡创业的政策支持力度，优化返乡下乡创业环境，推进全省返乡下乡创业向纵深发展。截至 2017 年底，各地累计农民工等返乡创业人才 58.7 万人，占全国返乡创业人数的 12.1%；创办企业 14.2 万户，带动就业 187.8 万人，实现总产值 3762.2 亿元。

四　存在的主要问题

党的十八大以来，四川省人才发展取得了显著成效，但人才支撑“一干多支”发展战略和现代产业体系建设不足、高端人才缺乏、基层人才薄弱等问题比较突出，距离人才强省的目标还有差距，还不能很好地适应新时代治蜀兴川再上新台阶的需要。

（一）高端人才吸纳不足，不能满足构建现代产业体系的需要

四川省初、中级人才多，学术带头人尤其是世界级科技大师缺乏，领军

人才匮乏，全省高技能人才仅占技能人才的17%，低于全国平均水平约11个百分点，且分别低于重庆市和云南省11个和9个百分点，千人计划专家入选比例仅为北京的16%，上海的26%。目前，四川正处于转型发展、创新发展、跨越发展的关键时期，各地传统产业人才存量较大，新兴产业、支柱产业等重大产业、重要领域、重点企业的高层次、创新型人才比例偏低，处于技术创新主体地位的企业仅占20%，金融人才、科技人才、外贸人才、跨境电子商务人才极度缺乏。据测算，到2020年全省重点优势产业和战略性新兴产业人才缺口将达到80万人左右。

（二）制度不完善不健全，影响人才效率的发挥

近年来，随着供给侧结构性改革的不断深化，省级层面出台了一系列人才新政，但个别地方、部门对上级出台的政策研究不多、理解不透、宣传不够，政策的配套未能跟上，影响了人才新政作用的发挥。此外，部分重要制度不健全，特别是作为社会主义市场经济体制基石的产权制度就存在保护不力、产权激励不足等问题。比如知识产权侵权成本低、维权成本高，侵权行为屡禁不止，侵权问题尤为突出，严重损害创新活力。又如职务科技成果权属混合所有制改革试点，由于省内立法工作迟滞，此项改革仍停留在试点推广阶段，改革成效没得到充分释放，职务发明人权益缺少法律保护，科研人才创新创业热情未得到充分挖掘。

（三）基层人才匮乏，不能支撑脱贫攻坚和乡村振兴

基层人才数量不够、质量不优、文化程度偏低、队伍老化、“青黄不接”等问题突出。部分大学毕业生为了就业来到基层，一般也在1~2年内选择离开。近5年，88个贫困县共输送大中专毕业生共93.64万人，回原籍就业34.63万人，仅占36.99%。近3年，甘孜、阿坝流失专业技术人才1500余人，流失人员中外地人员占80%，出现严重的“人才赤字”。人才流动“马太效应”明显，在“人才争夺战”中，基层引才、稳才更难，如

免费师范生、免费医学生毕业后违约率高，据有关部门反映四川省国家免费医学生违约率超过30%，居全国前列。

五　深化人才供给侧结构性改革的建议

千秋基业，人才为本。2019年，是新中国成立70周年，是深入学习贯彻习近平新时代中国特色社会主义思想和党的十九大精神的重要一年，是决胜全面建成小康社会的关键之年，我们必须以“一干多支”发展战略实施为统领，坚持以供给侧结构性改革为主线，全面贯彻“巩固、增强、提升、畅通”八字方针，深入推进人才供给侧结构性改革，提升要素配置效率，不断补齐人才发展短板，促进人才高质量发展。

（一）把握重点创新政策，提升人才政策的效能

围绕“一干多支、五区协同”“四向拓展、全域开放”等重大部署和着力打造“5+1”现代产业体系的目标，引导各地区、各部门根据产业发展需要，提出针对性、差异化的人才政策，适时出台支持金融、农业人才等专项人才政策。以企业需求为导向，推动人才政策从普惠制向精准化转变，为骨干企业和优秀创新团队量身定制保障政策，在支持企业提高人力资源与企业需求匹配度的同时，发挥好人才政策对重大项目的杠杆撬动作用。对接“加快建设国家创新驱动发展先行省”“推动军民融合创新发展”“打造‘双创’升级版”等重大任务，加快制定分类推进人才评价机制改革的实施意见、支持成德绵打造创新驱动人才发展示范区、促进军民人才深度融合发展的若干政策等，加快形成区域人才协同发展格局。出台体现创新质量、贡献、绩效的科技人员激励政策，扩大职务科技成果权属混合所有制改革试点范围，探索明晰科技成果在单位与科技人员间的产权比例，完善科技成果所有权、使用权、处置权和收益权管理制度，探索建立知识价值、成果权属与利益分配机制。

（二）聚焦“高精尖缺”，大力培养高层次急需紧缺人才

创新人才培养机制。积极推进“双一流”建设，多方集成教育资源，制定跨学科人才培养方案，探索建立政治过硬、行业急需、能力突出的高层次复合型人才培养新机制。支持高校、职院按照产业发展方向调整学科设置，鼓励企业与高校、职院开展“产教融合”，把学校作为专业人才培养和企业培训提能基地，着力把人口规模优势转化为人力资源优势、把人才优势转化为创新优势。推进引才引智渠道建设。以“天府英才”工程为统揽，以“千人计划”外专项目、“天府高端引智计划”等项目为抓手，完善海外优秀人才引进政策措施，加快集聚培养高精尖缺人才和高水平创新团队。加大技能人才培训力度。扎实推进高技能人才振兴计划，以技师、高级技师为重点，大力开展紧缺高技能人才培训，造就一批高技能人才；全面推广企业新型学徒制，培养一批“天府工匠”。

（三）降低人工成本，为引留人才提供基础保障

引进及留住人才是企业发展的生命线，必须巩固供给侧结构性改革降成本行动各项成果，在降低要素成本方面下更大功夫，实质性降低企业负担，大力支持实体经济发展。加大减税力度，推进增值税等实质性减税，而且要简明易行好操作，增强企业获得感；对小微企业、科技型初创企业可以实施普惠性税收免除。落实降低社保缴费名义费率政策，稳定缴费方式，确保企业社保缴费实际负担有实质性下降；对符合条件的参保企业给予稳岗补贴；对招用就业困难人员的小微企业，按规定给予社会保险补贴和适当的岗位补贴，对招用毕业年度高校毕业生的小微企业，按规定给予社会保险补贴。

（四）积极搭建平台，为科技人才发展提供载体支撑

进一步强化科技资源优势，积极创建和参与创建国家实验室，争取国家重大科技基础设施在川布局，努力建设一批综合性、集成性、开放协同的科

技创新基地，切实加大关键核心技术研发突破。进一步推动科技成果转化，培育科技成果转化专业化队伍、专业化组织，推进国家技术转移（西南）中心建设，争取国家在川布局重大科技成果转移转化示范区。进一步强化产权激励和保护，加快职务科技成果权属混合所有制改革地方立法进程，强化知识产权创造、保护与运用，推进中国（四川）知识产权保护中心、中国成都知识产权快速维权中心建设。

（五）引导人才向基层流动，增强基层人才供给质量

认真学习贯彻国家《关于鼓励引导人才向艰苦边远地区和基层一线流动的意见》，并加紧制定出台四川省的实施意见，完善人才培养吸引流动和激励保障机制，畅通人才流动渠道，健全人才帮扶协作机制，留住用好本土人才。建立专家服务基层长效机制，持续开展科技扶贫、专家下基层等行动，鼓励支持专家与项目单位签订长期合作协议，打造一批专家服务地方经济发展的示范基地。推行基层事业单位岗编适度分离新机制，积极引导、加大力度选调更多急需紧缺专业大学毕业生到基层工作，引导专业人才力量下沉、服务基层。大力实施乡村振兴，发展休闲农业与乡村旅游，推行新型职业农民制度，开展乡村实用人才培训提能，促进农民就地就业和返乡创业。

（六）强化服务保障，让人才拥有归属感

积极转变政府人才管理职能，建立政府人才管理服务权力清单和责任清单，推进人才管理法治化建设，构建促进和保障人才发展的法规体系与管理服务体系。完善人才发展投入机制，发挥人才发展专项资金、中小企业发展基金、产业投资基金等政府投入的引导和撬动作用，鼓励支持企业、社会组织建立人才发展基金、创投基金，建立政府、企业、社会多元投入机制。开展个性化配套服务，建立健全人才绿卡等制度，分层分类为人才提供住房、落户、配偶就业、子女入园入学、医疗、社保、出入境和停居留便利、创业扶持等服务保障，打通人才服务绿色通道。加强信息化建设，完善人才服务

网络，构建一站式、一体化综合服务平台，让各类人才办事“最多跑一次”。加大人才政策和人才发展环境宣传力度，设立省级人才奖项等并每年进行表彰，让为四川发展做出贡献的人才受到社会尊重，进一步增强获得感和归属感。

B.13
四川省民族地区公务员队伍建设的长效发展研究

钟 鑫　白锡江　龚丽珠*

摘　要：　习近平总书记2017年出席“一带一路”国际合作高峰论坛指出“一带一路”建设已经迈出坚实步伐。我们要乘势而上、顺势而为，推动“一带一路”建设行稳致远，迈向更加美好的未来。公务员，尤其是基层公务员是党在基层的执政骨干、联系群众的桥梁和纽带，加强基层公务员队伍建设对巩固党的执政地位、提高行政效率和水平具有重要的现实意义。因此，公务员队伍长效建设是“一带一路”倡议的重要保障。本研究以四川省民族地区公务员队伍为例，通过问卷调查与实地调研的方式，了解民族地区公务员的现状，从个体、群体等多方面分析促进长效发展因素，给出建议性意见和措施。希望对四川民族地区公务员长效建设贡献智慧，促进当地政治、经济、社会等的健康稳定发展。

关键词：　四川　民族地区　公务员队伍　长效发展

我国少数民族地区是“一带一路”倡议实施的国家经济安全保障和国

* 钟鑫，博士，西南财经大学工商管理学院人力资源管理研究所副教授，主要从事人力资源管理理论与实践研究；白锡江，西南财经大学工商管理学院硕士研究生，主要从事人力资源管理研究；龚丽珠，西南财经大学工商管理学院硕士研究生，主要从事人力资源管理研究。

家能源安全重要保障，也是“一带一路”经贸产业合作跨国大区域、次区域经济合作中心，具备了这一倡议实施的互联互通基础[①]。“一带一路”倡议构筑了少数民族地区对外开放的新格局，促进了少数民族地区的产能合作、产业发展和参与世界经济合作的方式创新，也推进了少数民族地区反贫困战略的实施。

民族地区安定团结关系着国家安全、社会稳定和经济发展。民族地区公务员队伍建设对我国整体公务员队伍建设、基层政权稳定、经济发展具有至关重要的作用。民族地区公务员直接服务联系人民群众，处在贯彻落实党的路线方针政策的最前沿，是稳固基层政权的中坚力量，是党执政能力和执政水平的具体体现，是推动经济发展、全面实现小康社会的主力军。不同的民族有着不同的文化和不同的宗教信仰，这对民族地区公务员的个人素质及公共管理工作水平提出更高要求。由于经济、社会、人文等各方面原因，四川民族地区公务员建设长期面临“引不进，留不住，用不上”的问题。

近年来，随着行政体制改革的不断深入，服务型政府职能逐渐取代管理型政府职能。产业结构的升级调整，经济社会发展变化，对民族地区公务员的选育留用等各个方面提出了更高的要求，因此，需要不断转变思想，以适应改革发展的变化。2014 年，中共中央组织部、人力资源和社会保障部与国家公务员局印发《关于做好民族地区公务员考试录用工作的意见》，提出民族地区根据实际情况适当降低民族地区公务员进入门槛，拓宽民族地区公务员来源渠道，保持公务员稳定等意见[②]。2017 年，四川省人力资源和社会保障厅、中共四川省委组织部等四部门发布《关于印发〈关于加强基层专业技术人才队伍建设的实施意见〉的通知》，意见在选育留用等方面，为切实解决基层技术人才总量不足、结构不优、保障乏力等问题提供指导意见。

① 张磊：《“一带一路”倡议与中国少数民族地区社会经济发展》，《中央民族大学学报》（哲学社会科学版）2016 年第 4 期。

② 人社部：《三大原因令国考降温跟风报名情况减少》，新华网，http://big5.xinhuanet.com/gate/big5/news.xinhuanet.com/edu/2014-10/25/c_127139729.html。

确保民族地区人才招得来、留得住、干得好，为民族地区决战脱贫攻坚、转型发展提供坚强的人才支撑和智力支持①。

一　民族地区公务员现状

围绕破解民族地区公务员“引人难”“留人难”等问题，本文从民族地区公务员队伍建设的长效发展出发，明确调研任务和要求，充分考虑了调查内容科学性，采用了问卷调查法（问卷分为用人单位版和公务员版），对四川省甘孜、阿坝、凉山等民族地区公务员共计发放500份问卷，回收样本487份，有效样本453份，无效样本34份，样本有效率93.02%。

（一）民族地区公务员基本情况

1. 民族地区公务员基本情况

四川是一个多民族省份，也是全国最大的彝族聚居区、第二大藏族聚居区和唯一的羌族聚居区。四川民族地区通常是指阿坝藏族羌族自治州、甘孜藏族自治州、凉山彝族自治州。民族地区工作生活条件艰苦，工作主要集中在安全维稳、民族团结、经济发展等方面。由于环境、语言、经济条件的制约，许多青年公务员扎根基层的愿望度低，所以民族地区公务员的年龄普遍偏高。一般情况下年龄偏大的公务员学历层次普遍不高。民族地区公务员以本地户籍人员为主，本地户籍人员更易于在本地扎根安心工作，久而久之本地户籍公务员的比例越来越大。因此民族地区的民族公务员所占比例较大。

2. 民族地区近5年公务员的整体情况

通过实地调研，将民族地区公务员近5年的新进人数和流失人数进行比较发现，民族地区公务员队伍整体稳定，其中新进公务员数要大于流失公务员人数，但是流失率要远远高于其他非民族地区的流动率，一定程度上，反

① 四川省人力资源和社会保障厅：《关于加强基层专业技术人才队伍建设的实施意见》，http：//www. sc. hrss. gov. cn，2017年6月18日。

映出民族地区公务员留人机制还需进一步提升，而民族地区公务员的引进和留任是一事两面，都是促进民族地区公务员建设长效发展的重要举措。人力资源管理中，引进是组织开展人力资源管理工作的源头，也是留任人才的重要基础。而留任人才为组织的稳定性提供重要保障，也在一定程度上吸引着潜在人才。引进和留任之间互为支撑、互相制衡。

（二）民族地区公务员队伍的现状

1. 用人单位视角下公务员的运行现状

（1）基本情况

一是“引不进”是公务员紧缺最重要的原因。民族地区因地处高原，离中心城市较远。问卷数据显示公务员紧缺原因主要是引不进（57.03%）、留不住（36.24%）。二是“工作生活环境艰苦”是公务员“引不进”“留不住”最重要原因。问卷数据显示，原因有工作生活环境艰苦（66.13%）；地理位置偏远，交通不便利（29.35%）；工资待遇低（7.23%）。同时数据表明公务员“留不住”最重要的原因为客观因素，如川西北高原气候恶劣、生活条件艰苦；经济发展滞后、工作条件差；人员待遇亟待提高、后顾之忧多。同时问卷数据显示公务员“留不住”的因素包括：工作生活环境艰苦（68.26%）；民族地区工作环境复杂，工作压力大（35.87%）；工资待遇低，激励不足（33.31%）。

（2）倾斜政策的使用情况

通过数据分析可知，有85.15%以上的用人单位均认为“两降两加两限”倾斜政策对引进公务员具有较好效果，其选项主要集中在“效果比较明显”以及“效果非常明显”。从整体来看，用人单位对“定向引进项目”的整体评价仍集中在“效果一般”、“效果比较明显”和“效果非常明显”，加总占比高达85.26%，所以研究认为“定向引进项目”倾斜政策的使用效果较好。

（3）基本运行情况

通过比对，研究发现“报考人数不足”是公务员引进中存在的最大问题与“报考条件”是公务员引进中最需改进的环节。但是对“全州组织统一招考，打捆设置大职位”是最认同的倾斜政策。

一是由数据可知，“报考人数不足”是公务员引进中存在最大问题。“报考条件过高”和“招考宣传不到位”既是民族地区公务员引进难的问题，又是“报考人数不足”的原因。前两项依次为报考人数不足（43.2%）、招考宣传不到位（20.12%），详见图1。

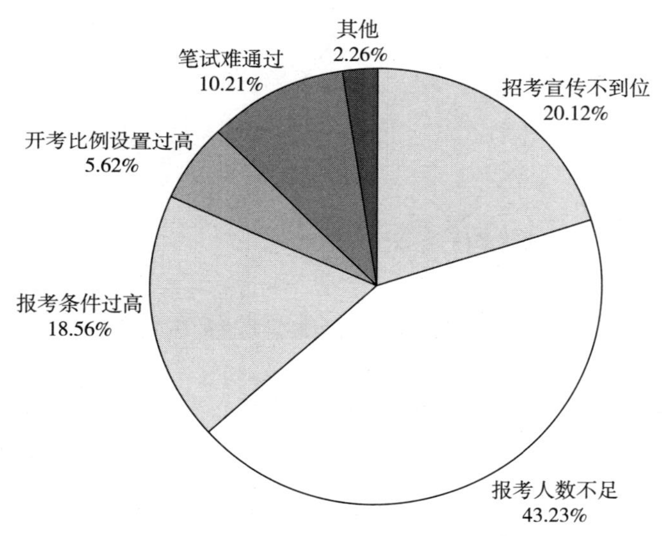

图1　公务员引进中存在的问题

二是“报考条件”是公务员引进中最需改进的环节，其中报考条件与职位设置分别占比36.02%、31.56%，详见图2。

三是通过数据分析，“全州组织统一招考，打捆设置大职位”是最认同的倾斜政策。最认同的倾斜政策前三位分别是打捆设置大职位（38.65%）、尝试填报多个志愿（36.25%）、提升笔试成绩（17.21%）。

2. 公务员视角下公务员的运行现状

通过数据比对，可以从以下几个方面解读公务员引进的基本情况。①“作为本地人，希望回到家乡工作”是选择成为一名民族地区公务员最

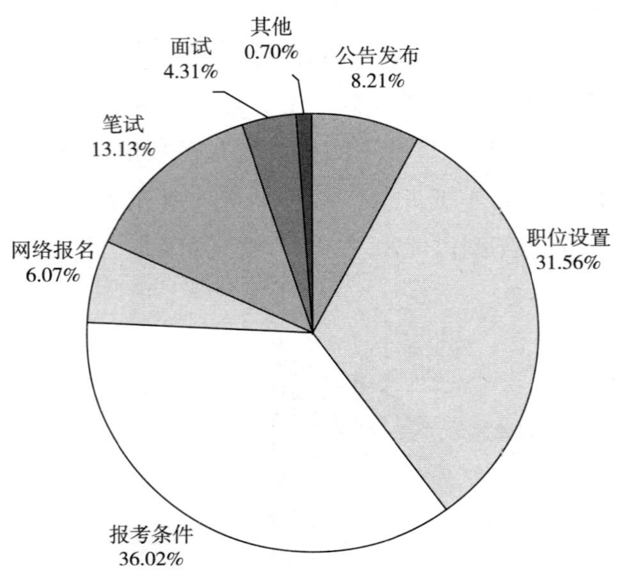

图 2　公务员引进中最需改进的环节

重要的原因。问卷中较普遍的回答是本地户籍、离家近，民族地区公务员好考、竞争压力小，想到基层锻炼等原因。而“作为本地人，希望回到家乡工作”出现的频次最高，在问卷数据中排第一（41.28%），其次是热爱公共事业，希望为民族地区的发展做出贡献（27.35%）。②“工作生活条件艰苦”是不想到民族地区当公务员最重要的原因。问卷中显示不想到民族地区工作的主要原因是条件艰苦、语言不通、离家远等。由数据分析我们发现，不想到民族地区当公务员最重要的原因依次为环境艰苦、工作生活条件差（42.04%），地理位置偏远、交通不便利（23.17%）。③“专业限制”是公务员引进中存在的最大问题。通过数据分析，从公务员角度出发，他们认为“专业限制”（38.45%）是公务员引进中存在的最大问题，招录公务员对专业的严格限制，过于强调专业往往造成用人单位招录困难。用人单位认为“报考人数不足”是公务员招录中存在的最大问题，究其原因，公务员与公务员用人单位立场和视角不同。用人单位更看重“如何吸引和招录人才”，而公务员更看重“如何进入公务员队伍”，两者侧重点不同，所做选择亦不同，充分体现出民族地区公务员招录的结构性矛盾。④“工资待遇低”是公务员未来想要离职最有可能的原因。通过数据分析，公务员认为“工资待遇低，激励不足”（32.05%）是想要离职最重要的原因，而“环境艰苦，工作生活条件差”（25.45%）为另一重要原因。⑤“职位设置”是公务员引进中最需要改进的环节。公务员认为“职位设置”（39.8%）是公务员引进中最需要改进的环节，且“报考条件”（25.4%）也应着重改进以增加公务员招录人数。用人单位认为“报考条件”是公务员应该急需改进的环节，其次应积极对“职业设置”予以优化、完善和改进。⑥“尝试填报多个志愿”是公务员引进中最被认同的政策。通过数据分析，公务员引进中最认同的政策是“尝试填报多个志愿”（43.25%）。通过比对，相同问题，用人单位与新进公务员回答不一致。用人单位认为“全州组织统一招考，打捆设置大职位”是公务员引进中最被认同的政策，而不是“尝试填报多个志愿”。

二　四川民族地区公务员队伍建设中的问题分析

在社会经济的发展进程中，人力资源开发具有重要作用，是经济发展的主要推动力，对民族地区而言尤为重要。民族地区人力资源开发的合理配置、利用，是民族地区稳定可持续发展的重要支柱①。四川民族地区的人才态势是：外地人才引不进；本地人才留不住；高层次民族人才培养的门槛高了、难度大了，少数民族人才被挡在门外了②。民族地区受地理环境制约、经济发展限制、个人长远发展考量、自身能力不足等原因，加之民族地区公务员通过自主考试、外调、辞职等形式外流，严重影响公务员队伍的稳定性。而民族地区公务员引进中招考条件设置、招考渠道、招考程序等与

① 孙智勇：《试论少数民族地区人力资源的政策性开发——以四川省凉山州为例》，《人才资源开发》2018 年第 4 期，第 29 ~ 30 页。

② 董玉梅、庄万禄、杨泽群、王康、吴建国：《论四川民族地区的人才战略选择》，《西南民族学院学报》（哲学社会科学版）2002 年第 9 期，第 1 ~ 6 页。

其他地区差异不大，无激励性措施。但艰苦边远地区工作的艰苦性、复杂度、危险性等远远高于其他地区，同等条件下考生报考艰苦边远地区数量明显偏少。因此民族地区公务员队伍的“引不进”“留不住”等问题亟须解决。

（一）存在“引不进”的问题，影响民族地区公务员队伍建设

民族地区大多处于高山、峡谷、高原地带，地形复杂，气候环境恶劣，经济发展落后，而且社会环境因素复杂多变，对高端人才进入民族地区公共部门吸引力远远不能与非民族地区相比①。而民族地区公务员“引不进”原因主要是其地理环境偏远，经济发展落后，基础设施、生活条件、思想观念等与发达地区相差甚远，造成考生不愿意报考边远地区或考上后跳槽的现象严重；在公务员招录过程中，四级联考的方式加大了民族地区基层职位的录取难度；考试方法和考试内容上，笔试质量不高，命题形式单一、试题类型不够全面，用人单位在设置专业时无统一标准，过于细化，缺乏科学性，导致考生所学专业与具体职位所需的专业条件不一致而无人报考；公务员引进中的“专业限制”和“报考人数不足”的两难处境突出，宣传工作不到位也导致地方经济发展所需的专业人才难以招到。从招考条件来看，专业设置过于细化以及按大类引进造成职位供需不匹配；考试方法和内容缺乏科学性，民族地区有特殊性，而在引进方法中并未突出民族地区公务员引进的特点。加之民族地区与非民族地区差异，在民族地区开展基层工作更为复杂、更具挑战性，但就目前民族地区公务员的选拔标准来说，并没有对两者进行异化的调整处理。

1. 自然条件，社会条件差距较大

通过数据分析可知，近65.21%的公务员不愿意到民族地区工作的原因为“环境艰苦、工作生活条件差”（42.04%）和“地理位置偏远，交通不

① 何港、陈泓任：《四川民族地区公务员激励对策——基于西方激励理论的应用》，《当代经济》2015年第11期，第98～99页。

便利”（23.17%）。首先是地域限制，三州的高寒高海拔会引发不同程度高原疾病。其次是经济落后，三州常年在全省GDP排名处于倒数，正常运转主要靠政府转移性支付[①]。最后是民族地区思想观念与发达地区差距较大，害怕工作后跟不上形势影响后续发展，同时也担心对其成家、安家、子女教育等造成不利影响。

2. 公平性与科学性在民族地区公务员运行中的冲突

目前我国各地公务员引进多采用四级联考，但我国省市县乡机关层级不同，对公务员的素质能力要求也不同；公务员职位类别不同，对公务员要求也不同。在保证公开公正的前提下，引进考试中考试内容和考试难度上应体现出一定的差异，尤其是民族地区公务员，存在着较强的特殊性，在引进的内容和难度应与上一级存在较大差异，但是四级联考加大了民族地区基层职位的录取难度，其次是一次报考机会让很多“高分落榜”考生无法得到进入民族地区公务员队伍的机会[②]。同时专业设置无科学依据，岗位需求与人才能力没有很好匹配。

3. 民族地区公务员未达到开考比例取消录取现象严重

近年来，为解决“引人难”的问题，民族地区积极采纳《关于做好艰苦边远地区基层公务员考试录用工作的意见》适当放宽招考专业限制等政策。这项政策意见虽然在一定程度上缓解了“引人难”的问题，却使专业设置出现两难。首先专业过于细化导致引进困难，其次调整放宽按大类引进虽提升引进人数却不符合职位需求。25.4%的公务员和18.56%的用人单位认为报考条件设置太高，如学历、专业、开考比例是公务员引进中又一问题。民族地区远离城市，对新媒体（微信、微博）等前沿的宣传方式接触甚少，多年未引进高层次信息运营管理技术人才。综上各种因素，民族地区公务员招录常常出现未达到开考比例而取消招录现象。

---

① 四川省统计局：《四川省统计年鉴》（2013～2017年），http://www.sc.stats.gov.cn/sjfb/，2018年10月11日，第218页。

② 肖海鹏：《提高艰苦边远地区公务员考录科学性与公平性》，《中国党政干部论坛》2016年第5期，第43～45页。

4. 引进公务员的方法方式未突出民族地区特点

首先是考试方法和内容缺乏科学性，笔试命题质量不高，缺乏针对性。面试评判水平低，缺乏准确性。其次是缺乏一套完整的参考体系，适用人才的标准十分模糊，目前民族地区公务员选拔没有对文化、语言、宗教等进行差异化调整处理，导致所选拔的人才与某一岗位的人员能力要求严重不匹配。具体来说，就是对民族地区公务员的选拔工作没有进行多因素的考量，比如如何进行考量、考量的依据是什么、考量的标准是什么都不清晰，因此在人才选拔的过程中，决定人员去留往往依靠考官的主观意愿，而非科学的选拔标准。

（二）存在“留不住”的问题，影响民族地区公务员发展

由于民族地区与较发达地区存在自然、经济、社会条件方面的差距，人才留不住，甚至本地人才流失现象严重。首先是借调问题严重，州外调动的特殊政策、上级机关借用和抽调，不利于民族地区人才队伍的稳定。虽然已通过设置服务期限有效缓解流失率较高的问题，但经常会出现录用到任不足一月便不顾服务年限也要办理离职手续的现象。其次是薪酬福利低，生活成本高。民族地区公务员主要经济收入就是工资。每月有限的工资要承担所有的家庭开支，经济压力大。民族地区地理位置远离大城市，物资运输成本高，导致生活、教育、医疗、交通等成本均高。再次是民族地区公务员男女比例失衡，给一些工作带来极大困难，如维稳应急、自然灾害、防汛抢险等，同时由于技术公务员的缺少，经常被借调使用，工作量特别大。最后是民族地区公务员整体素质偏低。其学历层次较低、专业知识缺乏，很多民族地区公务员主要凭借经验和惯例处理专业实务。多份有关民族地区公务员的问题研究显示，民族地区公务员因学历结构的不合理导致队伍整体综合素质偏低。民族地区各级机关均通过各种形式对公务员进行了一定程度的教育和培训，但是效果不是非常理想，体现出教育培训机制的不健全。

1. 借调问题严重，留人机制尚不健全，制度留人难

虽然在相关文件中明确了借调时间和次数，民族地区公务员主管部门在调动和抽调方面也进行了明确和从严把控，但是借调问题依然严重。由于地

理位置偏远，经济发展落后，故大部分机关乡镇引进时对人才要求较高的岗位均不限制户籍，考上的也多为外籍考生，受地方观念影响，外来干部生活工作上有客观困难，且难以解决，一段时期后，要么调走要么辞职。

2. 薪酬福利低，生活成本高，待遇留人难

薪酬福利低，民族地区公务员激励政策更多的是综合激励，没有做到针对性，没有满足公务员需求①。首先是政治待遇，“职务职级并行”政策和遴选制度均未解决“晋升难”的问题，晋升要求工作年限长，而学历也直接限制人才晋升。其次是经济待遇，一方面工资待遇低，基本工资虽高于内地，但年终绩效远远低于内地，另一方面补贴项目少。最后是福利待遇，实施机关事业单位养老保险制度改革后，退休待遇政策被统一，按原退休制度民族地区的增发政策被完全冲抵。生活成本高。民族地区地理位置远离大城市，物资运输成本高，导致生活、教育、医疗、交通等成本均高。其中很突出的是教育成本高，民族地区中小学师资力量薄弱，以某州为例，85% 以上的公务员将子女送往教育资源更丰富的地区就读，镇上送县上、县上送市上，市上送省上，成都市、都江堰市、绵阳市成为民族地区公务员子女就学的主要地区，除了支付更高的生活成本外，还需要支付高昂择校费，因此，孩子的教育成本在公务员支出中所占比例最高。

3. 男女比例失衡，工作压力大，事业留人难

男女比例失衡，由数据统计可知，民族地区公务员男女比例为6∶4，男性占 60%，女性占 40%。一方面从整体角度看，近年来四川省公务员男女比例处于较为合理范围之内，处于平衡状态。另一方面从具体角度看，除开特殊岗位和行业（如公安），大多数地区的男女比例失衡。在调研中发现，多数民族地区公务员反映工作压力大。主要表现在：一是工作量大，由于专业人才缺乏，常常各县之间相互借调使用专业人才；二是编制数少，自 1993 年全国统一划分各地区编制数后，再未重新调整分配编制数。

---

① 何港、陈泓任：《四川民族地区公务员激励对策——基于西方激励理论的应用》，《当代经济》2015 年第 11 期，第 98 ~99 页。

4. 综合素质待提升，教育培训机制不健全，人才梯队形成难

民族地区公务员整体素质偏低，44.87%的民族地区公务员为大学专科学历。他们内心对先进的电子化办公和现代化管理软件存抵触心理，使他们在工作专业技能、处理政务、使用现代信息化行政文件等方面处于落后状态，从而限制了民族地区公务员队伍的整体工作能力和工作效率①。教育培训机制不健全，近年来虽有培训，但存在培训内容不全面、深度不够和培训时间少等问题。

三　优化四川民族地区公务员队伍建设长效发展的建议和对策

四川民族地区公务员队伍建设长效发展，其根本在于解决人才引不进、留不住的问题。国家、省市已经意识到并开始重视，针对民族地区公务员引进存在的“引人难”“留人难”的问题，2014年9月，中共中央组织部、人力资源社会保障部和国家公务员局印发了《关于做好民族地区基层公务员考试录用工作的意见》，就落实“关于完善基层公务员录用制度，在民族地区适当降低进入门槛”的改革要求制定了具体措施②，四川省印发《关于实施深度贫困县人才振兴工程的意见》，围绕教育、卫生、农业等10个重点领域人才队伍建设，实施人才定向培养、人才在职培训、人才招引、人才援助和人才稳定五大工程③。这些政策和举措一定程度上解决了民族地区引进公务员的难题，也产生了对考试公平公正的担忧，而公平性是引进制度的生命线。本文围绕国家和四川省公务员局相关政策精神，从解决“引不进”“留不住”两个角度提出建议，希望对提高四川省民族地区公务员建设长效发展有一定的借鉴意义。

① 周姗姗：《公务员培训制度改革研究——基于福建省泉州市的调查分析》，华侨大学硕士学位论文，2013。

② 人社部：《三大原因令国考降温跟风报名情况减少》，新华网，http://big5.xinhuanet.com/gate/big5/news.xinhuanet.com/edu/2014-10/25/c_127139729.html。

③ 《四川贫困县人才振兴瞄定五大工程》，《领导决策信息》2018年第12期，第13页。

（一）着力“引不进”问题，打通公务员队伍建设发展的瓶颈

人才匮乏成为制约民族地区发展的主要因素之一，我们需要通过完善宣传机制、拓宽招录渠道、尝试平行志愿填报，引导青年人才树立扎根基层、向民族地区流动的理想信念。针对民族地区特殊性，合理设置考试科目和内容，提升招录测评手段科学化，注意潜能的发掘、个人在实际工作中的地位和表现、实际工作能力以及应变、适应能力。同时规范专业设置和专业界定，对于报考人数较少的专业，可适当放宽开考比例，针对民族地区特殊性可单独设置招考，在保证公平性的前提下，对选拔的流程也适当地做出调整。

1. 完善宣传机制，拓宽引进渠道

一是完善宣传机制，全社会要积极引导和鼓励广大青年到民族地区扎根基层、建功立业。如合理利用高校宣讲会契机，对民族地区户籍的学生宣传相关倾斜政策；利用互联网新媒体等手段进行宣传。

二是拓宽引进渠道，给青年人才提供更多选择机会。加大定向引进大学生村干部和服务基层项目人员的比例；县乡机关从政治素质过硬、具有丰富基层工作经验的基层工作人员中引进公务员；从拟退役士兵中定向引进公务员；定向从事业单位中引进一定比例的公务员。尝试平行志愿填报，如考生并未被目标单位录取，可通过调剂被录用到其他岗位。

2. 合理设置考试科目和内容，引进测评手段科学化

根据民族地区公务员的实际情况和要求来安排需要考试的科目和内容，尽可能科学公平地进行公务员考试科目的设置和命题，明确精神、明确考察范围、考察意图、考察目的条件，既避免考察范围过于宽泛，考试重记忆轻能力以及偏题怪题等降低试卷信度效度的情况出现，又可以拉开考生的层次、区分度，从而便于民族地区政府机构挑选更加合适的人才①。例如，面对不同的民族特点、生活习惯，公务员无论是工作内容还是工作方法都在动

① 赵朋、关志强、赵伟、王佳、董彦萍、何洪俏、吴树新、吴艳梅：《浅谈我国公务员考试录用制度中存在的问题及其完善对策》，《企业改革与管理》2014 年第 4 期，第 221 ~222 页。

态中不断发展变化，不仅传统的笔试和面试不断发展和完善，还需要采用新的综合性考试方法①。

3. 规范专业设置和界定，放宽开考比例，针对民族地区特殊性单独招考

一是建议国家公务员主管部门针对公务员引进工作，统一出台具有指导意义的专业目录或规范要求，使公务员引进工作在审核专业时有据可依、有章可循，避免各地标准不一。

二是对州内容易引进的专业人才保持省内统一的1∶3开考比例，保证人才较高的学历及素质。对长年未达到开考比例的可直接不设置开考比例，给予专业人才更多机会。

三是民族地区单独招考专业技术员，其一，可参加地区四级联考，针对民族地区（高原地区）单独划定分数线，略低于平均分数线，同时给考生填报“第二志愿”的机会。其二，参加省级四级联考，划出特定职位给特定对象，比如退伍士兵和企事业单位专业人员。其三，不参加地区四级联考，民族地区单独组织考试，针对不同地区实际情况，根据职位能力素质需求设定考试科目及内容②。

4. 结合实际，规范选拔流程和制度，提升公务员引进的公平性

为进一步提升人岗匹配程度，选拔流程的合理性和体系的完善性是必不可少的。有关部门可以设定以下选拔流程，既体现科学性、公平性的特点，又可以避免错失人才。具体步骤如图3所示。

此外，要完善公务员考试录用监督体系，通过建设制度，采用党内监督、行政监督、群众监督和舆论监督等多种监督形式，构建多层次、多方位、全面的公务员考试录用监督体系③。

---

① 杨燕、崔玲：《我国公务员考试录用制度实践中存在的不足及对策》，《经营管理者》2014年第23期，第285页。

② 肖海鹏：《提高艰苦边远地区公务员考录科学性与公平性》，《中国党政干部论坛》2016年第5期，第43～45页。

③ 人社部：《三大原因令国考降温跟风报名情况减少》，新华网，http：//big5. xinhuanet. com/gate/big5/news. xinhuanet. com/edu/2014－10/25/c_ 127139729. html。

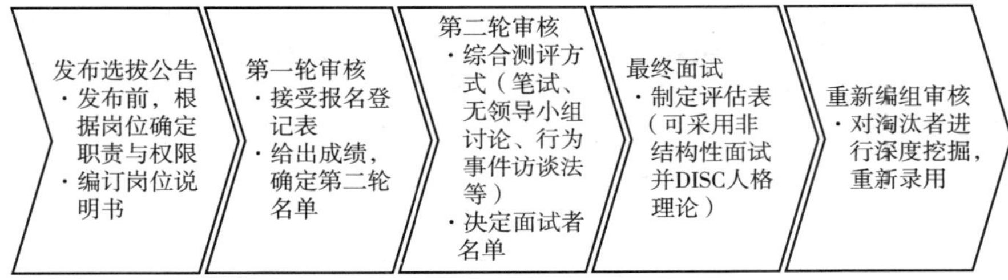

图 3　公务员考试选拔流程设计

（二）聚焦“留不住”问题，提高民族地区公务员队伍稳定性

欠发达地区在区位、资源并不占优势的情况下，需要另寻路径，巩固、加强其他竞争优势，以减少由于地区劣势所造成的人才流失①。我们可以从制度上约束人才流失。激励可以为基层公务员行政提供良好动力，加强各项激励制度，健全基层公务员激励机制，有利于充分激发基层公务员的行政“潜力”②。做好民族地区公务员的再培养势在必行，可提升公务员队伍的整体素质和能力。

1. 完善从严抽调制度，提高离职成本，规范制度留人

建立更加严格的抽调制度，降低抽调的随意性，并提高离职成本。服务年限未满调离者需支付赔偿金，记录在册，晋升受限，如紧缺的公务员若提前离职需付赔偿金，五年内不得参加公务员、事业单位考试。

2. 完善各项激励机制，解决“留人”的后顾之忧

完善政治激励机制，一是取消“职务职级并行”的双重标准。二是职级并行不受二次限制，打通晋升通道，提高积极性。三是降低民族地区公务员遴选的学历限制。四是高学历高技术人才引进后适当调整其干部级别，并给予更多机会。

完善经济激励机制，可通过政府转移支付适当提高民族地区年终绩效奖金和福利补贴，如岗位激励奖金、安家费、住房补贴、御寒费和取暖补贴等。

---

① 陈志恒、方志军：《相对欠发达地区人才集聚困境及突破路径》，《中国劳动》2016 年第 6 期，第 29～33 页。

② 郭春霞：《关于健全基层公务员激励机制的对策》，《广东蚕业》2018 年第 3 期，第 153～154 页。

完善福利激励机制，实行专项编制管理，高层次和紧缺人才实行分级专项编制管理。统筹实施“安心工程”，为基层公务员提供较好的工作、生活和文化需求保障。具体如表 1 所示。

表 1　民族地区公务员福利补贴规划

福利方面	具体内容
配偶就业	坚持双向选择为主、统筹调配为辅的原则
子女教育	免费就近选校就读；内地学校（初中、高中）定向招录民族地区户籍的孩子，并取消内地就读的择校费，降低教育成本
医疗健康	每年组织一次免费健康体检；设立民族地区专项医疗财政补助项目，提高医保报销比例；开通到省市级医院的绿色就医通道
退休体制	建立民族地区公务员提前退休制度

资料来源：根据调研材料整理。

3. 重视民族地区公务员的再培养，全面提升队伍的综合素质

结合民族地区公务员的实际情况，建立针对性的培训计划和培养方案。同时，通过实践来不断加强对公务员理论知识的理解，促进公务员队伍的全面发展。

一是领导重视公务员的培训工作。基层行政机构首先必须认清开展民族地区公务员培训工作的重要性，联合其他单位做好培训前期工作①。其次，重视岗前培养机制。着重培养新进公务员的双语能力（汉藏），创新培训形式和机制，开设心理教育课程和专业培训项目。

二是加强在岗培养机制。通过线上网络课程和线下实行“传帮带”培养机制，建立“社会—基层双向学习机制”进行学习和培养，邀请专家、优秀专业人才到藏区开展援助工作。

三是完善自主培养机制。结合实际，提前动态调整省内高等院校学科专业设置，加快培养基层民生所需、产业急需的应用型人才。深入实施国家免费师范生、农村订单定向免费医学生项目，逐步扩大招生规模。

① 周姗姗：《公务员培训制度改革研究——基于福建省泉州市的调查分析》，华侨大学硕士学位论文，2013。

B.14

天府新区基于“一干多支”战略的人才协同发展模式初探

董庆前　吴菲怡*

摘　要：　2018 年，四川省政府提出“一干多支”发展战略，加快推进区域协同发展。天府新区作为国家级新区，处于“一干多支”战略核心，在推动区域协同发展中具有不可替代的作用。经过近五年的历练发展，新区产业发展初具雏形，人才集聚不断加速。但同时，由于外部人才竞争日益激烈，其在未来发展中也面临诸多挑战。本文围绕天府新区人才发展现状，引入 SWTO 分析方法，梳理分析新区未来在人才工作中的内外部环境，明确自身发展优势与劣势，并基于此，初步提出应对策略。同时，结合“一干多支”战略总体布局，本文尝试将应对策略提炼深化，探索具有区域特色的人才协同发展路径与模式，以期对外来人工工作发展提供有益借鉴。

关键词：　天府新区　人才　协同发展

2018 年 6 月，四川省政府为着力解决四川区域协调发展不足等问题，提

* 董庆前，中国社会科学院人口与劳动经济所博士后，全球化智库研究员，主要从事人才体制机制改革、人才政策创新、人才国际化及相关问题研究；吴菲怡，全球化智库副研究员，主要从事人才与移民政策创新、地方人才体制机制改革等方面的研究，主要从事人才与移民政策创新、地方人才体制机制改革等方面的研究。

出构建“一干多支、五区协同”的区域发展新格局。这主要包括：一是做强“主干”，支持成都加快建设全面体现新发展理念的国家中心城市；二是发展“多支”，打造各具特色的区域经济板块，推动环成都经济圈、川南经济区、川东北经济区、攀西经济区竞相发展，形成四川区域发展多个支点支撑的局面；三是大力促进“五区协同”发展，推动成都平原经济区、川南经济区、川东北经济区、攀西经济区、川西北生态示范区协同发展；四是推动成都与环成都经济圈协同发展；五是推动甘孜藏族自治州、阿坝藏族羌族自治州、凉山彝族自治州与内地协同发展；六是推动区域内各市（州）之间协同发展。

天府新区作为四川省下辖的国家级新区，在辖区分布上具有跨区域的特征，这在实践“一干多支”协同发展战略中具有天然优势。对此，天府新区精准自身定位，充分发挥试验区的优势，创新探索以主体功能区为核心单元，以其他地区实体经济园区为辅的垂直产业链协作分工发展管理模式，助推新区跳开行政区划的樊篱，实现“不同城但同振”式的协同扩张发展。在区域协同发展战略布局的不断探索中，人才作为助推区域发展的重要动力，其发展模式的创新与管理效率的提升也越来越受到重视。如何充分利用现有人才存量，加快引入人才增量，不断提升区域人才队伍质量与利用效率，以人才流动带动创新资源区域内的优化配置，以人才发展助推区域协同发展成为天府新区率先实践“一干多支”战略，充分发挥区域协调中创新赋能、智能制造、绿色示范、高端服务、开放合作等引领辐射带动作用的重要内容。

本文立足天府新区人才发展现状，着眼其人才工作面临的机遇与挑战，并结合区域战略定位与未来发展布局，就构建区域人才协同发展模式进行初探，以期对未来人才工作更好开展提供路径及模式参考。

一 天府新区人才发展现状

（一）人才资源基本情况

天府新区由天府成都片区和天府新区眉山片区共同组成，其中天府新区成都片区包括了成都天府新区（即天府新区成都直管区）和成都高新区、双流区、龙泉驿区、新津县、简阳市部分地区；天府新区眉山片区包括了彭山区、仁寿县部分地区。在测算人才资源总量时，原则上应包括上述所有县市及地区。但在具体实践中，由于目前眉山片区尚在起步发展阶段，人才资源集聚成效相对不明显，因此本文在讨论人才资源概念时，主要聚焦在成都片区，尤其是成都天府新区。

根据相关统计，2016 年成都天府新区共计户籍人口 50.39 万人，其中人才（主要指全日制本科及以上学历人才、技能人才）1.46 万。2017 年，户籍人口 58.92 万人[①]，新增人才 5.31 万人[②]，人才引进增速 363.7%；截至 2018 年 8 月，新落户本科及以上青年人才 5.03 万人（见图 1）。自成都市人才新政实施以来，新区落户本科及以上人才总量 13 万余人，占全市总数的 45%，其中硕博人才落户占成都市总数的 50%，平均落户 300 人/天，最高达 1125 人/天，人才聚集加速发展。

（二）人才贡献情况

结合天府新区发展定位，对于人才的贡献情况主要通过企业年营收与专利增长情况来进行衡量。根据相关数据统计，天府新区自成立以来，累计完成投资 6534 亿元，实现地区生产总值 7843 亿元，形成 1 个千亿元级、8 个百亿元级产业集群，培育孵化各类科技型中小企业 2700 家，形成专利成果 6400 件，培育新三板挂牌企业 2 家，潜在独角兽企业 2 家。区域经济发展呈现增长快、动态调整大的特征，因此，在衡量人才贡献情况时主要采取抽样调查方式。

根据调查结果分析，天府新区高端人才与新经济企业年营收呈高度相关。企业研发人员为 1～10 人，每增加 1 个高端人才，带动年营业收入增长 75 万元；研发人数 10 人以上，每增加 1 个高端人才，带动年营业收入增长 200 万元。研发人数达到 10 人以上，边际营业收入呈加速上升态势（见图 2）。

---

① 数据截至时间为 2017 年 11 月 30 日（公安户籍部门统一统计口径）。

② 该数据为学历（技能）人才落户数据，其他方式落户的人才以及未落户但在新区创新创业的人才暂无法统计，故暂未计入。

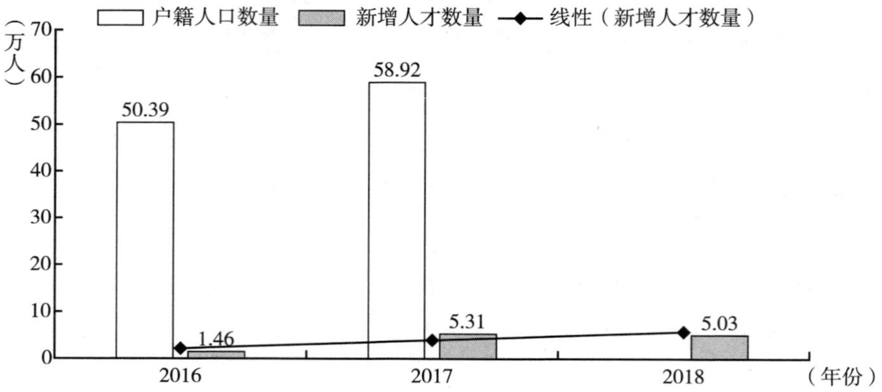

图1　2016～2018年成都天府新区人才资源发展情况

资料来源：数据由成都天府新区管委会提供。

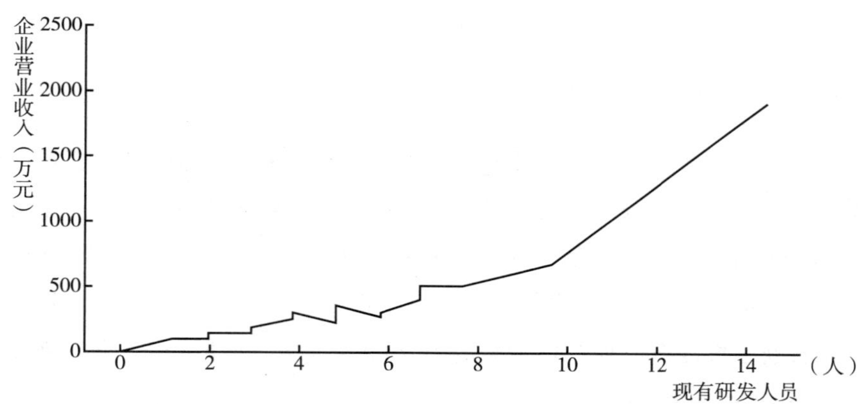

图2　研发人员与新经济企业年营业收入关系

资料来源：数据由成都天府新区管委会提供。

在专利情况方面，根据调查结果分析，高端人才与专利数量增长呈高度正相关，每增加1名高端人才，专利数量增加0.51个；30～45岁年龄段专利产出量较高，比20～29岁人才平均产出高6.61个；相比于种子期，扩张期企业专利产出量较大，达到11.22个。

从总体量化贡献率来说，每增加 1 名高端人才，新经济企业营收增加 0.22 万元，硕士、博士学历人才对企业营业收入影响程度呈加速度增长趋势。

除量化贡献率外，人才对于企业及区域经济发展还有引资引才的潜在贡献。人才，尤其是高端人才通常具有较为丰富的经验技能积累与社会资源，在企业技术研发与发展转型中，可以借助自身社会网络，拓展资源获取渠道。而在人才引进中，以才引才更是实现高效精准引才的有力抓手，这些潜在的人才贡献，往往难以通过量化显现。

（三）人才工作现状

天府新区充分意识到人才对于推动企业发展及区域社会发展的巨大作用，并在人才工作战略部署与政策设计等方面着重发力，加速人才集聚。这主要体现在以下方面。

一是着力机制创新，加强顶层设计。天府新区坚持党管人才的原则，通过组建人才工作领导小组，充分发挥党在人才工作中的全面领导与统筹协调作用，聚焦人才全方位发展，凝聚人才工作从组织领导到具体落实的强大合力。在顶层制度设计方面，新区高度重视人才规划，主动将人才工作与区域战略发展密切结合，并根据区域总体战略与发展需求变化及时对人才工作部署进行更新。

二是着力政策引领，加速人才聚集。天府新区大力实施“天府英才计划”等人才计划，以才聚才的引领辐射效应初步形成。现已聚集院士、“国千”“长江学者”等高层次人才 230 名，培育“国千”“省千”“蓉漂计划”专家 68 名；吸引 13 万余名青年人才落户，占全市的 45%，吸引清华、北大等“双一流”及剑桥、新加坡国立等海外留学归国人员 52534 人。积极探索以人才为主体的链式政策体系，全方位解决人才住房、医疗、子女教育、后续培训等问题，巩固引才成效，不仅让人才“引得进”更“留得下”。

三是着力平台建设，提升人才服务。天府新区搭建创新创业人才云服务平台，集合政策申报、载体入驻、人才服务、创业服务及活动报名等方面的咨询申报功能为一体，统一网络端口，便利人才对于信息的综合获取，有效提升人才服务能力与效率。除构建综合性服务平台建设外，新区还注重加强人才与专业性平台的有效对接，成立天府英才发展促进会和蓉漂人才发展学院（公园城市人才发展分院），深化人才精准服务。

四是着力生态建设，优化发展环境。天府新区紧紧围绕公园城市的定位，深度关注新区人才高知化、年轻化、国际化的特征，辨识人才对品质生活、发展机遇、创新交流的需求，开展精准配套，以“天府英才卡”为抓手，构建“创业＋政务＋生活＋N”的服务体系，设立新型人才工作站，全域人才生态环境不断优化升级。真正贯穿落实“以优质的生态环境、城市生活和公共服务吸引人才，人才吸引企业，企业创造繁荣”的“人—城—产”发展逻辑。

二　天府新区人才发展困境

尽管近年来随着天府新区的不断发展，人才资源总量快速增长，人才加速集聚，但就支撑其建设“重要节点”、公园城市、努力打造新的增长极、建设内陆开放经济高地的发展定位而言还存在一定差距。对此，通过对标国内其他高新园区人才发展现状，结合自身发展人才需求，借鉴海外产业人才高度融合发展区①先进工作经验，通过实地走访企业、高校科研院所、社会组织，开展座谈研讨②等方式开展调研，发现目前的人才发展还有以下不

① 海外产业人才高度融合发展区：美国硅谷、西雅图，日本东京，法国巴黎，英国伦敦，瑞士达沃斯小镇等。

② 走访和座谈企业、高校覆盖新区和省市范围，主要有：清华四川能源互联网研究院、上海交大四川院、西南交通大学、西华大学、天府第四中学、银河596四川省新材料研究中心、四川省建筑设计研究院、四川广正科技有限公司、奥泰医疗系统有限责任公司、四川三谷建筑科技有限公司、成都赫尔墨斯科技股份有限公司、成都顺点科技有限公司、成都福享联创信息技术有限公司、成都美益达医疗科技有限公司、成都倍特药业有限公司、四川海汇药业有限公司、天府国际基金小镇万创投资控股成都有限公司、四川天府国际会展有限公司、成都市天府新区人民医院、四川天府金融租赁公司、成都人才发展促进会、欧美同学会企业家联谊会青委会等。

足：第一，人才总量偏少。新区组建以来，人才资源底子薄、基础差，经过近几年的持续发展，截至 2019 年 2 月 24 日，落户新区人才总量达 120029 人，但从全国范围来看，优势不是很明显。第二，高素质人才资源不足。从人才教育背景看，截至 2019 年 2 月，在办结学历入户的 120029 人中，普通院校人数占比最高，达到 61.4%，一流学科高校占比 20.9%，一流大学占比 16.88%，世界 100 强名校占比仅为 0.82%。再结合 2017 年度“天府英才计划”入选情况，新一代人工智能人才仅 23 人，文创会展 7 人，现代农业 0 人，重点发展产业人才储量较少。第三，天府新区由于发展时间较短，人才发展所需要素没有形成制度化的体系供给，衣食住行、事业发展、交流互通、提升增值的全域环境不够完善，相关资源要素还不够集成，人才成就感、获得感、幸福感尚未充分实现。

三　天府新区人才发展的 SWOT 分析

如上文所说，随着天府新区发展战略的不断落实与产业结构的转型升级，对于人才量的需求与质的需求将越来越高。如何提升区域人才吸引力，加速人才集聚，充分发挥人才在创新发展中的核心驱动作用将成为新区在新一轮战略安排中的重点内容。基于此，借助 SWOT 分析方法，明确天府新区在人才工作中的内外部优劣势，对于进一步优化人才工作，探索具有区域特色的人才发展模式与路径尤为必要。

（一）人才发展优势分析

天府新区作为国家级高新园区，在推进区域人才发展中具有自身优势，这主要体现在：一是对于人才工作的高度重视。尽管新区发展时间较短，人才工作底子相对薄弱，但相关领导对于人才工作高度重视，在多次讲话中提及加强区域人才建设对于推动发展的重要性。在人才实践中，新区不断加强人才理论研究，加快人才规划，不断提升人才发展与区域发展的契合度。二是建立巨额专项资金池。新区政府为保障人才工作开展，建立 10 个亿元专项资金，用于人才奖励补贴和人才项目资助扶持。三是物理空间较为充足。新区用地压力相较成都市内较轻松，发展空间充沛，有利于规划建设人才发展相关配套，如人才公寓、人才大厦等。四是高新企业集聚加速。随着新区产业的不断升级发展，越来越多的高新技术企业在政策引导下进驻新区发展，人才载体不断扩充。

（二）人才发展劣势分析

天府新区起步相对较晚，因此在人才发展中还存在诸多短板，这主要体现在：一是人才存量少，结构层次不足。天府新区相对于全国其他新区而言，人才实际存量（即实际在新区工作及生活的人才）较少，人才占比较低，且层次结构偏低，高端人才资源匮乏。二是人才专项政策少，尚未成体系。目前，新区人才政策主要以“天府英才计划”为轴心，内容较为单一，专项配套政策较少，且尚未形成模块完整的系统化政策体系。三是人才工作基础薄弱，人员配置少。目前新区人才工作尚在起步阶段，工作专门化水平还有待提升，专职人员配备相对不足。四是人才发展基础配套滞后，生活便利度较低。由于新区建设时间短，自身商业配套尚在建设中，加之距离成都市区较远，在生活资源获取上存在一定程度不便利。

（三）人才发展机遇分析

天府新区地处西部四川省发展战略核心地区，享有国家与地区的双重政策倾斜，具有良好的外部发展机遇，这主要体现在：一是国家与地方的双重政策倾斜。新区作为国家级新区，与省级、市级等不同层级经济区存在重叠与交差，具有集聚、政策叠加的创新开放优势。二是自然环境优美宜居。新区坐拥鹿溪河生态区、龙泉山、兴隆湖、天府公园等生态资源，坐实“公园城市”之名，区域绿化程度高，适宜人才居住生活。三是一线城市高新企业外迁加速。由于地价、人工成本高昂，发展空间饱和，一线城市的高新企业选择逐步外迁，如小米外迁至武汉。这为新区在加紧高新资源引进，推动产业转型升级创造了良好的外部环境。

（四）人才发展威胁分析

天府新区在未来人才发展中，依然面临一些外部威胁，主要包括：一是来自其他区县的人才竞争加剧。随着人才资源的价值与重要性被社会逐渐认知，区域对于人才资源的竞争加剧。成都各区县乃至四川其他市纷纷出台人才政策加大人才资源争夺。二是来自其他高新园区的竞争加剧。其他国家级新区，如浦东新区、中关村等，为加快国际人才高端人才吸引，不断创新人才政策支持，加快区域重点产业发展，提升自身人才竞争力。这进一步加剧了新区人才发展的外部竞争压力。

（五）新区人才发展策略研究

基于天府新区人才发展的 SWOT 分析，将内外部优劣势分析进行象限结合，得出四种策略组合，并在此基础上进行精简提炼，得出如下发展策略。

一是构建链条完整，模块清晰的人才政策体系。整合现有人才政策资源，以“天府英才计划”为轴心，进一步丰富创新人才计划内容，加强相关政策配套，以政策体系完善带动人才工作顶层设计优化。同时，强化人才理论研究与定期追踪，为后期政策决策与更新提供理论指导与支持。

二是加强人才规划，提升引才精准性，巧妙规避人才竞争。基于自身发展情况，配合产业规划，定期开展人才规划研究。集中资源优先发展战略重点领域及区域特色产业引才，实现精准引才，形成重点领域人才梯队。充分借助已有人才资源，通过以才引才，加快高端人才集聚。同时，对于其他园区发展较为成熟，自身园区发展相对薄弱的产业，强化引才质量，弱化引才数量，合理规避无效引才竞争，探索以人才带动产业创新发展。

三是充分发挥政策叠加优势，加强政策衔接，形成内外政策联动。天府新区作为国家级新区，享受国家级、省级、市级及区级不同程度的政策叠加优惠。对此，在内部人才政策设计中应充分考虑外部政策因素，加强政策统筹与衔接，通过政策挂钩，红利共享等方式，形成政策联动，在简化政策设计的同时有效提升政策效应。

四是推进城市环境建设，明确区域引才亮点。加快推进公园城市建设，将新区宜居生活环境作为吸引人才的重要亮点，并强化对外宣传，突出产业发展前景大，人才生活环境舒适的双重优势，加快对一线城市外迁高新技术企业的吸引，以企业进驻带动人才集聚。

五是加快基础配套建设，便利人才生活。一方面加快包括人才公寓、人才服务站等在内的政府能够占主导的生活基础配套建设，解决引进人才基本生活需求。另一方面，则需要加快商业配套建设，优化办公营商环境。考虑到商业配套主要以市场驱动为主，对于人流量要求较高。因此，可以适当考虑引进高校等能够带动高素质人员流入的科研机构单位，在涵养青年人才资源的同时，以加大人流刺激商业配套迅速发展。

六是加强区域人才交流合作，化竞争为共赢发展。加强与其他高新园区的经验交流与合作，借助园区企业分支等通过项目指导、技术攻关合作等柔性引才方式，建立与高端人才联系，做到“不为所有但求所用”。加强四川省内其他市县人才合作，逐步探索人才飞地模式，建立区域人才共建（培养）共享，提升人才利用率，由人才竞争逐步向人才合作共赢发展（见表1）。

表1　天府新区人才发展SWTO分析

外部分析 / 内部分析	发展机遇(O)： 1. 国家与地方的双重政策倾斜； 2. 公园城市，自然环境宜居； 3. 一线城市高新技术企业外迁	发展威胁(T) 1. 来自其他区县的人才竞争加剧； 2. 其他高新区产业发展相对成熟
发展优势(S)	优势机会策略(S. O)	优势威胁策略(S. T)
1. 对于人才工作的高度重视； 2. 建立了人才专项资金池，资金充沛； 3. 发展物理空间较大； 4. 产业发展迅速，高新技术企业加快集聚	1. 充分利用外部政策环节，加强政策衔接，充分利用专项资金，加快政策落实； 2. 依托高新技术产业发展，以宜居的生活环境为主要吸引点，加大对随企业外流的高端人才的吸引	充分发挥专项资金充沛、物理空间大的优势，加强跨区域人才合作，将完全竞争转变为共赢合作

续表

发展劣势(W)	劣势机会策略(W.O)	劣势威胁策略(W.T)
1. 人才存量少,层次结构不足; 2. 人才专项政策少,未成体系; 3. 人才工作尚处于起步阶段,底子薄弱; 4. 人才发展相关配套建设滞后	1. 加快新区人才专项政策体系建设,完善人才发展政策环境,加快外部人才吸引; 2. 利用外部政策支持,加强内部人才培养,提升人才层次; 3. 加快人才发展相关配套建设,优化人才生活发展环境	避免与其他区域成熟产业直接竞争,选择新兴的或其他区域发展较为滞后的产业领域,出台有竞争力的人才利好政策和服务配套措施,集中资源改善这些行业人才存量不足、结构不佳的问题,尽快在某些领域形成人才资源优势,带动整个区域的发展

四　新时期人才发展模式初探

在对天府新区人才发展 SWOT 分析的基础上，合理借鉴其他同类型园区人才发展经验，初步探索具有天府特色的人才发展模式与路径，加速人才集聚，助推园区高质量发展。

（一）构建双向人才政策“飞地”

充分借助多层级政策叠加优势，构建具有天府新区地域特色的产业-人才联动的政策支持体系。一方面，针对新区规划重点发展但起步较晚发展相对缓慢的产业，探索政策支持飞地模式。加强天府新区与中关村、上海张江等其他国家高新园区的合作，对在建立合作关系园区内孵化的高层次人才创业项目，与区内产业发展有较大联系的，视具体情况给予一定发展资助，通过发放“创业券”（可用于后期场租抵扣等）或设立阶段差额资助等方式，吸引孵化企业在发展路径规划上向新区倾斜，进而以产业带动人才流入。

另一方面，对于新区目前发展迅速，基础较好的战略重点产业领域，通过加强与省内其他市、区、县的产业联动，对在省内其他地区设立生产等职能部门的高新技术企业，鼓励其在新区内设立研发中心，对其研发投入给予一定资金支持与税收优惠，并对于分设在市外的生产智能部门给予一定政策倾斜，充分发挥其他市、区、县作为新区的外部“飞地”的支撑吸引作用，加强区域发展联动，以产业协同发展带动人才流入，规避人才无序竞争。

（二）推进“共享人才”发展模式

在《加快推进成都平原经济区人才一体化发展十条措施》的政策框架下，进一步打破人才发展地域樊篱，率先推进高端人才政策共享模式。加强与省内其他市区及各类园区的交流合作，建立人才发展联合体，在联合体地域范围内，针对高端人才，打破户籍、地域、所有制、身份、人事关系等限制，加强高端人才评价互认，推进区域社会保险互通、教育医疗资源共享，畅通人才在省内合理流动，主动契合“一干多支”战略中“研发设计在成都、转化生产在其他市（州）”“总部在成都、基地在其他市（州）”“家在成都、工作在周边市”的人才资源共享新模式。

建立人才服务追踪机制。以“天府新区英才卡”为重要工具，扩充英才卡适用地域范围与申请人群，对于互认人才，视具体情况合理颁发英才卡，享受项目迁入（出）地相关公共配套资源。同时，建立共享人才联合培养机制，在联合体内设立人才培养流动站，确保人才培养不会由于工作原因在区域内流动而造成中断，跨区域形成完整人才培养链条。

打造政产学研用协同创新平台，推进创新资源共享。建立人才创新大厦，以产业发展为导向，引入行业先进的技术设备，建立共享人才实验室等，向联合体中经过认定的人才开放使用，加强资源共享配套。同时，通过项目制方式，跨区域加强校企及研究中心间的技术合作，盘活区域内人才创新发展资源。

（三）优化人才发展环境建设

加快推进人才发展配套建设，打造便利生活圈。加快人才公寓建设，优化管理配给方式，优先解决新区发展所需人才住房问题。加强与具有较高社会信誉房产中介的合作，通过政府补贴租赁方式，补充住房供给，缓解用房压力。

强化商业配套建设，鼓励多主体参与市场化供给，引入大型商业综合体，优化商务环境与生活休闲配套。考虑适当引入人流量较大的高校院所及科研机构，以人流带动商业服务入驻，切实丰富服务内容，提升服务水平。

优化新区交通设施建设，打造1小时生活便捷圈。加快推动轨道交通建设，加强与中心城区的连接，提升新区内部的交通密度，便利人才出行。推进地面交通建设，探索引入智能交通系统，加快高速路网建设，加强新区外向连接与承载能力。

持续提升生态环境建设。基于公园城市定位，加强以湿地、公园、绿道为重要内容的生态环境优化，综合开发生态休闲项目，提升绿地资源使用效率，为人才营造良好工作生活生态外环境。

社 会 调 查

Social Investigation

B.15

“双一流”大学本科国际化人才培养研究

——以四川大学为例

温松岩　蒋琳瑶*

摘　要：当前国际国内形势下，“双一流”大学重视本科人才的国际化素质培养。以四川大学实践及国际课程周与本科生国际化素质培养为例，明确本科国际化人才培养的影响因素及存在问题；以暑期学校为主、其他培养措施为辅，通过高校国内国际化，培养更多适应时代与社会发展需要的本科国际化人才。

关键词：“双一流”大学　暑期学校　国际化素质培养　本科生

* 温松岩，博士，四川大学海外教育学院副教授，主要从事高等教育学、比较高等教育研究；蒋琳瑶，成都医学院教务处行政人员，主要从事高等教育学研究。

一 "双一流"大学注重培养国际化人才

建设一批世界一流大学与一流学科、不断提升本科教育教学能力，要坚持以人才培养为本。知识经济时代，各国需要培养国际化人才以在激烈的全球竞争中保持优势；2015 年我国实施"一带一路"倡议对国际化人才的需求不断增加；"双一流"大学校本国际化拓宽了国际化人才的培养渠道；近年来"双一流"大学开办暑期学校的热潮促进国际化人才培养。

(一)知识经济时代各国需要培养国际化的人才

从 20 世纪中叶开始，各国采取多种措施，努力培养具有"国际视野""世界意识""国际竞争能力"的"全球化公民"及"世界一流人才"：20 世纪 40 年代，美国推出"富布赖特项目"；1985 年，韩国开始致力于"培养主导信息化、开放化和国际化高度发达的 21 世纪的具有主体精神、创造精神和有道德的韩国人"；2002 年，加拿大出台了创新战略，多个部门均提出了培养国际化人才的强烈需求。我国于 2002 年提出了"人才强国战略"，着力培养国际化的企业家和具有世界前沿水平的学科带头人；2010 年通过的《国家中长期教育改革和发展规划纲要（2010—2020 年）》，提出采取多层次、宽领域的教育与合作以提高我国教育国际化程度，培养出一大批拥有国际视野、掌握国际规则的新型国际化人才，国际化人才的培养已经纳入我国的发展战略之中。

(二)我国"一带一路"倡议实施与国际化人才需求的增加

2015 年公布的《推动共建丝绸之路经济带和 21 世纪海上丝绸之路的愿景与行动》，标志着我国"一带一路"倡议正式实施。实施"一带一路"倡议需要具有从事国际化工作相关能力的人才提供支撑。中国进出口银行原董事长李若谷、中国工商银行副行长张红力、中共中央原对外联络部副部长马文普等都曾谈到过"一带一路"倡议背景下，国际化人才需求不断扩大，急需培养大批掌握沿线国家外语、具有跨文化交往能力的专业人才[①]。因此，国际化人才的培养问题是适应国家新一轮对外开放战略急需解决的重要问题。

（三）校本国际化拓宽了国际化人才的培养渠道

在不断增强的国际化教育观念引领下，我国高校最初采取的“走出去”国际化发展路径仅涉及研究型大学中的极少数学生，难以满足大众化阶段不断扩大的大学生群体的发展需要。因此，无须出国的国内国际化（Internationalizing at Home），即以高校资源为基础的校本国际化（Internationalizing on Campus）是满足当前各行各业国际化人才需求的可行措施[②]。此外，研究型大学还可以通过举办国际学术会议、开办暑期学校、开设双语课程等多元举措，充分挖掘校内国际化资源，采取多种手段培养本土人才的国际化素质。

（四）研究型大学掀起开办暑期学校的热潮

暑期学校在19世纪起源于哈佛大学，盛行于欧美高校。2004年开始，国内逐渐掀起开办暑期学校的热潮。北京大学、山东大学率先开启了国内暑期学校的试点工作，随后，清华大学、南京大学、四川大学等国内知名研究型大学先后开设为期两周到四周不等的、各具特色的暑期学校。迄今为止，国内已经有超过50所高校开设了暑期学校。这些暑期学校大多通过聘请国内外优秀学者来校开设短期课程、邀请国外学生参加等举措搭建国际化的交流平台，实现增强学校的国际影响力、拓宽学生的国际视野、提升学生国际化素质的人才培养目的。

四川大学作为教育部直属的重点大学，为促进师生国际化发展、加强国

① 陈海燕：《“一带一路”战略实施与新型国际化人才培养》，《中国高教研究》2017年第6期，第52～57页。

② 文东茅、陆骄、王友航：《出国学习还是校本国际化——大学生国际化素质培养的战略选择》，《北京大学教育评论》2010年第1期，第18～26页。

际交流与合作，不断加大资源投入，2012 年首次举办实践及国际课程周（University Immersion Program，以下统一简称 UIP），实现短期教学内容的国际化。UIP 是学校拓展学生国际视野的重点措施，内涵丰富，国际课程既是 UIP 的主体，又是覆盖学校最大规模本科生的校级课程。UIP 每年开设的国际课程数以百计，门类齐全、水平较高、惠及上万名在校本科生，在国内产生了较大影响力。

二 国际化人才核心素质

尽管目前学界还没有对国际化人才的统一界定，但都反映出该类人才的共同特征：具有国际视野，熟悉国际规则，能够参与国际事务与国际竞争，具备专业知识和交流能力①，本质上是对人才的个人思维态度、知识结构和具体能力的细致要求。

（一）国际化素质

国际化人才所具备的核心素质即“国际化素质”，它是指个体经过学校教育影响而形成的非智力要素及知识要素和能力要素，由国际化态度、国际化知识和跨文化能力三个维度、八方面的要素构成。

第一，国际化态度。国际化态度主要是兴趣、价值观等非智力因素，具体表现为四个方面：国际化意识、国际化态度、世界公民意识及对自己本国、本民族的价值观认同。

第二，国际化知识。具有一定的世界知识是前提。同时，还要掌握某一专业的国际化知识，把握某一专业的核心学科知识的国际比较及其发展趋势。

第三，跨文化能力。外语能力是基础，此外应具备跨文化交际能力。

① 李成明、张磊、王晓阳：《对国际化人才培养过程中若干问题的思考》，《中国高等教育》2013 年第 6 期。

（二）国际化素质培养研究现状

国外少有专门研究高校学生国际化素质及其培养的文献，学生国际化素质培养多囊括在高等教育国际化的某些研究主题之中（如：政策、教师、课程、学术、校园文化等），集中体现为较早开展了对学生跨文化能力培养的研究。这类研究以大学生跨文化能力（Intercultural Competence，ICC）为支点，研究成果集中在三个方面：其一，界定核心概念，拓展国际化素质某些方面的内涵。其二，建立模型，评估跨文化能力。其三，结合暑期学校实际，提出学生国际化素质培养的具体途径。

与国外研究情况相同，国内专门研究本科生国际化素质培养的论文数量较少，高等学校国际化、国际化人才培养等研究主题对学生国际化素质培养有所涉及。本科生国际化素质培养的国内研究成果主要包括四个方面：第一，探讨国际化素质的概念和构成要素，深化国际化素质内涵认识；第二，着眼国际化人才培养实践，探究国际化素质培养的问题；第三，以“引进来”的人才培养战略为主，优化学生国际化素质情况；第四，关注国内外国际化人才培养实践，借鉴人才国际化素质培养的经验。

总体而言，目前学生国际化素质及其培养的专门研究成果不多，尤其缺少受教育者主体视角的成果展现，较少采用定量研究方法研究学生的国际化素质培养情况，缺乏暑期学校对学生国际化素质培养情况的相关研究。既有研究成果为本研究提供了一些研究思路，也留有了一定的研究空间。

三　四川大学 UIP 与学生国际化素质培养实证调查研究

采用问卷调查研究的方法，探究 2017 年四川大学 UIP 和学生国际化素质培养。问卷以 Byram（1997）的跨文化能力多维度模型（ICC multi - dimensional model）为理论基础，结合 UIP 的实际情况，设计“四川大学实践及国际课程周与本科生国际化素质培养调查量表”。问卷围绕本科生国际化素质的国际化态度、国际化知识和跨文化能力三个维度，包含 41 题，分为两部分：第一部分共12题，用以调查学生的基本情况；第二部分采用李克特量表（Likert Scale）五级计分法，调查学生对培养过程的认可程度，包含课前国际化素质认知、教学过程、课后国际化素质实施成效三个维度，共计29题。问卷的克隆巴赫系数为0.883、KMO检验值为0.906、巴特利球形检验结果显著，说明问卷总体及各个维度均具有较高信度和效度。

2017年UIP共开设250门课程，所有课程选课学生人数合计18953人。论文对本届UIP学生进行分层抽样，作为调查研究的主体。根据学院开课比例确定抽样课程，随机抽取9门国际课程，选课学生累计人数为839名，发放问卷839份，回收755份，其中有效问卷为741份，问卷有效率为98.15%。利用SPSS20.0软件对回收问卷整体及各个维度进行统计分析。

（一）2017年UIP与学生国际化素质培养描述性统计

UIP前后，学生的国际化素质均呈现自国际化态度向国际化知识、跨文化能力逐步递减的特点。

UIP开始之前，学生的国际化态度均值为3.85，国际化知识均值为3.84，跨文化能力均值为3.60，国际化态度与国际化知识之间差异不大，但学生国际化素质总体发展不均衡，即学生具备积极的国际化态度和国际化知识，但跨文化能力相对欠缺。

UIP课程结束后，学生的国际化态度、国际化知识和跨文化能力评价均值分别为3.95、3.62和3.41，国际化素质自评情况与课前基本一致，呈现自国际化态度向国际化知识、跨文化能力逐步递减的特点，但国际化素质三个方面的均值差异逐渐增大、国际化素质不均衡的现象更为明显。

（二）本届UIP与本科生国际化素质培养推断性统计

1.配对样本T检验

尽管课前、课后的指标表述不尽相同，但均是对国际化素质三个方面、不同维度进行测试，利用配对样本T检验，可以明确UIP前后学生国际化素质是否存在差异。

（1）国际化态度

UIP 前后，学生国际化态度的双尾显著性水平检测值 $p = 0.043$，$p < 0.05$，研究结果表明 UIP 前后学生的国际化态度存在显著差异。

同时，检验结果显示，课前学生的国际化态度水平均值为 3.89，课后为 3.95，均值有所上升，反映出学生的国际化态度在 UIP 之后有所提高，说明 UIP 对学生的国际化态度有正向影响。

（2）国际化知识

UIP 前后，学生国际化知识的双尾显著性水平检测值 $p = 0.00$，$p < 0.05$，由此可以得出“UIP 前后学生的国际化知识存在显著差异”的结论。

此外，测量结果显示，课前学生国际化知识均值为 3.57，课后均值为 3.71，UIP 结束后学生的国际化知识呈现上升态势，结合描述分析结果可以认为，尽管学生对于 UIP 教学内容的满意度较低，但外籍教师的教学组织、管理方式以及学生与外教之间的非正式沟通，让学生在一定程度上获取了知识、扩大了国际化视野。

（3）跨文化能力

对 UIP 前后学生跨文化能力的双侧 T 检验结果显示，双尾检验结果 p 值为 0.00，小于 0.05，说明学生的跨文化能力在 UIP 前后存在显著差异。

学生跨文化能力均值由课前的 3.60 跌至课后的 3.41，学生跨文化能力呈明显的负增长，某种程度上说明能力的提高需要长期培养，两周的 UIP 在提高学生的国际化沟通能力或英语能力方面收效甚微。这也可能是由增加了测量指标导致的：如课前英语能力调查采用英语的听说能力作为单一指标，课后还引入了英语写作能力。因此，可以认为 UIP 不能直接、显著地提高学生的跨文化能力。

2. 平均数差异显著性检验

平均数差异显著性检验主要包括独立样本 T 检验和单因素方差分析，根据自变量和因变量类型的不同采取不同的检验方法。

（1）独立样本 T 检验

学生性别、家庭所在地、年级、出国活动与经历、选课原因、学校信息发布情况、课程预期均为二分标量，采取独立样本 T 检验分析这些因素与学生的课程总体评价、国际化素质培养情况上是否存在显著差异。

抽样结果显示：性别和年级与课程评价、国际化素质培养间不存在显著差异；不同地区的学生在课程的总体评价、国际化态度和跨文化能力三方面间存在显著差异；出国与否与学生的课程评价以及国际化培养之间均存在显著差异，且均值差值皆为正，说明有出国经历的学生四方面均优于没有此方面经历的学生；学生选课原因与其课程总体评价、国际化素质培养存在显著差异；学校发布的信息与学生的课程评价和国际化素质培养差异显著；学生对课程选择的主观预期都对国际化素质培养产生了不同程度的积极影响。

（2）单因素方差分析

因父母的受教育程度、学生专业所属学科门类、学生外语水平、成绩均为三分以上的离散变量，故采用单因素方差分析方法。根据多重比较结果可知，家长的文化程度与学生的课程评价、国际化知识、跨文化能力均呈正比。此外，国际化态度方面，父亲的受教育程度与学生的国际化态度呈反比，母亲受教育程度与学生的国际化态度并不存在显著差异。

四川大学本科生的英语四级水平与国际课程总体评价、国际化知识学习之间存在显著差异。学生的英语四级、六级水平均与学生对课程的评价呈正比关系，同时，四级水平还影响着学生的国际化知识学习，说明有必要对学生的英语水平给予必要的重视。

单因素方差分析的结果显示，学生的学科门类不同和学习成绩差异在课程整体评价、国际化素质培养四方面均不存在显著差异，说明 UIP 中学生的学科门类并不会影响到学生的课程选择及国际化素质培养。

3. 相关分析

教学内容作为教学的三大要素之一，是教师对学生交互作用的重要媒介。教学的组织与管理影响着教学效果，这两方面的因素或直接、或间接地影响着学生的国际化素质培养效果。

问卷统计结果的皮尔逊相关分析显示：学生的国际化态度与教学内容及教学组织与管理相关系数 r 分别为 0.255 和 0.288，说明两方面存在较弱的线性相关关系；本科生的国际化知识和教学因素间相关系数 r 分别为 0.349 和 0.482，数据之间存在弱相关；学生的跨文化能力与教学内容、教学组织与管理相关系数 r 值为 0.349 和 0.482，说明两者之间存在较弱的线性正相关关系。

（三）UIP 与学生国际化素质培养总结

1. 研究总结

四川大学实践及国际课程周与学生国际化素质培养研究结果分析表明以下几点。

第一，UIP 前后，学生的国际化素质均值均呈现自国际化态度向国际化知识到跨文化能力逐渐递减；

第二，学生的国际化素质在 UIP 前后存在显著差异，其中，国际化态度和国际化知识较课前出现了正向增长，跨文化能力呈负增长；

第三，学生的国际化素质培养受到家长的文化程度、学生的户籍、外语水平、出国经历、选课原因、课程预期的影响。

2. UIP 与本科国际化人才培养问题及其管理

学生国际化素质培养与管理方面存在四个主要问题。

（1）国际化态度评分最高，但全球公民意识薄弱

国际化态度包括国际化意识、国际化态度、世界公民意识和本国价值观认同。四川大学 2017 年 UIP 的选课学生均高度认同本国文化传统、价值观念，有意愿以开放的态度与其他国家的人们进行交流；在交流合作过程中，能以包容的态度理解不同文化间的差异。尽管学生国际化态度的四个方面在国际课程结束后都有所增长，但是，不可否认，学生国际化态度方面的确存在短板：UIP 前后学生以全球公民的态度去关注人类整体发展的责任感尽管有所增长，但在国际化态度总体中处于最为薄弱的位置。学生的国际化态度更多地关注与“人”的交往，忽视了世界之“事”“物”的发展。培养学生的国际化素质，是期望学生拥有国际交流与合作的能力，能更好地参与到国际化事务之

中，从这个角度来看，世界公民意识应该是其基本素质的重要组成部分。

（2）国际化知识评分次之，专业知识国际化有待进一步增强

国际化知识包括世界知识和国际化的专业知识。课前学生的国际化知识自评程度较低，课后学生对世界知识的评价度优于专业知识，课程总体评价中学生认为所学知识与专业相关度较低、UIP 学习对专业素质的提升作用不大，抱有学习专业知识课程预期的同学比没有这种课程预期的同学在国际化素质培养方面存在显著差异，且前者表现优于后者。问卷分析结果从不同角度反映出学生拥有学习专业知识的意愿，研究证实专业知识的学习有助于学生国际化素质的培养。世界知识的普及对国际化人才顺利开展工作能起到辅助作用；而掌握专业领域的国际化知识更有助于打造学生从事国际性工作的核心能力。此外，学生有在 UIP 期间更多地学习专业知识的强烈愿望，从这个意义上来看，UIP 课程的顶层设计需要更多地纳入专业教育的有关内容。

（3）跨文化能力评分最低，英语能力亟待提高

跨文化能力指学生的外语能力和跨文化交往能力，此项能力在学生的国际化素质培养中的评分始终最低，学生外语水平的差异与国际化素质培养间存在显著差异，且外语能力与学生的国际化素质培养效果呈正比。UIP 前后，学生的跨文化交往能力评分均高于英语能力，可以认为这在一定程度上与学生有待提高的外语水平相关。短期的 UIP 为学生提供了全英文的教学模式，可以在一定程度提高学生的英语听说能力，但外语能力的提高离不开长时间的学习和训练。此外，学生的跨文化能力在 UIP 后出现负增长，与外语能力的统计指标中新增的“外语写作”能力的变化有关，某种程度上和描述统计反映出的跨文化能力评分最低相吻合。英语能力的提高并非一朝一夕之事，但 UIP 开展之前仍然需要重视学生的基础语言能力的培养。

（4）教师管理、课程管理、学生管理相互分离，课程组织有待完善

UIP 国际课程的组织与管理上出现了教师管理与课程管理分离、教师管理与学生管理分离的现象。UIP 外教的甄选与聘任由学校国际合作与交流处、各学院行政领导与学院外事秘书决定。教师和课程是 UIP 的核心，UIP 在运行中出现了教师管理、学生管理、课程管理相分离，可能会造成问题解

决多头化、项目落实分散化等问题。因此，要提高 UIP 的实施效益，就要优化 UIP 的管理组织系统。

四 “双一流”大学本科国际化人才培养的对策建议

学生的国际化素质培养是适应全球化发展趋势的内在要求，是高校实现人才培养目标的具体实践举措，也是学生提升竞争能力和适应性的可行之道。UIP 作为四川大学拓展本科生国际视野的重要措施，还有待进一步完善。

（一）充分利用暑期学校，加强学生国际化素质培养

1. 明确办学理念，突出暑期学校国际化教育功能

培养国际化人才离不开清晰的办学理念。针对暑期学校的本质属性，总结多年经验，提炼出人才培养的核心目标，集中利用这一教学形式组织开展系统教育。

具体而言，学校应集中突出暑期学校的国际化素质培养理念。可以适当简化暑期学校的总体定位，缩减创新创业教育及实践训练，重视其国际化育人功能，成为学生国际化素质培养的专门教育活动。学校从“双一流”高校人才培养定位出发，将暑期学校打造为拓展学生国际视野、提升学生国际能力的专门教学形式。通过暑期学校的课程及相关活动，在与国外师生的交流学习中，提升学生的国际化和跨文化能力，为学生拓宽国际视野、参加国际性的学术交流活动、出国深造、走上工作岗位打下良好的综合素质基础。

2. 完善组织机构，全方位加强暑期学校管理

（1）明确管理权限，成立 UIP 专门工作小组

好的项目理念需要行之有效、权责分明的组织机构作为有力保障。为了保证暑期学校人才培养目标行之有效，应成立教务处、国际处、学术委员会、二级学院四位一体的专门工作组，集中管理暑期学校各项事务。

（2）合理分工，加强暑期学校管理

教务处全权主导统筹协调。教务处掌握了大量全面而翔实的有关学校教育教学的资料和调查数据，在暑期学校的组织与实施中，可以充分发挥教务处顶层设计的作用，以教务处为主导，协调各部门保证暑期学校的落实。教务处和各学院共同负责每年暑期学校的外教选聘。根据学院确定的人才培养方案及学术委员会通过的课程大类名单，在发布暑期学校的启动通知时，公布人才培养方案及课程名单，要求外教依照学校的课程需要向学院提出申请，教务处根据学院提供的名单，依据外教的申请材料、从教经历、学术水平等综合情况进行选拔与任用。在机构设置上，教务处发挥总领作用，国际处、学院、学术委员会等单位具体执行落实。

学院是开展暑期学校的主体。学院作为办学实体单位，承担着学生培养的具体工作。为了有效落实符合本院人才培养定位的国际课程，学院应该在国际课程实施中发挥更加主动的作用，应该负责落实外籍教师授课和与学生上课相关的工作。成立由外事秘书、教务秘书等行政工作人员组成的暑期学校工作小组，负责暑期学校的实施工作，比如课程的甄选工作、外教申请材料汇总、确定学生志愿者、做好课程开设和实施的相关工作。

国际合作与交流处做好外教服务工作。国际合作与交流处作为学校专门的外事部门，拥有外宾接待的成熟工作体系和丰富的工作经验。国际处可以依据教务处确定的外教名单，做好外教来校开展工作的有关服务工作，发挥外事接待的咨询作用，继续在暑期学校中做好服务、沟通工作。具体而言，国际处围绕外籍教师的沟通、接待工作，落实外教来华的住宿、交通、饮食、文化参访等具体安排，为外教在校期间的教学工作做好全面的服务准备及有力支撑，为暑期学校的顺利开展做好重要的保障工作。

学校学术委员会确定开设课程名单。学校学术委员会原本就是学校的常设机构，学校的行政领导担任学术委员会主任、各个学院的权威学者涵盖其中，可以利用学术委员会分担确定人才培养方案、设置应开课程大类等工作，即学术委员会对学院提供的 UIP 培养方案进行审订，并对 UIP 涉及的学校发展、学生培养、专业建设等多方面的因素进行综合考虑，从而确定本年度 UIP

所开课程名单并提供给教务处，为教务处选聘外教、确定课程提供参考意见。

3. 加强暑期学校课程体系构建，拓展学生跨文化能力

完善课程类别。目前课程的确定主要由开课外籍教师决定。事实上，如果暑期学校的管理方式得以优化，学校学术委员会可向教务处提供课程门类，优化不同种类课程所占比例。除外教开设的通识教育、专业课程外，还可以开发校内国际化资源，让本校能够使用外语教学的优秀教师推出川大的精品课程，如文科类的藏学研究、宗教研究等，介绍我国各个研究领域的发展情况、国家各方面的发展进展；介绍四川大学的研究成果。课程均采用英文授课，面向校内外学生开放，境外学生也可选修相应课程。将暑期学校作为提升学校社会影响力的有力名片，打造川大品牌。

优化课程安排，循序渐进地实现国际化人才培养基础工作。国际化素质是学生综合素质的有机构成部分，国际化素质的培养需要在学校的合理安排下得以实现。首先，学校可以适当延长暑期学校的开课时间至一个月左右，为学生深化专业课程学习提供时间支撑；其次，在总时长不变的情况下，增加国际课程的课时数，让学生得以更为充分地学习所选课程，最后，学校可以不对课时总数做出统一规定，而是给出最低与最高课时时限，允许外教自行选择决定开课时数并给予相应酬劳。同时，取消学生必须选择两门国际课程的硬性规定，允许学生自由选择相关课程。当然，为了保证教学效果，可以规定低年级学生必须选修至少一门国际课程。创造出相对自由的课程环境，能够给学生切实感受中外学术交流、碰撞的机会。

调整课程结构，注重专业课程的开设。考虑到有限的时间安排，暑期学校国际课程倾向于通识教育或者专业前沿进展的普及性教育。从课程组成上来看，暑期学校包括了通识课程和专类课程，在保证课程质量的情况下，加大专业课程的开设比例。从课程安排上来看，要灵活自主也要反映学校的培养目标，可以规定学生完成三门课程的选修，其中一门是学校规定的课程，另外两门学生可以根据自身兴趣或者发展需要自由选择，必选课程均由学校学术委员会讨论建议、教务处选择决定。从课程安排上来看，对不同年级的学生做出不同的规定，大二学生应该以通识教育为主，辅以专业前沿知识的教学；大三学生主要开展专业教育、世界发展等问题的学习。

4. 优化 UIP 运行方式，提升 UIP 整体效益

扩大受教育对象。首先，就本校学生而言，可以适当放宽暑期学校的选课学生群体，由以往的招收新生和毕业年级外的所有本科学生扩大到包括硕士、博士研究生在内的其他学生。其次，校外人员方面，既可以主要面向西部其他高校开放暑期学校课程，允许来自其他高校的学生申请暑期学校课程、学习合格后提供学分转换；也可以面向社会人士开放，真正发挥川大这所知名研究型大学的社会服务功能。最后，招收境外学生时，改变以往由兄弟院校选派学生的做法，接纳更多自主申请的学生，如想要利用假期选修四川大学 UIP 国际课程的学生，等等。尽管目前四川大学暑期学校的学生规模巨大，但是，通过加开国际课程、推出川大精品课程等方式也可以应对学生规模增加的情况。

收取一定费用。自 2012 年以来，四川大学每年投入数以千万元的资金和无数人力、物力以维持暑期学校的运营，实现拓宽学生的国际视野、提升学校的国际影响力的目的。为了充分挖掘校内国际化资源，促进暑期学校的长期可持续发展，应该适当变革暑期学校的运营模式。比如，向校外学生收取一定的培养费用为暑期学校的持续发展提供有益支持。除了本校学生以外，校外学生按学分缴纳学费并自行负担交通及住宿费，国际学生的收费可以略高于国内学生。暑期学校提供的优质国内外课程、巴蜀文化体验可以成为学生选择川大暑期学校的良好回馈。

（二）完善人才培养措施，形成学生国际化素质培养合力

学校教务处应挖掘校内国际化资源，创新人才培养方式，形成人才培养合力，在一致的教育教学影响下，充分发挥暑期学校对学生国际化素质培养的积极作用。

1. 提升国际化态度，树立世界公民意识

学生国际化态度四方面素质中，本科生以世界公民的视角来关心世界发展的责任感还有待加强。国际化态度，尤其是世界公民意识的培养应该得到暑期学校管理部门的重视。对本科生而言，可以通过暑期学校接触世界，而

通识课程不仅能拓宽学生的国际化视野，还能增进学生对世界发展形势的认识。此外，来自不同国家、地区的教授开设通识课程有助于激发学生对人类发展面临的共同问题进行集中、深入的学习、探讨和思考。

2. 适当加强语言训练，提升外语能力

外语是提升学生国际化素质的媒介和工具。学校可以通过多种教学措施，帮助学生提升外语能力：加强公共外语教学，提高学生的英语口语和写作能力；开设双语类专业课程，使学生养成专业学习的国际化思维与习惯；引进优质外语类或专业类外籍教师，提升学习的国际化水准；丰富图书馆藏英文纸质资料和电子资料资源，为学生创设良好的学习条件；设立奖学金，鼓励学生出国学习与交流，扩大出国学习、交流学生比例，丰富学生对国外语言文化、专业知识等多方面的直接感受。这些包括课程、教师、学生等多元要素在内的国际化氛围营造，有助于提升学生的外语能力。此外，可以在UIP中开设专门的外语类课程，提高学生的英语能力。为了保证暑期学校的上课质量，学校可以把大学英语四级成绩作为学生筛选的条件。

3. 丰富人才培养途径，提升学生国际化素质培养成效

当前学校可以采取“引进来”与“走出去”相结合的人才培养方式，一方面，以“引进来”为主，丰富校本国际化内容。加强学生的国际化素质培养需要高校采取多种措施进行教学改革、变更教学管理方式，既可以通过系统化的课程设计将国际化知识融入学校的通识教育、专业教学之中；也可以创建国际化的校园文化，提升学生的国际化态度；还可以将加强学校的对外交流活动和引进优质外籍教师、开设双语专业课程相结合，提高学生的跨文化能力。另一方面，扩大“走出去”范围，扩大学生的资助范围，以便让更多的学生有机会出国交流、学习，获得出国交流学习的经验，从而为“引进来”的培养方式打下更为深厚的基础。

在当前国际、国内形势下，应重视“国内国际化”对“双一流”大学本科国际化人才培养作用，充分发掘暑期学校优势，着重利用暑期学校、辅以其他人才培养方式，提升学生国际化素质，使“双一流”大学利用有限的资源、培养更多具有国际竞争力的毕业生。

B.16
四川省新型职业农民培育中的财政支持问题研究

苗壮　高杰*

摘　要：　近年来，四川省农村人口向城市和非农部门转移的速度显著加快，培育新型职业农民，既是新阶段推动现代农业发展的现实选择，也是农民分工分业不断深化的客观要求。在新时期，四川省要形成区域特色明显、产业分工合理、产业体系完备的现代农业发展新格局，必须要培育出大量"有文化、懂技术、会经营"的新型职业农民，为全省农业发展奠定良好的要素基础。但目前存在着财政资金效率、培训对象、培训内容以及管理制度等系列困境和问题。因此，我们构建出完善的财政支持体系，以便更好地发挥财政对于四川省新型职业农民培育的支持作用；同时建立起财政支持与新型职业农民培育更好的对接机制，用以提高培训的效率和效果，从而更好地实现四川农业发展新阶段的重要目标和任务。

关键词：　农村人口　新型职业农民　财政支持　四川省

进入工业化快速发展阶段以来，四川省农村人口向城市和非农部门转移的速度显著加快，农业劳动力资源禀赋迅速改变，导致农村"空心化"、农

* 苗壮，博士，西南财经大学副研究员，硕士生导师，主要从事人口、资源与环境经济学研究；高杰，博士，四川省社会科学院副研究员，主要从事三农问题及区域经济管理研究。

民“兼业化”趋势逐渐显现，“谁来种地”成为中国农业发展面临的重要问题。在此背景下，培育新型职业农民，既是新阶段推动现代农业发展的现实选择，也是农民分工分业不断深化的客观要求。

四川省是西部重要的农业大省，也是农村劳动力流出大省，面临着更为严重的农业劳动力“低质化、弱质化”问题。在新时代，要形成区域特色明显、产业分工合理、产业体系完备的现代农业发展新格局，必须要培育出大量“有文化、懂技术、会经营”的新型职业农民，为全省农业发展奠定良好的要素基础。在现行制度框架中，政府是开展新型职业农民培育的重要主体，财政支持则是引导和推进新型职业农民培育的重要手段和方式，因此，如何构建起完善的财政支持体系，更好地发挥财政对于四川省新型职业农民培育的支持作用，建立起财政支持与新型职业农民培育更好的对接机制，提高培训的效率和效果，是四川农业发展新阶段的重要目标和任务。

一　四川省对培育新型职业农民的需求分析

随着传统小农户经营方式的解体，全省农业生产方式进入转型的关键时期，为顺利实现农业的优化升级，建立以集约化、规模化、机械化为核心的现代农业，省委十届四次会议提出“要构建新型农业经营体系，培育和发展新型农业经营主体”。而新型农业经营体系的构建和新型农业经营主体的发展都需要大批高素质的农业劳动力。因此，随着全省农业转型的不断推进，对新型职业农民的需求将不断增加，将需要越来越多的专业化、高素质的农业劳动力。

（一）全省农业生产方式的转变需要培育新型职业农民

在农业经营环境和农村资源禀赋发生重大变化的背景下，单纯地依靠小农户分散经营、以增加劳动投入提高产量的传统经营方式不仅无法适应社会化大生产对专业化分工的要求，而且逐渐失去了劳动力资源基础。作为西部重要的农业大省，四川省要继续保持并提升全省农业竞争力，实现主要农产品基本自给的目标，必须要实现农业生产方式的转变，促进农业生产向规模化、集约化、市场化的现代农业生产方式转变。而农业现代化实质就是要实现农业社会化的大生产。农业社会化大生产的核心是专业化、协作化，同时要求高新技术被引进到农业生产中去，转化为现实的生产力，使农业的分工越来越精细、科学、专业，最终形成农业产业的专业化、标准化、规模化、集约化。实现这个过程的关键是科技创新和科技进步，归根结底是要依靠掌握和使用先进科学技术，支撑农业产业发展的高素质的职业农民。从四川省目前的劳动力资源现状来看，要实现农民从身份性向职业型转变，必须要对农民及有意愿从事生产经营的群体提供培训，为转变农业生产方式提供相对丰裕的资源基础。

（二）农业新型经营主体的发展需要培育大量新型职业农民

农业经营主体是农业经营的微观基础，因此，四川省农业现代化道路的实现需要各类产业化经营主体的建立和发展。国内外农业发展的实践经验证明了，家庭农场、合作社等新型农业经营组织的完善是转变农业发展方式、提升农业经营效率、增加农民收入、实现城乡共同繁荣的组织基础和必要条件。近年来，全省各地不断探索创新农业经营体制机制，新型农业经营主体发展速度加快、发展质量提升、引领带动能力显现。截至 2012 年，有承包农户 1885 万户，30 亩以上的种粮大户 10732 户，家庭农场 5513 个，龙头企业 8236 家。依法登记的农民合作社 27241 家，各级示范社占总数的 12%；注册商标的合作社 2742 个，开展标准化生产的合作社 2174 个。农民合作社入社成员 224 万户，带动农户 475 万户。

在农业新型经营主体大量涌现的同时，许多组织因劳动力资源不足而难以发展、壮大，专业的管理、营销、技术人才以及能快速掌握新技术的农业工人的匮乏成为制约新型经营主体发展的瓶颈。因此，全省新型农业经营主体的发展迫切需要培育大量新型职业农民，为各类主体的发展提供稳定的劳动力资源。

（三）实现农民稳定增收目标需要培育新型职业农民

农业劳动者收入是农村居民收入的重要来源，是实现全省农民收入稳定增加和全面建成小康社会目标的重要保证。从全省农村家庭收入结构来看，非农就业的工资性收入在家庭总收入中所占比重不断提升，而家庭经营性收入和农业工资性收入的比重则越来越低。导致务农收入相对下降的一个重要原因是农村留守劳动力缺乏现代农业经营技能，无法通过农业经营效率的提高提升利润水平和劳动力价格。通过培训提升农村劳动力的素质，培育出大量新型职业农民，进而提升其收入水平，对于促进全省农民持续增收、实现全面建成小康社会目标具有重要意义和作用。

（四）全省城镇化进程的推进需要培育新型职业农民

新型职业农民的产生是工业化、城市化发展，农村剩余劳动力转移的必然结果。农村劳动力转移是农户职能分工的起点，职能专业化所产生的分工经济又将进一步推进剩余劳动力的转移，“转移—分工—转移”不断循环累进，最终实现城乡一体化发展。当前，随着我国农村劳动力转移力度的加大，一些素质较高的农民以新型农机具为主要工具，以代耕、代播、代收、代经营等为主要服务内容，为分散的、劳动力外出务工的农户提供耕作服务，从而获取与从事非农领域工作相近或更高的收入，成为职业农民。此外，随着农业科技的大量推广运用，农业劳动生产率普遍提高，一大批农村富余劳动力逐步离开土地、农业，进入二三产业，转变为工厂的产业工人和市民，而继续从事农业的劳动者在农产品生产、加工、运输、销售和休闲观光农业等领域的分工分业更趋细化，实现岗位职业化、职能专业化，渐渐成为职业农民。实现工业化、城市化、农业现代化同步发展必然要求培育素质高、结构合理的新型职业农民。

二　四川省财政支持新型职业农民培育的困境及问题

新型职业农民的培育，除了通过院校培养、外部输入等方式引入农业人才外，还要大力提升既有务农群体的素质和能力，通过培训将其培养成为适应现代农业经营需要的新型职业农民。目前，全省各地的农民培训过程普遍面临着农民参与积极性不高、过于依赖政府投入、培训效果缺乏持续性等问题。如何以更加多元、更加开放的方式对农民进行培训成为亟待破解的难题。

（一）财政资金使用效率仍待提高

目前，四川省农民培训的经费主要由中央财政、省级财政、用人单位及农民个人承担，其中中央及省级财政是农民培训经费的主要来源。从财政资金投入情况看，主要存在资金总量不足和资金投入分散的问题。

一是财政资金投入总量不足。从2012年开始，中央提出开展新型职业农民培育试点，对试点给予专项财政拨付，并要求省级及地方财政进行配套，未列入项目示范县，就享受不到中央和省级财政的支持。调查显示，对一个普通农民而言，投入培训经费一般要达到800～1500元，一些技能性较强的培训甚至达到3000～4000元，才能使其具备新型职业农民的基本素质。而目前人均培训经费的投入远低于实际需求，经费短缺已成为制约农民培训工作的重要因素。由于我国农村金融信贷资金渠道不畅，农民自身培训支付能力低及民间资本介入农民培训的投资效益不高，也使得农民培训的经费投入不足的问题更加突出。

二是缺少有效的资金整合机制。新型职业农民培育涉及多个部门，但是缺少有效统筹安排分散在不同部门的项目、资金、师资等资源的机制。从资金投入上看，各个单位的培训经费来源不同，投入也分散进行，培训内容重复、资金浪费的问题较为严重。现行农民培训项目较多，包括阳光工程培训、农村实用技术培训、专项的新型职业农民培育等，不同项目由财政通过不同渠道专项拨付，形成“拼盘式”的农民培训资金投入。从实际效果来看，各项目在培训对象和内容上多有重合，且每一项目受资金约束，都无法开展系统、深入的培训，导致农民培训出现多头推进、培训面广、内容重复、培训效果差，大量资金重复、分散投入的局面，财政资金使用效率低，浪费问题严重。

（二）培训对象瞄准存在偏差

由于缺乏有效的瞄准机制，许多地区的新型职业农民培育都出现了培训对象偏差的问题，具体表现如下。

一是培训对象缺乏明确界定。在实践中，新型职业农民培育对象与广义的农民培训对象相混淆的问题较为严重，许多地区并未对两者进行区分，将农民工等长期脱离农业生产的群体列为新型职业农民培育对象。

二是对培训对象的身份性限定较强。新型职业农民的本质特征是从事农业及其相关领域的生产和经营的劳动和管理者。因此，新型职业农民培育的对象首先应该限定于从事或有意愿从事农业生产经营的群体，包括留守农村从事农业活动的农民、回归农业生产的返乡农民工、在农业领域就业的大中专毕业生和退伍军人、流转土地进行农业经营的城镇居民。新型职业农民培育应瞄准上述群体，集中资源对其进行系统培训。但是，目前对新型职业农民的身份性限定较为严格，许多地区将拥有农村户口或者具有集体组织成员资格作为参加培训的前置条件，这就将许多有志于从事农业生产的非农成员排除在培训体系之外。但在城乡劳动力双向流动不断加快的背景下，农业经营者的身份限定已经没有存在的必要，因此，将农民身份作为参加培训的限制条件也缺乏合理性。

（三）培训对象和机构参与积极性不高

在全省各地开展新型职业农民培育过程中，普遍出现农民参与培训的积极性不高的现象，不少地区为完成培训目标任务，采取行政命令强制各村安排人员参加，甚至出现了村委工作人员长期奔波于各种培训的现象。参与激励不足是导致培训对象积极性不高、组织培训困难的主要原因。

一是以短期物质手段吸引培训对象，激励手段单一。在新型农民培训过程中，许多地区都按照传统农民培训的激励方式，通过物质激励农民参加。为吸引培训对象，农民培训往往采取发放误工费、小礼品等方式，这种方式不仅无法吸引真正的培训对象，反而吸引了许多退出劳动力群体的老人等群体，造成“逆向激励”问题。对于真正有培训需求的农业生产经营者而言，物质补贴等手段根本无法对其构成激励，真正吸引该类群体的是通过培训能够真正解决其生产经营中遇到的各类问题和通过培训能够获得长期收益，而现行新型职业农民培育在这方面能够提供的激励极为有限。

二是培训内容混乱，缺乏吸引力。培训对象的混乱直接导致了培训内容的混乱。调研发现，大多数地区的培训内容较多但未能围绕现代农业生产经营展开，不少地区将电焊、家政等非农就业技能作为培训课程。培训对象和培训内容的混乱导致本身想掌握农业经营知识的群体因得不到满足而不愿参加，而脱离农业生产的群体长期在外务工，缺少参加培训的客观条件和主观意愿，最终形成农民积极性不高，相关部门为完成工作任务通过强制或物质激励的方式促使农民“被培训”，造成培训资源的浪费，也加剧农民对培训的抵触。

三是培训主体参与激励不强。根据当前新型职业农民培育的相关政策，地方政府选择培训机构要以公开招标形式进行，政府对中标机构开展培训的成本给予补贴，这就意味着，中标机构不能通过承担培训获得利润，只能实现收支平衡。这严重抑制了各类机构参与培训的积极性，许多地方只能由农业局等政府部门组织培训，导致培训主体中政府部门所占比重过大，未能形成“一主多元”的培训主体。在新型职业农民培育中，政府应该发挥主导作用，同时引导社会机构进入，形成多层次培训机构体系。单一的培训主体难以适应市场经济对农业技能的多元化要求，也使培训出现政绩化、形式化倾向。

（四）培训内容适用性较差

从全省新型职业农民培育的总体情况来看，培训内容和培训模式与农民实际需求不一致的问题较为突出。

一是培育内容陈旧。从农民对培训需求结构看，除农业科技培训外，还有农产品市场信息、职业技能、农业经营管理、医疗、卫生知识等。而在农民培训中多以农业技术为主题，政府提供单一培训内容与农户多方面知识需求不匹配。农户希望培训面更宽、更有针对性，能够帮助其提升农业种植养殖方面的知识和能力，在村庄中形成专业组织，这样的培训效果对其更有成效性。但目前的培训忽视农业和农村发展的实际需求，相关的种养技术培训针对性不强，实用性和可操作性欠缺。另外，随着农业生产经营方式的转变，农民对高层次培训的需求较为迫切。加之农业新技术的应用、农民经济理性的增强，许多农民将培训焦点放在高技能掌握和名、特、优农产品上，希望学到科技含量高、经济效益好、适销对路的种养技术，新型经营主体希望政府能够帮助其培育更多的管理、营销人才，但是受到师资等资源不足的约束，相关培训内容的缺失，已影响到培训的吸引力和效果。

培训方式契合农民需求，易受到农民欢迎与参与，培训效果也更明显。当前，农民对“参与式”培训方式需求较大，这样更能直观理解培训内容，及时提高农业生产能力。然而，农民培训的形式化与操作的简单化，不能满足农民的现实需求。大多数培训采取集中办班方式，甚至存在着组织者为完成政治任务而随便应付的现象，培训“零散化、突击化、短暂化”，甚至“走过场”特征明显。

二是培育模式单一。在培训中最受欢迎的培育模式是深入田间地头开展的技术指导和示范教学，但受经费、师资和复杂的农业种养模式限制，大部分培训机构当前还很难做到。在实践中，大多培训还是以传统的课堂讲授模式为主，形象性和操作性不足，影响着农民的参与热情。另外，受限于农村薄弱的信息基础设施和农民素质因素，一些现代化的培训模式，如网络培训与教学、多媒体培训、电视电话和电脑授课答疑、外地考察等难以大范围普及，不利于农民对农产品生产信息、市场信息和农业科技信息的快速获取。

（五）培训管理制度不健全

对新兴职业农民培训管理制度不健全主要表现为：多头领导，导致培训资源分散，长期有效的监督和反馈机制尚未形成。

一是与农民培训相关的管理部门较多，培训资源分散。目前，农民教育培训的内容分为三部分：农民学历教育、农民继续教育和农民的技术培训。前两部分内容由教育部门来负责，各级教育部门都有职业与成人教育机构，第三部分内容主要由农业部门负责，各级农业部门都有科技教育或农民培训机构。根据现行政策，新型职业农民培育主要由原来负责农民技术培训的部门负责，即农业部门承担新型职业农民培育职能。但是农民学历教育和继续教育等学校教育也是新型职业农民培育的重要途径，因归属于教育部门负责，就无法获得相应的权利和资金、政策支持，导致各学校相关专业严重萎缩，原有设施、师资闲置。

二是新型职业农民培育的长效机制尚未建立起来。缺乏对培训效果的考核、监督、反馈，导致培训过程中“短期化”行为较多，培训效果的持续性较差。第一，缺乏独立的考核机构。受政府主导型投资体制影响，尚未建立有效的项目法人责任制。大多数法人不是项目决策者，而是项目执行者。我国的农民培训是主管单位分解下达指标，相关厅局让其二级机构组织，农民培训的项目没有自由竞争，存在着行业垄断。评估缺乏规范性，过程检测评估缺乏信息反馈和连续性，项目监督不到位，项目腐败现象存在。第二，考核缺乏客观的指标体系。由于将农民培训作为行政任务完成，考核标准往往以数量为主，缺乏准确可行的评价标准，无法保障培训机构和人员充分履行职责，许多职能部门为快速完成任务对培训质量并不关心。培训监督职能由政府部门履行，农民和社会组织无法参与对培训工作的监督评价，难以形成有效约束。第三，培训反馈机制不健全。目前的新型职业农民培育仍表现出较强的知识单向传递特征，而被培训者的实际需求、意见和建议难以向培训机构传递，培训主体也缺乏主动追踪培训对象的动力。反馈机制的不健全使培训机构难以及时把握培训对象的实际需求和培训效果，也难以及时调整培训方式和内容。

三　构建四川省新型职业农民培育的财政支持机制

（一）创新财政资金投入机制

一是建立财政支持新型职业农民培育资金投入的稳定增长机制。在积极向中央财政争取扩大试点范围和资金投入的同时，逐年增加省级财政支持新型职业农民培育的资金投入。建立财政支持新型职业农民培育资金投入的目标考核制度。制定设置严密、量化合理的考核指标体系和简便易行、科学规范的考核程序，对州（地、市）、县级财政年度新型职业农民培育资金安排情况进行考核，将考核结果划定等次，在全省范围内进行通报。建立新型职业农民培育资金奖补机制。每年从省级财政预算新增支农资金中安排一定比例，依据年度考核结果，对考核等次靠前的州（地、市）、县实行专项奖补。奖补资金由州（地、市）、县政府自行安排用于农民培训项目。

二是推动新型职业农民培育项目资金由直接补贴农民向购买服务转变。转变财政资金投入方向，由直接补贴农民向间接补贴转变。改变向培训对象直接发放补贴的做法，转向由政府向社会购买培训服务。由政府职能部门制订新型职业农民培育的年度（或周期）计划，确定当年（本周期）培训的分块内容，根据不同培训内容向社会购买培训，通过购买高质量的培训服务增强培训效果，实现财政支持农民发展的目标。

三是搭建农民培训资金整合平台。按照“以县为主、自下而上，各级联动、分级整合”的原则，逐步将各类财政预算安排的农民培训资金、社会组织提高农民能力的帮扶资金等整合起来，有效利用。健全以政府牵头、相关部门组成的农民培训财政支持资金整合机构或联席会议制度，明确和落实各级农民培训项目、资金管理部门在资金整合中的职责，建立相应的工作协调机制，统筹规划和实施农民培训资金整合工作，避免资金重复投资、多渠道安排、多单位支配、多部门使用的现象。

四是适度放宽县级政府对农民培训资金的使用权利。通过采取项目备案制和审查备案制等手段，逐步把项目选择权和资金安排权下放到县级政府，由各县级政府按照当地发展思路、规划和各类专项资金的管理规定，自主整合项目和资金，省有关部门的职能要转移到对项目、资金的监督管理和对下级的业务指导上，为有效整合农民培训资金提供保障。为增强风险的可控性，可探索开展农民培训财政支持资金整合的省级试点，优先赋予试点县（市）自主探索财政资金整合的路径、模式及监督机制。

五是建立以财政资金撬动社会资金的多元资金投入机制。综合运用财政和金融手段，允许并鼓励龙头企业、社会组织、金融机构参与投资农民培训，建起以政府投资为主，社会力量参与的多元化融资机制。借鉴国外经验，尝试推进培训项目经费“基金化”运作方式，由政府财政投入、企业投入、专业协会投入和社会力量捐助等构成专项基金，委托专业组织进行管理和运作，为农民培训提供多元化的资金投入机制。

（二）形成培训对象分类瞄准机制

一是明确新型职业农民培育的目标群体。与传统农民相比，新型职业农民不仅具备更强的农业经营能力和更高的农业技术水平，更重要的是，新型职业农民在农业经营方面具有更强的稳定性，将农业经营作为一种职业选择和收入的重要来源。因此，新型职业农民培育的目标群体应该包括家庭农场以及合作社等新型经营主体的经营管理者、专业大户、各类农业专业性服务的供给者、长期留守且具有务农能力的群体以及农民工、大学生等返乡创业者。同时应消除对培训对象的身份限制，允许并鼓励非农群体参加培训。

二是建立分层瞄准机制，精准瞄准不同培训群体。开展专业的农民培训需求分析，明确培训对象对培训内容、培训方式的实际需求，根据需求分类开展培训工作。针对不同群体实际情况和现实需求开展培训，如对于具有一定经营经验，学历较高的人群开展管理、运营培训，通过培训使其成为农村经纪人或者带头人；对于只有务农经验缺乏市场经验的群体，可通过示范作用和专业技能培训，增强其技术能力和信心。

（三）探索多维培训对象激励体系

一是建立新型职业农民培育与其他惠农政策的关联机制。把农民参加培训与产业发展扶持政策紧密挂钩，推动部分支农惠农政策由“普惠制”向“特惠制”转变，将新型职业农民培育与土地流转、信贷发放、技术服务等扶持政策相挂钩，保证参加新型职业农民培育的群体能够优先获得政策扶持。

二是提升农民对新型职业农民培育资格认证的预期价值。发展高端农业人才市场，并形成农业经营、技术人才薪酬指导体系。通过宣传等手段提升农业经营者社会地位，改变社会对农业经营的歧视性认知，使农业经营者能够得到社会尊重，获得职业荣誉感。

三是给予职业农民完善的社会保障。建议省级出台统一的职业农民购买城市社保的补贴标准，对获得新型职业农民培育认证、长期从事农业生产经营的群体购买城市社会保险给予补贴。在职业农民子女就学、城市购房、就医等方面给予帮助，解决职业农民的后顾之忧，使其能够真正将农业作为职业进行选择。

（四）建立开放的培训机构选择机制

一是取消培训机构的限制性条件。取消对培训机构在所有制性质等方面的限制性条件，鼓励各种政府或准政府的培训机构平等参与培训市场的竞争。改善各类民办培训机构的成长环境，通过促进不同类型的培训机构公平竞争，形成主要依靠提高培训质量争取培训资金和政策支持的市场竞争机制。

二是鼓励培训机构通过合作承担培训任务。整合政府和社会培训资源，鼓励行业协会、社团组织及中介机构等参与培训，同时吸引院校、企业、农民合作社等承担培训工作，实现优势互补、资源共享，发挥多方合力，提高培训资源配置效率。

三是形成以利润为核心的培训机构激励机制。尊重市场规律，允许培训机构获得合理利润，使培训质量与培训机构的利润相挂钩，形成以利润激励培训机构提高培训质量的激励机制。改变现行的对培训机构进行成本补贴的做法，采取按政府购买培训服务，并按培训质量给予奖励的方式。根据培训人数、合格率、培训人员满意程度、培训人员增收幅度等指标设定考核标准，根据培训机构考核成绩分级奖励。

（五）设立多层次的新型职业农民培育课程体系

明确培训对象对培训内容、培训方式等的实际需求，根据需求分类开展培训工作。针对不同群体实际情况和现实需求设置培训课程，形成由普及性培训、职业技术培训和农民学历教育组成的新型职业农民培育课程体系，让培训对象根据自身实际和职业规划自主选择培训课程和方式。

一是依托多种资源开展普及性培训。围绕当地农业生产发展需求，以农业实用技术为主要内容，通过各种简便易行管用的方式，组织专家教授、农业推广人员、培训教师结合农时季节，进行现场咨询、田间培训、入户指导，同时发挥好广播电视、报纸杂志、手机网络、科技书屋等现代传播手段作用，将新品种、新技术、新产品、新信息及时送进千家万户、送到田间地头，解决农民生产生活中的实际问题。

二是扩大农业职业技能培训覆盖面。围绕新型职业农民培养目标，重点开展好两个方面的职业技能培训。一方面，面向种植大户、养殖大户、加工大户、农机大户等农业生产经营大户，重点开展农业生产技术、经营管理知识、市场营销方法等相关内容的系统培训，对培训合格人员颁发新型绿色证书，作为从事农业生产经营、获得政府政策扶持的技术资格凭证；另一方面，面向农机手、植保员、防疫员、沼气工、园艺工、水利员、信息员等技能服务人才，重点开展所从事行业和岗位的职业技能系统培训，对培训合格人员进行技能鉴定，合格者颁发职业技能鉴定证书，作为其聘用上岗的资格凭证。

三是推进农民学历教育改革。制定特殊招生政策，明确农业院校特别是地方农业院校的培养任务，因地制宜确定招生考试要求。补充出台农民参加中高等学历教育的吸引政策，如免费并提供基本生活费。改革教育模式，农民学历教育的专业要以产业类型划分，课程要以实用为主，根据农时季节进行分段学习，实行弹性学制、鼓励送教下乡、突出实践教学、强化跟踪服务，切实提高农业教育的针对性和实效性。

（六）改革培训管理体系

一是整合新型职业农民培育资源。把原来分属于不同单位和部门，各自为政的普通高校、职中、农广校、农技校、进修学校、成人学校、培训基地等机构围绕农民培训的整体目标进行有效整合，形成高效的农民培训网络。对现行的农民培训项目进行综合评定和分类，统一实施培训任务和计划，强化农民培训精品项目建设，淘汰低水平重复建设的项目，并坚持项目化管理、市场化运作。

二是形成制度化的培训流程和体系。增强主管部门的培训规划能力，规范操作程序。管理部门在遴选培训专业村户、认定培训机构、选聘培训师资、资金管理、监督检查等方面建立起一整套行之有效的质量保障机制。在此基础上，进一步完善农民培训配套制度建设。借鉴新津模式，通过建立培训长效机制、激励机制等完善的配套制度，激发农民参训的积极性、提高农民培训工作经济和社会效益。

三是设立新型职业农民培育效果评价指标体系。建立以培训质量为核心的培训效果评价指标体系，将培训数量、考试通过率等客观指标与培训对象满意度等主观指标结合起来，建立全面的考核指标体系。

四是组建独立的第三方专业考核机构。由第三方机构对培训项目全过程进行有效的监督评估，形成考培分离制度，以保证考核的客观性、公平性和农民培训项目的实际效果。

B.17

四川省在校大学生创业意愿与创业能力调查与分析*

陈 莉 黄 怡**

摘 要： 本文在文献分析及质性研究的基础上，编制信效度合格的问卷，多阶分层抽样，对四川省在校大学生的创业意愿、创业能力进行调查，发现69.54%的在校大学生有创业的意愿，并已开始多方面的准备；76.2%的在校生认为创业非少数优秀分子的特权，赞同人人可创业；重点高校学生创业意愿明显高于一般高校学生，但不同类型高校学生的创业能力自评无显著差异；在校大学生各项创业能力发展不均衡，特别是学习能力自评最低，学习能力的不足成为在校生创业能力发展的最大限制。四川省在校大学生整体上表现为创业意愿与创业能力发展的不匹配，不同类型高校有必要根据自己学生特点开发有针对性的创业教育课程。

关键词： 在校大学生 创业意愿 创业能力 创业教育 四川省

2014年李克强总理首次提出了“大众创业、万众创新”的号召，2015

* 基金项目：四川省哲学社会科学规划一般项目“四川省在校大学生创业意愿与创业能力现状调查及分析”，项目批准号：SC15B069。

** 陈莉，博士，四川师范大学教育科学学院副教授，主要从事大学生发展研究；黄怡，四川师范大学教育科学学院硕士研究生，主要从事大学生发展研究。

年川办发〔2015〕64 号文件提出了四川省创新创业教育目标："高校人才培养质量明显提升，学生创新精神、创业意识和创新能力明显增强，投身创业实践的学生显著增加"。高校创业教育如此受到重视，实施效果如何呢？在校大学生如何认识和看待创业？在校大学生创业意愿与创业能力结构和水平是怎样的？对这些问题的回答，可以帮助教育者采取有针对性的教育策略，提高高校创业教育实效。为此，本研究使用自编问卷，对四川省在校大学生的创业意愿与创业能力进行系统调查。

一　研究设计与研究过程

（一）核心概念界定与基本研究假设的提出

1. 创业

关于什么是创业，主要有以下几种代表性的观点：法国经济学家康蒂永最早使用"创业"这一术语，他在 1734 年发表的文章中指出，创业是一种自我雇佣①；熊彼特在 1934 年提出创业即创新，创业就是创造和实现新组合的过程，如新产品、新流程、新市场、新组织形式、新供应源组合等②，这一观点至今广为接受；创业主要指新组织、新企业的建立③；创业就是创造一个有"利润"的组织④；创业是一种思考、推理和行动模式，是一种追求机会、整体权衡、具有领导能力的行为⑤……这些定义分别从特征、结果、过程、动机等视角来说明什么是"创业"，都有其合理性和解释力。在

① McMullan, W. Ed, Long, Wayne A., "*Developing New Ventures: The Entrepreneurial Option*" [M], Harcourt Brace Jovanovich, 1990: 25.

② 〔美〕约瑟夫·熊彼特：《经济发展理论》，商务印书馆，1990，第 56～87 页。

③ William B. Gartner, "A Conceptual Framework for Describing the Phenomenon of New Venture Creation." *The Academy of Management Review*, 1985 (10): 696－706.

④ Arthur H. Cole, The Entrepreneur Introductory Remarks, *The American Economic Review*, 1968 (2): 60－63.

⑤ 杰弗里·蒂蒙斯：《战略与商业机会》，周伟民、田颖枝译，华夏出版社，2002，第 74 页。

校大学生是如何认识“创业”的呢？这将是本研究需要通过调查回答的一个重要问题。

2. 创业意愿

创业意愿是创业者在创业之前的心理状态。创业意愿的构成要素通常被认为包括理性（目标设定、计划、机会分析、目标指导下的行为等）和直觉（预感、愿景等）两个维度①。创业意愿影响因素主要包括创业者个人特质（性别、受教育程度、心理特征等）和微观、中观、宏观环境因素（人际关系、家庭、社会制度、文化传统等）两方面。尽管创业意愿的影响因素相对明确，但这些影响因素如何发挥作用，以及这些因素相互之间如何起作用还并不清楚。基于此本研究主要调查在校大学生创业意愿的构成要素及创业意愿形成的影响因素。

3. 创业能力

“创业能力是一个复杂的、多维度的概念……个体在创业过程中需要完成多种任务、承担多重角色。”② 杰弗里·蒂蒙斯总结创业者应具备的特殊品质，认为合理整合资源、识别商业机会和管理创业团队是创业能力的核心要素③。钱德勒分析和建构了创业能力及指标，他认为创业者个体在创业过程中需演绎三个角色的工作，即创业的角色、管理的角色和技术职能方面的角色，创业者要拥有与这三个角色相关的能力才能完成创业④。由于在校大学生只是潜在的创业者，与创业直接相关的能力大多还只能以“潜能”的形式存在，很难直接调查、评估在校大学生的“创业能力”。因此，本研究主要调查在校大学生可能形成创业能力的相关能力，如自主学习、计划管

① Bird Barbara. Implementing Entrepreneurial Ideas: the Case for Intention. *Academy of Management Review*, 1988, 13 (3): 444.

② 唐靖、姜彦福：《创业能力概念的理论构建及实证检验》，《科学学与科学技术管理》2008年第8期，第52页。

③ 杰弗里·蒂蒙斯：《战略与商业机会》，周伟民、田颖枝译，华夏出版社，2002，第51～86页。

④ Chandler, G. N. and Jansen, E. J. Founder's Self - assessed Competence and Venture Performance. *Journal of Busi - ness Venturing*, 1992, 7 (3): 223 - 236.

理、社会实践等。

4. 创业教育

根据美国的经验，创业教育有商业精英教育和大众普及教育两个方向。本研究只讨论面向大众普及的创业教育。这种创业教育“是指培养大学生的创业意识、创业素质和创业技能的教育，是以能力而非以学历为导向的教育，它是大学生创新教育的深化”①。本研究主要分析学校教育对所有学生创业意愿、创业能力的影响。

（二）核心概念的本土化界定与研究框架的形成

通过文献研究，在对核心概念基本内涵有了初步认识的基础上，通过座谈、访谈、专家咨询法等质性方法进一步对核心概念进行本土化界定。

1. 头脑风暴，了解大学生关于创业的基本想法

研究先后 5 次在成都市区选择不同高校、不同年级、不同专业的学生，以 4 ~7 个人为一组，组成异质性小组，围绕“你认为什么是创业”、“大学生应该创业吗”、“影响大学生创业的因素”、“你身边的创业者”四个问题进行了开放式访谈。访谈结果表明在校大学生关于创业的认知与态度方面存在显著的多样性，如在关于什么是创业的问题上，有这样一些代表性回答。

（1）自我雇佣：“我想创业是因为不想给人打工，不想受人管制。”（大二理科男生）

（2）自主发展：“我觉得创业就是自己做自己想做的事，然后做到更好。有一个目标，不需要多大，自己努力做事就行了，当然前提是不能亏损。”（大三文科女生）

（3）神圣的事业：“我觉得创业是一种很神圣的工作。一般创业的人都

① 房国忠、刘宏妍：《美国大学生创业教育模式及其启示》，《外国教育研究》2006 年第 12 期，第 41 页。

好像是比较优秀的人。”（大一文科女生）

（4）做自己喜欢的事：“创业吧，每一个年轻人都有一个梦想，就是一群人在年轻的时候干一些自己喜欢的事，然后能和一些有共同思想的朋友聚在一起。”（大三理科男生）

在校大学生定义创业的视角多样，但大多是基于自我感受与需求。

2. 进行较大范围访谈，进一步丰富和补充本土概念，提炼概念的构成要素

在初步了解在校大学生关于创业的认知与态度后，接下来以滚雪球的方式对来自 5 所高校的 39 位在校大学生进行访谈，并对所有的访谈资料先后进行开放式编码、聚焦编码后，再结合已有的相关研究文献，初步形成在校大学生创业意愿和创业能力可能的构成要素。

在校大学生创业意愿的可能构成要素：创业认知；事业成就感；创业情感；创业兴趣；创业准备；创业动机；质疑精神；创业意愿强度。

在校大学生创业能力的可能构成要素：市场开拓能力；市场前瞻性；创新思维能力；团队组织管理能力；人力开发能力；风险评估能力；风险承担能力；决策能力；公共关系能力；资源整合能力；抗挫折能力；自信；坚韧；耐心；责任心；勤劳；质疑精神；乐观；学习能力；技术熟练能力；身体健康；智商；筹资能力；资金管理能力；战略制定能力。

3. 专家咨询

采用李克特 5 级量表形式，将以上构成要素设计成表格，邀请 4 位具有 8 年以上青年创业指导经验的专家进行评分，根据得分筛选出构成要素选项。在向专家反馈评分结果时，4 位专家都特别强调，大学生的创业准备是衡量大学生创业意愿强度的一个重要指标，另外社会实践能力也应纳入创业能力的指标体系中去。

（三）调查问卷设计

进一步整理访谈资料、专家评分表和已有研究文献，设计评价指标，编制调查问卷。

表1　创业意愿与创业能力指标体系

一级指标	二级指标	三级指标
创业意愿	对创业的认知	对创业内涵的认识
		对创业条件的认识
	对创业的态度	主动性
		视创业为“特权”
	创业意愿强度	创业意愿的程度
		创业意愿程度的变化
	创业准备	思想上的准备
		资源上的准备
创业能力	社会实践能力	人际交往能力
		沟通能力
	计划管理能力	资源整合能力
		团队控制能力
	学习能力	计划能力
		学习成绩
		自主学习能力
	创新思考能力	创新能力
		反思能力

经过多次试调查、问题筛选，形成包括56个问题的调查问卷，并利用相关统计软件进行信效度检验，经检验问卷信度为0.795，达到可信范围；效度KMO值为0.741，因子分析的平均萃取变异值AVE值为0.567，问卷各测量变量对潜变量的平均变异解释力达到标准。

（四）问卷调查过程

问卷设计完成后，根据区域、高校类型、学科类别、年级、性别进行多阶分层抽样。

首先，区域抽样。假设经济环境是创业意愿的一个影响因素，根据四川省“十三五”规划，四川省包括成都、川南、攀西、川东北、川西北五个经济发展水平不同的区域。本研究根据各经济发展区内的高校数量和大学生数进行比例抽样。

其次，高校类型抽样。985 高校、211 高校、省重点本科、一般本科、高职高专，不同类型高校的学生培养模式与资源不同，本研究假设高校类型对学生创业意愿和创业能力有影响，并根据各类型高校学生数进行比例抽样。

再次，学科类别抽样。根据前期访谈，发现学生所学专业对其创业意愿、创业能力，以及可能的创业领域都可能会有影响。因此，根据《中华人民共和国学科分类与代码国家标准》（2009 年修订版）规定的自然科学、农业科学、医药科学、工程与技术科学、人文与社会科学五大学科门类对在校生进行比例抽样。

又次，年级抽样。由于在校生不同年级所掌握的专业知识和创业信息都存在明显差异，有必要分年级抽样，以了解高校教育对学生创业意愿与创业能力的历时性影响。

最后，性别抽样。根据前期调查，我们假设性别和学生的创业意愿与创业能力相关。

本次调查共发放 4000 份问卷，回收有效问卷 3811 份，有效回收比例 95.28%。

表 2　调查对象的基本情况

参数		频数	比例(%)	参数		频数	比例(%)
性别	男	1743	45.7	学校所在地区	A 地区	2037	53.5
	女	2068	54.3		B 地区	542	14.2
年级	大一	1310	34.4		C 地区	430	11.3
	大二	1089	28.6		D 地区	598	15.7
	大三	971	25.5		E 地区	204	5.4
	大四	441	11.5	学校类型	985	111	2.9
专业	自然科学	640	16.8		211	244	6.4
	农业科学	267	7.0		省重点本科	743	19.5
	医药科学	313	8.2		一般本科	1517	39.8
	工程与技术科学	1193	31.3		高职高专	1196	31.4
	人文与社会科学	1398	36.7				

二　问卷调查结果

（一）69.54%的在校大学生有创业意愿，内部分化明显

根据研究设计，从创业认知、创业态度、创业意愿强度、创业准备四个方面调查了解在校大学生的创业意愿。

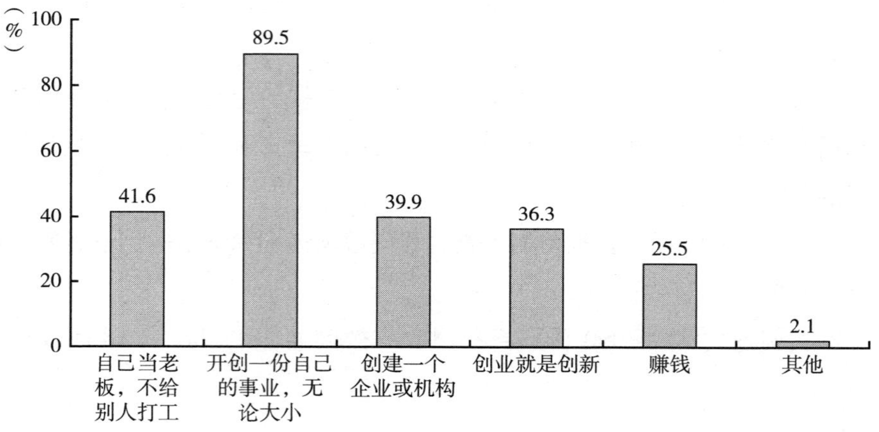

图1　你认为所谓创业是指

1. 在校大学生对创业内涵的认知呈多样化，对创业条件的认知存在偏差

“你认为所谓创业是指”和“你认为哪些行为属于创业”这两道题都是多选题，目的是调查大学生对“创业内涵”的了解，这两个问题可以相互印证。

如图1所示，所谓创业是指“开创一份自己的事业，无论大小”的选项支持率为89.5%，是唯一超过50%的选项。相应的，图2中“开网店做微商”、“开奶茶店或是精品店”、“发展应用一项新技术”、“自主接单完成商业任务”都被认为是创业，其中“开网店做微商”的支持率最高。可见，“自主”、“独立”是在校大学生关于“创业”最基本的理解。值得注意的是，“创业就是创新”的选项支持率不到50%，大部分在校生不认为创新是

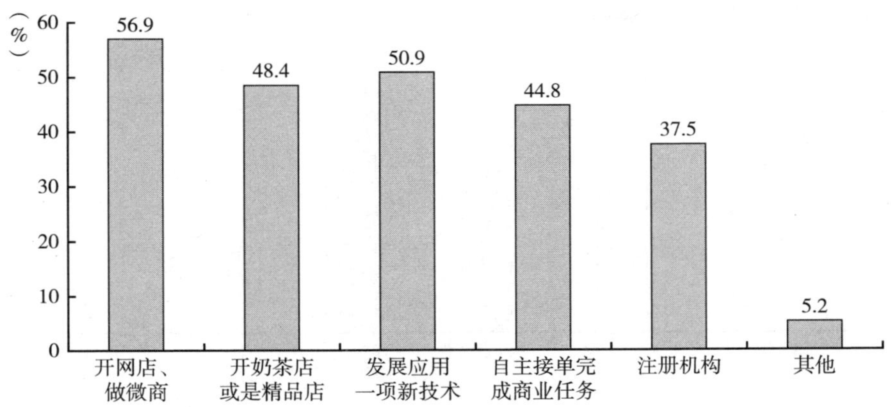

图 2　你认为哪些行为属于创业

创业的核心和必然要求。

如果要创业，需要哪些关键要素呢？这一题仍然是多项选择。在校大学生认为，如果要创业，所需要素的重要性排序为："创业者个人能力" > "独特的产品或是服务" > "资金" > "团队" > "人脉关系" > "商业机会" > "其他"。其中，"创业者个人能力"的支持率显著高于其他选项，"资金"、"团队"、"人脉关系"三个选项有近乎同等的重要性。只有28.7%的在校生承认"商业机会"的重要性。而按照创业战略大师蒂蒙斯的观点，商业机会与团队，以及创业者的个人能力、资金等"资源"一起构成了创业的核心要素。可见，在校大学生对创业要素的认识存在一定的偏差，反映出在校生对市场的不了解。

如果要创业，在校大学生相对于其他社会群体，有哪些优势，又有哪些劣势呢？

"学习能力强，勇于创新"和"年轻有活力，不怕失败"这两项"年青人"的特征被认为是最大的优势。"有专门的政策支持"也获得了超过一半人的认同，表明"支持大学生创业"的政策宣传较为深入人心。调查显示有28%的学生认为作为在校生，能够得到学校的支持也是一个重要的优势。只

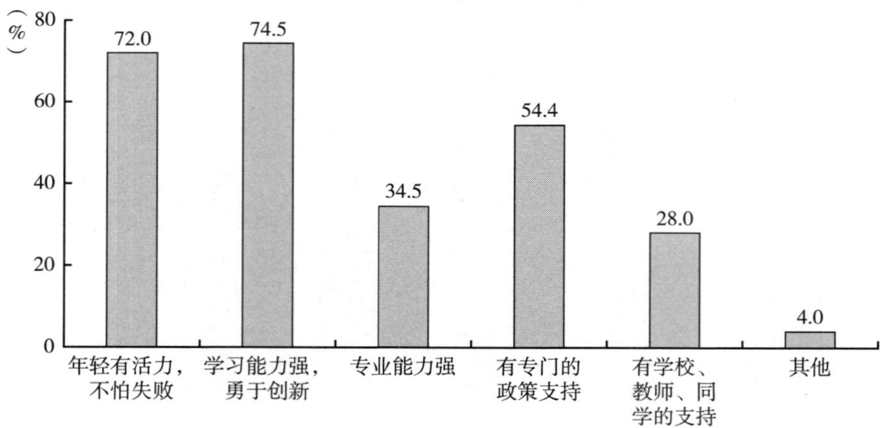

图3　在校大学生创业优势

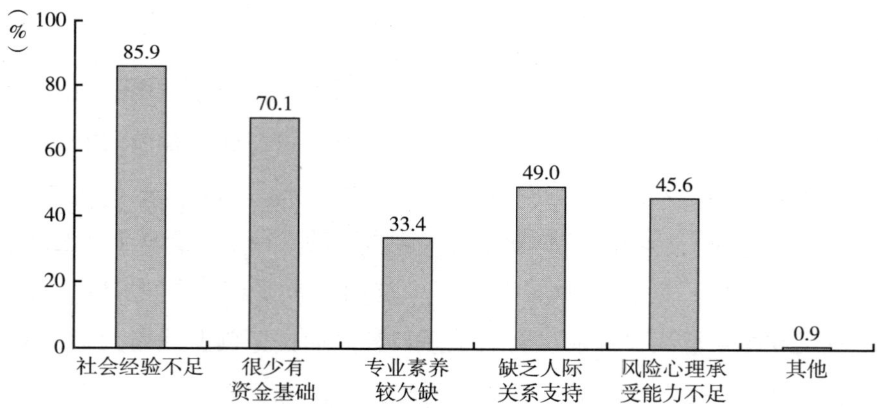

图4　在校大学生创业劣势

有34.5%的学生认为专业能力强是优势。尽管自评不具有专业能力的优势，但大多数在校生认为自己不存在专业素养欠缺的劣势。“社会经验不足”被认为是绝对劣势，资金、人际关系等资源方面的不足也是重要的劣势。

2. 创业态度总体上是积极的，76.2%的在校生赞同人人可创业，只有27.5%的在校生认为创业是就业难背景下的无奈选择

如何看待在校大学生创业呢？这一题仍然是多项选择题。

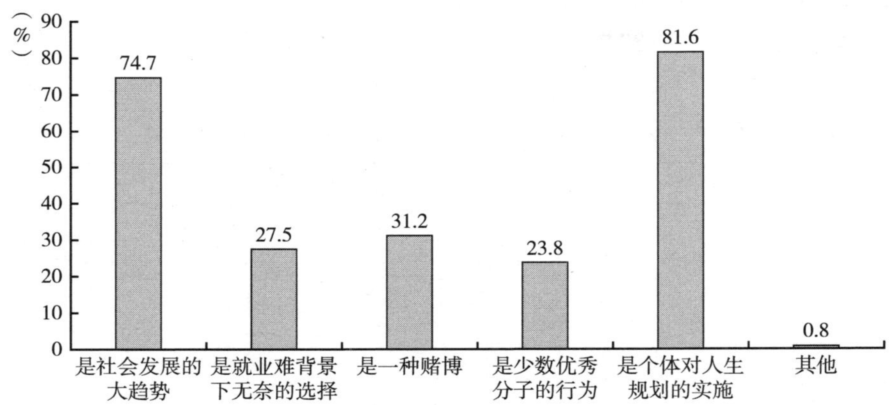

图5　关于在校大学生创业的看法

如图5所示，在校大学生创业“是个体对人生规划的实施”的选项支持率最高，达81.6%，这与前期访谈时在校生主要从自我发展视角认识创业的情况是一致的。在校生创业“是社会发展的大趋势”选项支持率74.7%，表明在校生对自己创业持乐观态度。最后，创业是“就业难背景下无奈的选择”选项支持率只有27.5%，可以认为大多数在校生并不认为就业难的压力会自动转化为创业的动力。需要注意的是，只有31.20%的在校生认为创业是一种赌博或是少数优秀分子的专利（23.80%），相反大多数在校生都赞同普通人也可以创业。

3.69.54%的在校生有创业的意愿，但受多因素影响呈现出分化特点

如果大多数在校大学生对在校创业的态度是积极的，那么有多少人有过自己创业的想法呢？整体来看，69.54%的在校生都有创业的意愿。

如表3所示：

在性别方面，在校男、女大学生的创业意愿都比较高，其中男生比女生高了约8个百分点。

在年级方面，大三学生的创业意愿最为强烈，但大一新生的创业意愿也非常强，大四学生创业意愿相对比较弱。

在学科类别方面，人文社科专业的学生创业意愿最弱，但也超过了一半人数，非文科的各专业学生的创业意愿差别不大。可见，学科类别对学生的创业意愿有较为重要的影响。

表 3　有创业意愿的在校大学生分类统计

<table>
<tr><td></td><td colspan="5">有创业想法的学生比例</td></tr>
<tr><td>性别</td><td colspan="2">男 74.01%</td><td colspan="3">女 65.76%</td></tr>
<tr><td>年级</td><td>大一 70.68%</td><td>大二 65.20%</td><td>大三 73.12%</td><td colspan="2">大四 68.93%</td></tr>
<tr><td>专业</td><td>自然科学
76.66%</td><td>农业科学
75.74%</td><td>医药科学
68.49%</td><td>工程技术
76.53%</td><td>人文社科
59.65%</td></tr>
<tr><td>区域</td><td>成都
69.86%</td><td>川南
67.34%</td><td>攀西
80.23%</td><td>川东北
63.04%</td><td>川西北
68.63%</td></tr>
<tr><td>学校类型</td><td>985
86.5%</td><td>211
80.5%</td><td>省重点
73.8%</td><td>一般重点
67.9%</td><td>高职高专
65.2%</td></tr>
</table>

在学校类型方面，在校大学生的创业意愿与学校的层次类型呈明显的直线性关系，越是高层次大学在校学生创业意愿越强。

在学校所在地理区域方面，在校学生创业意愿最高的是攀西地区，成都和川南、川西北地区的差别不大。攀西地区在校大学生创业意愿最高，结合其他问题的调查，我们认为这一结果与这一地区高校以理工为主有关。在没有其他数据支持下，我们只能推测高校所在地区经济发展水平不是影响学生创业意愿的显著因素。

4. 在校大学生普遍有意识地进行创业准备，创业意愿与创业准备呈高度相关

“我在大学期间有创业的想法”和“毕业之后一定会创业”这两题的得分分别是 3.55 分和 3.28 分，表明受调查对象有较为强烈的创业意愿，至少在思想上为可能的创业做了准备。

在创业的资源准备方面，受调查对象在积极、主动获取信息、资源、条件等方面得分都超过了 3 分，只有“参加过创业相关的培训”得分是 2.08。可以认为在校大学生有较强烈的创业意愿，相当多的学生也在自动付出努力做准备，但获得的外部培训支持较弱。

在校大学生的创业意愿与其创业准备之间的关系是怎样的呢？

表 4　创业意愿与创业准备的交叉表

单位：%

项目	你从什么时候开始有创业的想法？				
	从来没想过	大四	大二大三	大一	上大学前
有意去寻找创业机会	6.5	53.08	41.96	23.2	25.6
已经在为创业寻找资金来源	4.2	61.85	66.78	70.6	41.9
阅读创业相关书籍	3.7	47.2	40.09	18.2	19.3
会去向有创业经验的人请教	5.6	40.9	54.9	67.9	37.4
去了解大学生创业的渠道程序	6.6	50.3	43.38	23.6	24.4
参加过创业相关的培训	2.5	6.8	3.84	4.97	6.28

“从来没有想过创业”的学生在创业准备各方面的得分都非常低。无论是否有创业想法，以及无论在哪个年级阶段开始有创业想法，在校大学生接受创业相关的培训都非常不足。“寻找创业资金”是所有有创业意愿的大学生付出最多的创业准备。但在校大学生们在认知层面认为“个人能力”而非“资金”是创业最重要的要素。可见，在校大学生关于创业准备存在认知与行为上的偏差。“有意去寻找创业机会”和“了解创业的渠道程序”，这两个有可能导向实际创业行为的准备与年级呈显著正相关，年级越高，越多学生着手创业准备。

（二）在校大学生创业能力发展不均衡，学习能力不足是最大的限制

根据研究设计，本研究主要从社会实践能力、计划管理能力、学习能力和创业思考能力四个方面调查了解在校大学生的创业能力。

1. 在校大学生社会实践能力整体得分不高，与其接受创业教育的经历呈正相关

对实际创业者而言，识别与把握“机会”是创业能力的核心要素之一。但对在校大学生而言，实际上接触“创业机会”的可能性非常少。因为“创业机会”的主要来源是市场，只有接触、了解市场才有可能识别、把握机会。在前期质性研究中，无论是学生访谈还是专家咨询，都强调社会实践能力应是在校生创业能力的必要构成要素，因为参与社会实践才有可能接触社会、了解社会，为以后识别、把握创业机会积累社会经验与社会资本。其

中“我专注于课程学习，很少参加课外活动”和“我只跟学校里的同学交往，我的朋友都是我的同学”两题反向赋值。

在校大学生社会实践能力平均得分3.14分，只是刚刚过及格线，而且越需要实际操作的得分越低：信息获取得分最高，为3.30分；实际参与社会实践得分次之，为3.25分；最低的是社会人际关系得分，只有2.97分，大学生社会关系网络以身边的同学为主，这是与现实相符合的。

就单个问题来看，“我经常参加社会服务工作”这一问题得分最低，只有2.61分；而“我曾经有过自主赚钱的经历”得分相对较高，有3.47分。这与前面创业意愿调查反映出来在校大学生主要从自我的视角出发认识创业是一致的。当今的市场经济是越来越强调社会责任的市场经济，不仅培养未来的企业家有社会责任感应该是企业家精神教育的一个重要内容，而且对在校大学生来说，培养合格的社会公民更是基础性的要求。因此，加强社会责任感教育，提供更多的参与社会服务的机会，在社会服务实践中了解社会、理解社会，应该是高校创业教育的一个重要途径。

2. 在校大学生的管理能力相对较高，但规划能力有待提高

领导力是创业者必须具备的能力之一。根据文献研究及前期调查，我们主要通过调查了解在校大学生的计划管理能力来衡量他们的领导力。其中“曾经担任过学生干部”是调查在校大学生管理能力的一个重要方面。

在校大学生计划管理能力平均得分3.23分，比社会实践能力稍高，特别是“曾经担任过学生干部”一项得分为3.95分，可见大多数在校大学生都担任过或大或小的学生干部，都曾经从事过管理的实践工作。与团队控制能力相比，在校大学生的自主规划能力相对较弱。对未来的规划与时间的合理安排要做得更好需要掌握相应的技术，更重要的是对未来要有较为明确的认识，而这两方面，创业教育都可以发挥作用。

3. 在校大学生普遍认为学习是影响创业的重要因素，但学习能力自评较低

在知识经济时代，创新是创业成功的关键要素之一。对在校大学生而言，他们与一般创业者最大的区别就在于他们正在接受系统的专业学习。系统学习专业领域前人积累的重要知识、掌握学习的方法，是在校大学生在当下或是将来创业最重要的资本。因此，专业知识技能与自主学习能力是衡量在校大学生潜在创业能力的重要指标。专业知识技能包括在校大学生专业学习的成绩、态度、应用等方面，而自主学习能力包括学习态度、学习方法、学习领域、成就感等方面。

在校大学生学习能力平均得分3.12分，其中专业知识的掌握得分3.07分，自主学习能力3.16分。可见，无论是专业知识学习，还是学习能力，四川省在校大学生自我评估得分都不高。由于本次调查采用的是自陈问卷，并不是对在校学生学习能力及专业成绩的客观评价，因此只能说在校大学生对自己的学习能力和专业知识的掌握不是太满意。尽管专业知识和学习能力这一项总体得分不高，但“我认为学好专业知识，对我以后的创业有重要帮助”这一题平均分有3.85分。说明虽然在校大学生对自己的学习能力普遍不太满意，但大多数在校生都认同如果要创业，学好专业知识是很重要的。

在校大学生学习能力不足直接决定了大学生创业能力的不足，这一数据结论与现实情况是相符合的。当前大学生普遍有较高的创业意愿，但创业成功率始终没有超过5%，反映出大学生创业能力的不足。因此，要对在校大学生开展创业教育，提高学习能力是关键，“以学习为中心”是始终要坚持、不能偏离的基本原则。

4. 在校大学生创新态度积极，但自主思考能力相对不足

创新能力一直被认为是创业能力不可或缺的核心构成要素。本次调查主要从自主思考的意识与能力，以及对待创新的态度与努力程度来考察在校大学生的创新能力。

在校大学生创新能力平均得分3.33分，其中，“我认为创新是人人都可以具备的品质”和“我认为创新是创业的必备条件”两题都得到了3.69分的最高分，说明在校大学生对创新的重要性及创新教育的可能性都普遍赞同。相对于对待创新的态度与努力，在校大学生自主思考的意识与能力较弱。反映出在校大学生有创新的意愿，但如果自主思考能力不足将限制创新能力的发展。

三　结论：在校大学生创业意愿强度与创业能力不匹配

通过文献研究及访谈、专家咨询等质性研究，本研究初步明确了在校大学生创业意愿与创业能力的基本构成要素：创业意愿由创业认知、创业态度、创业意愿强度和创业准备四个基本要素组成；创业能力由社会实践能力、计划管理能力、学习能力和创新思考能力四个基本要素组成。创业意愿与创业能力的水平程度及相互之间关系则通过系统的问卷调查进行揭示。

首先，69.54%的在校大学生有创业的想法，整体上来看在校生有较强的创业意愿，但创业能力平均得分只有3.21分（满分5分），每一项得分都不高，特别是学习能力得分最低。学习能力的不足不仅极大地影响了在校大学生当前创业的成功率，还可能成为制约大学生创业能力进一步提升的障碍。因此，无论是鼓励在校生创业，还是进行创业教育，都应该围绕“学习”这一根本主题。当前各高校里无论是热热闹闹的创业比赛还是此起彼伏的开网店，都不能动摇“学习”的核心位置，否则，只能是本末倒置，得不偿失。

其次，从问卷调查结果来看，创业意愿与创业能力之间存在显著的正相关，即创业意愿越高，创业能力也越高；反之亦然。

如图6所示，创业意愿与创业能力之间，以及二者内部各组成要素之间都存在显著的相关关系。在创业能力的四个构成要素中，计划管理能力对创业能力的贡献率最高，而创新思考能力的贡献率最低。

最后，四川省各类型在校大学生在创业意愿方面存在较为显著的差异性，而在创业能力方面的差异性不显著。在校大学生的创业意愿受多方面因素影响：高校层次类型对在校大学生创业意愿的影响最强烈，高校层次越高学生创业意愿越强；人文社科专业的学生创业意愿最低，其他学科专业的学生创业意愿差别不大；年级、性别、学校所处地理位置对在校大学生的创业意愿都有不同程度的影响。而根据本次自陈问卷调查，在校大学生的创业能

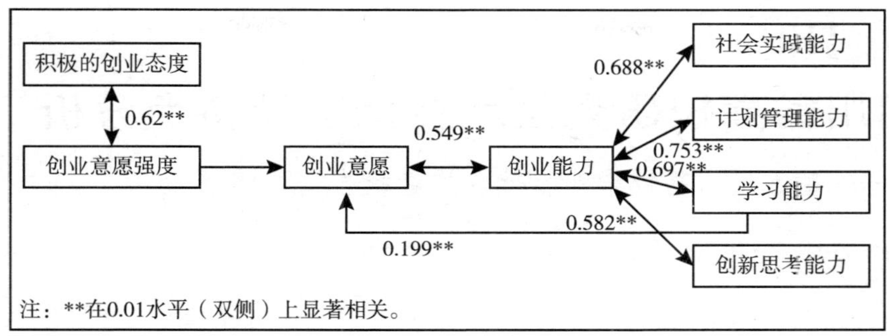

图6　四川省在校大学生创业意愿与创业能力关系示意

力与性别、年级、学科专业、学校类型、学校所处地理位置等因素的相关性并不显著。

总之，根据大样本的问卷调查，可得四川省在校大学生的创业意愿较强，且受多因素的影响，而创业能力普遍偏低，创业意愿与创业能力之间存在不匹配的情况。由于在校大学生的创业能力主要是以潜能的方式存在，所以我们对创业能力的调查结果并不一定能准确地反映在校大学生真正的创业能力。我们认为在校大学生的创业能力或潜力是其综合素质的一部分，在有针对性地引导、培养在校大学生创业意愿的同时，提高以学习能力为核心的综合素养是关键，而不是盲目地鼓励在校生开展不成熟的实际创业尝试。

B.18

四川省高校研究生就业情况及特点分析

——基于川内高校毕业生就业质量报告

吴 戈*

摘 要： 高校研究生就业情况和特点的分析能够为高校研究生培养制度的改革发展和地区人才政策的制定提供重要参考和决策依据。本文根据2018届四川省高校毕业生就业质量报告相关数据，考察川内高校毕业研究生的就业率、就业去向以及各学科签约率等基本就业情况，从就业地域分布、行业分布以及就业单位性质分布深入分析其就业特点，并就扩大研究生的培养规模、调整部分专业设置、修订研究生培养目标和培养模式、地方人才政策制定等方面提出相关政策建议。

关键词： 研究生就业 高校毕业生 就业质量 四川省

研究生教育是培养高层次人才的主要途径，是国家创新体系的重要组成部分。刘延东在国务院学位委员会第三十三次会议上强调，要继续深化研究生培养模式改革，着力提高博士生培养质量，以“服务需求，提高质量”为主线，推动研究生教育稳中求进，进中有新，持续走内涵发展路线。作为观察和研究研究生培养体系的最重要手段之一，通过分析其就业情况可以为

* 吴戈，博士，西南财经大学发展研究院讲师，主要从事人口、资源与环境经济学研究。

研究生培养制度的改革发展和地区人才政策的制定提供重要参考和决策依据。①

一　四川省高校地域分布

据四川省教育厅统计，截至2018年5月，四川省普通高等学校共计119所（含独立学院9所），设立研究生专业的高校共26所，另有四川省社会科学院等14所研究机构同样设立研究生专业。从地域分布上看，26所高校中，成都共16所，占总数的61.5%；其次为南充、绵阳和泸州，各占2所（7.69%）；剩余4所则分别位于德阳、自贡、乐山和宜宾（3.85%）。而研究机构中，除西南自动化研究所外，其余均位于成都市，可见该市在人才上具有明显优势。从院校类型上看，部委直属6所，省属20所。上述院校以工科类居多，财经类、农林类及艺术类高校所占比重较少。

二　毕业研究生就业基本情况②

（一）毕业研究生规模及就业率情况

2018届高校毕业生中，研究生学历为25523人；较2017届有所增加。但总数值并非持续性上涨，2017届比2016届毕业生减少229人。在研究生录取人数持续稳步增加的前提下，毕业人数的波动主要在于部分博士研究生无法在规定的时间内正常毕业。为提升毕业生质量，近年来各高校提高了博士生毕业要求，在一定程度上增加了毕业难度，"宽进严出"的趋势逐渐形成。

① 刘延东：《在国务院学位委员会第三十三次会议上的讲话》，http://www.moe.gov.cn/jyb_xwfb/moe_176/201703/t20170313_299224.html。

② 2018届毕业生就业数据截止时间：四川省高校总体数据、西南交通大学、四川农业大学为2018年8月31日，电子科技大学为2018年7月1日，四川大学为2018年11月30日，西南财经大学为2018年12月25日。

不同学校间研究生毕业人数差距较大。一般而言，综合类高校和规模较大的工科类高校培养规模较大，研究生毕业人数在3000人以上，属于大规模培养单位，如四川大学；部分财经类、农林类、师范类省内龙头高校研究生毕业人数在1000～3000人，为中等规模培养单位，如西南财经大学、四川师范大学；大部分高校属于小规模培养单位，研究生毕业人数在1000人以下，如成都大学2018届毕业研究生仅有64人。即使在211高校中，这种差异也较为显著（见图1）。四川大学2017和2018届毕业研究生均在6000人以上，占全省研究生毕业人数的24.1%，和电子科技大学同属大规模培养单位；而四川农业大学2017届毕业研究生为810人，2018届增至1134人，不足四川大学的1/5。与国内其他同类高校相比，全省高校毕业研究生人数较少，特别是博士生。以2018届为例，仅四川大学超过1000人，电子科技大学和西南交通大学在200～300人，其余高校博士毕业生均少于100人。而南京农业大学、西安交通大学等同类高校博士毕业生人数分别为507和783人，这与高校实际招生情况相吻合。

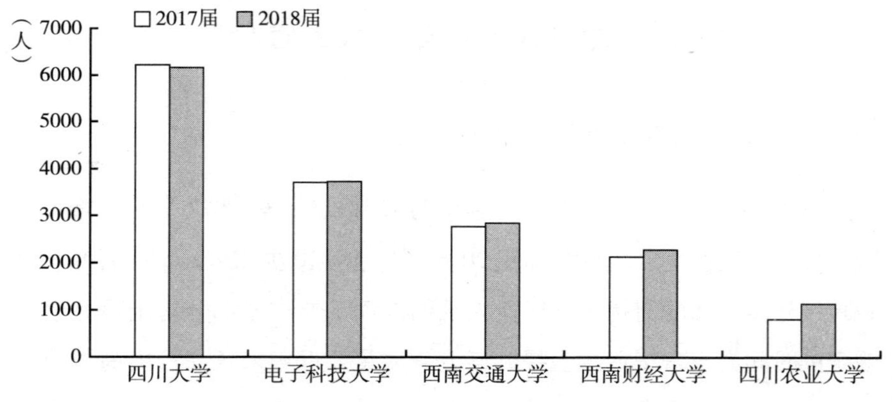

图1　四川省211高校毕业研究生人数

在全省研究生毕业规模稳中有升的情况下，研究生就业率却表现得不尽如人意。从近三年不同学历毕业生就业率可以看出，除2017届外，研究生就业率始终低于本科生和专科生，且2018届研究生的就业率较前两届更低，仅为84.15%。就业率最高的是西南财经大学（2018届为99.36%），其硕士和博士毕业生就业率分别为98.72%和100%，是唯一博士全部就业的高校。四川大学、电子科技大学以及西南交通大学研究生就业率也在96%以上。

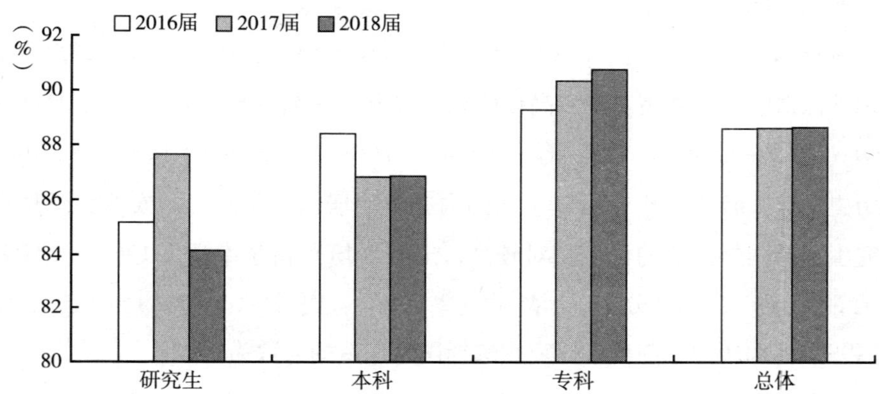

图2　2016～2018届总体及不同学历毕业生就业率变化趋势

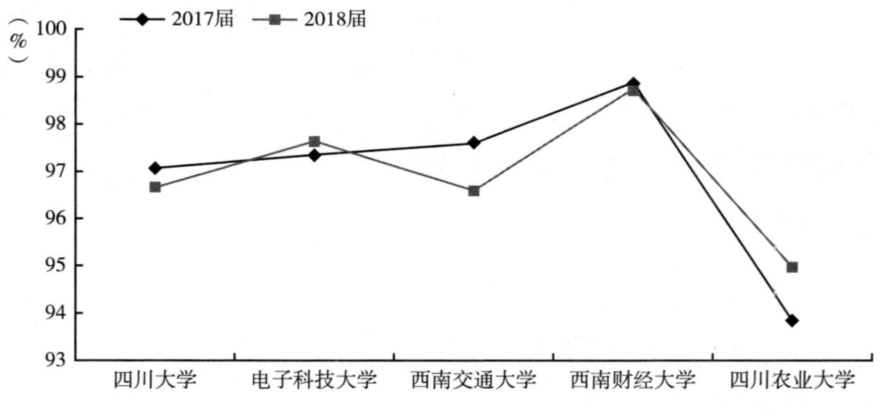

图3　四川省211高校毕业研究生就业率

（二）毕业研究生就业去向

高校研究生就业去向呈现多样化，包含签约就业、升学、出国（境）留学、自由职业、自主创业、其他录用形式就业等。其中，签约就业的比例最高，以2018届为例，该比例为74.68%，即包括59.92%的签就业协议形式就业、7.08%签劳动合同形式就业以及7.68%其他录用形式就业。全省高校中，西南财经大学和电子科技大学签约就业比例相对较高，分别为94.90%和94.79%。

选择国内升学或出国（境）留学的比例为5.81%，相比而言，国内深造比国外深造的比例更高。两所高校研究生国内升学率在6%以上，分别是四川大学（8.45%）和四川农业大学（6%）。理学（11.33%）、医学（8.17%）和历史学（7.47%）毕业研究生的国内升学率居前三位。四川农业大学毕业研究生选择国外深造的比例相对较高，出国（境）留学率达3.17%。从学科上看，居前三位的分别是农学（2.99%）、医学（1.48%）和艺术学（1.40%），而历史学与哲学研究生选择国外深造的人数为0。

尽管选择自主创业的比例不高，但从2016~2018届创业率可以看出，毕业研究生的创业率稳中有升（分别为0.47%、0.48%、0.53%）。其中，居前三位的学科分别为艺术学（2.22%）、管理学（1.49%）和农学（1.03%）。创业率的提升不仅对促进高校科技创新及科研成果转化具有良好的作用，同时也表明在“大众创业、万众创新”号召下，四川省所出台的一系列创新创业激励政策已经初显成果。

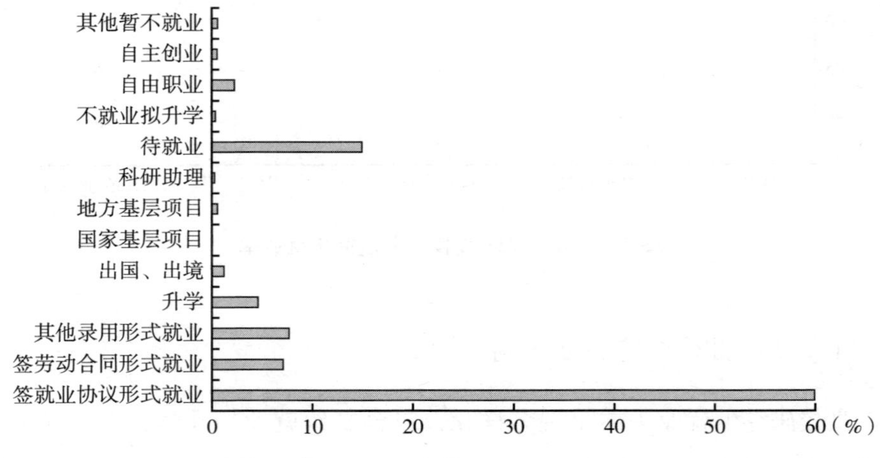

图4 2018届研究生就业去向

（三）毕业研究生签约率的学科排名

签约率是反映高校毕业生就业情况最具说服力的数据。发掘出研究生学科中签约率最高和最低的专业，对于教育主管部门科学制定相关政策、高校深化教育教学改革以及考生选择学科门类都具有重要的实践参考意义。从毕业生签约率来看，2018 年四川省高校毕业研究生签约率前五的学科分别为工学、经济学、医学、管理学和教育学，签约率均在 70% 以上。排名后四位的分别为文学、哲学、艺术学和历史学，签约率均低于 60% 。

表 1　不同学历毕业生签约率排名

学科	研究生				本科生	
	毕业人数	签约率(%)	毕业人数排名	签约率排名	签约率(%)	签约率排名
工学	9758	82.54	1	1	68.12	4
医学	2902	76.57	2	3	65.71	6
管理学	2485	73.56	3	4	76.49	1
理学	2242	62.40	4	7	60.27	9
经济学	1649	82.41	5	2	61.82	8
法学	1441	68.98	6	6	47.21	11
教育学	1389	73.00	7	5	74.13	3
文学	1281	58.79	8	9	67.36	5
农学	1071	61.99	9	8	51.34	10
艺术学	856	47.79	10	11	76.18	2
历史学	241	46.47	11	12	63.28	7
哲学	176	51.70	12	10	40.00	12

从排名上看，有几点需要引起教育主管部门、高校和学生本人重视。

首先，大部分学科研究生毕业人数排名和签约率排名较为一致，如毕业人数最多的是工学，而其签约率也最高，但理学和经济学却出现了背离。经济学研究生签约率高达 82.41%（排名第二），但其毕业生人数却排名第五。而理学情况刚好相反，毕业人数较多，签约率却靠后。上述两个学科需要对专业设置以及招生计划进行适度调整。

其次，对于同一学科，用人单位对不同学历层次毕业生的偏好存在差异。管理学和教育学毕业生，无论研究生或本科学历，其签约率均保持在73%以上。对于工学、医学、经济学、法学而言，研究生签约率显著高于本科生，即研究生更受青睐；对于艺术学和历史学而言，用人单位更倾向本科毕业生。

再次，研究生签约率排名较低的哲学，其在本科毕业生中签约率最低。尽管与2016届相比，2018届哲学类毕业研究生规模已大幅下降8.33%，但该学科毕业生签约率仍仅有51.7%。为何该学科受人才市场冷落？如何解决这一问题？

三　毕业研究生就业特点

（一）毕业研究生就业地域分布

毕业生就业地域的分析能够看出地域对毕业生的吸引力，进而有利于当地政府制定合理的人才政策，以吸引高层次人才服务当地经济社会发展。

从片区上看，2018年毕业研究生主要就业于川渝地区，占比为60%以上。此外，长三角经济区、粤港澳大湾区和京津冀协同发展区也是重点就业区域，三者合计占比约为22%。

从省域上看，2018年毕业研究生四川省省内就业比重为55.5%，较前两年略有增长（2017年为53.55%，2016年为52.77%）。从学历层次上看，研究生省内就业比重不及本科（68.87%）和专科（82.43%），一方面可能由于生源原因，本科和专科毕业生大多来自本省，不愿意离开四川，而研究生相对出川的意愿更强；另一方面也说明四川省高校毕业研究生到外省就业的难度较其他学历层次稍易。除四川省外，广东省的就业比重位居第二（约8%），再次为北京、浙江、江苏等发达省份。值得一提的是，在2018年毕业的研究生中，20余人选择去西藏就业，仅西南交通大学中便有6人，占该校毕业生人数的0.25%。相比而言，选择去新疆就业的毕业研究生人数相对较多（约为去西藏的2倍以上），仅四川大学和四川农业大学中便有

27 人。

从城市上看，就业学生数量最多的十大城市是：成都、北京、深圳、重庆、上海、武汉、杭州、广州、南京和西安。其中，成都是所有城市的首选，占比近50%。四川农业大学成都就业比例更是达到68.44%。从城市行政属性上看，全部为直辖市或省会城市。从城市规模上看，除西安外，其他均为超大和特大城市。一方面，这些城市在发展时对人才的需求量大；另一方面，上述城市聚集着优质的医疗、教育、就业等资源，对人才的吸引力强。

将省内部分211高校毕业研究生去往超大城市（北京、上海、广州、深圳、重庆）就业情况进行对比，可以看出，电子科技大学比重最高（32.14%），其在北京、上海和广州就业的研究生比重是四川大学的2倍以上（见图5）。这与该校专业设置存在较大关系，作为一所以电子信息科学技术为核心的高校，其信息与通信工程、软件工程等核心专业人才在超大和特大城市需求量大，华为、中国电子科技、中兴、中国航空工业集团等相关企业均在上述城市设置岗位，能够实现人才与用人单位的有效匹配。

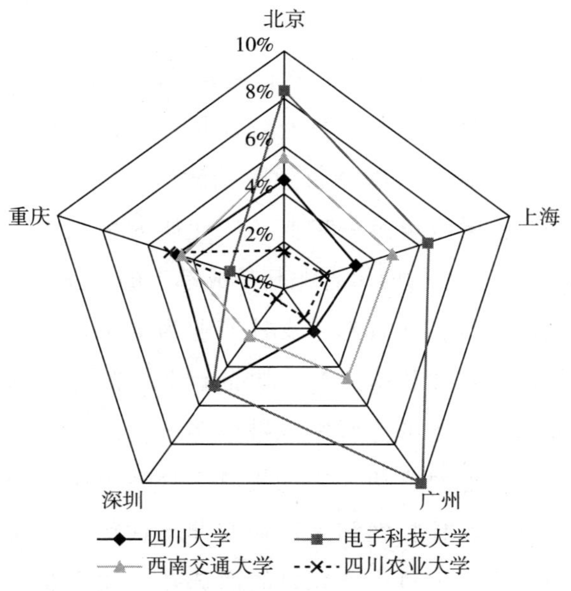

图5　部分211高校2018届毕业研究生超大城市就业分布

（二）毕业研究生就业行业分布

通过对毕业生就业行业类别的分析，可得出高校在专业设置、人才培养上与所在区域产业结构的契合度以及各行业对毕业生的吸纳能力。四川省2018 届高校毕业研究生主要就业行业类别如图 6 所示。

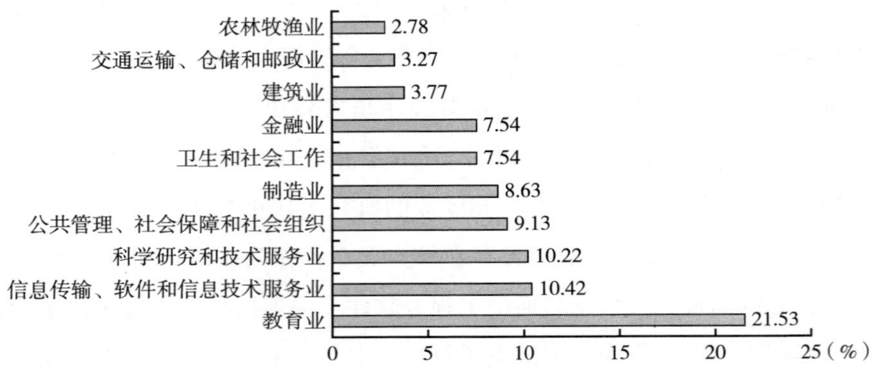

图 6　2018 届毕业研究生主要就业行业类别

从行业类别看，教育行业吸纳毕业生最多，占比为 21.53%；其次为信息传输、软件和信息技术服务行业以及科学研究和技术服务行业，吸纳能力在 10% 以上；而农林牧渔行业吸纳的研究生相对较少。此外，国际组织、军队、住宿餐饮以及采矿业的毕业研究生最少，吸纳能力基本不足 1%。这种行业分布与四川省尤其是成都市的产业结构以及行业对学历层次的需求大体吻合，如成都市支柱产业为电子信息产业、装备制造业，因此信息传输、软件和信息技术服务行业、制造业以及与支柱产业相关的科学研究和技术服务业吸纳人数较多。又由于社会对教育的重视程度提高以及教育行业对学历要求的提升，众多毕业研究生选择从事教育行业。相比而言，农林牧渔和采矿业并非支柱产业，而餐饮住宿行业对学历要求不高，更受本科生青睐，故而选择上述行业就业的毕业研究生最少。

（三）毕业研究生就业单位性质分布

从2018届毕业研究生就业单位性质来看（见图7），大多数研究生的首选是企业单位，包括民营企业、国有企业和三资企业，比例达50.44%，可见企业是研究生就业的主要单位。其中，民营企业比重最大，三资企业比重较低。这与三种不同类型企业的数量存在一定关系，民营企业数量庞大，因而所需岗位数量相应最多。国有企业中，211高校研究生比例远高于一般本科院校，其中比例最高的为西南交通大学（52.99%）、西南财经大学（32.83%）和电子科技大学（29.57%），而一般本科院校这一比例大多低于10%。事业单位（包含高等教育、中初教育、科研设计、医疗卫生以及其他事业单位）和党政机关是研究生就业的第二选择，占比为48.09%。这一方面由于事业单位工作较为稳定、福利待遇好；另一方面，这些部门和单位需要研究能力、教学能力强的毕业生，因而深受具备这样素质的研究生青睐。需要指出的是，选择基层就业（包括城镇社区和农村建制村）的研究生仅为0.07%，无一人选择去农村建制村就业（见表2）。中国新农村建设和农村科学技术进步都需要大量高素质人才，但客观存在的事实是农村生活环境、事业发展条件还不足以吸引高校研究生，这是一个需要引起全社会关注的问题。该问题的破解需要政府、高校和用人单位的共同努力，特别是政府出台更好更优惠的政策、更加特殊的政策，鼓励激励高校毕业研究生到基层工作。

从学历结构上看，不同学历层次毕业生在选择就业单位时具有显著偏好差异性，硕士毕业生更加倾向企业，而博士毕业生更加倾向教育科研机构。以2018年为例，四川大学67.29%的硕士生选择进企业，而博士生进企业的比重仅为10.54%。西南财经大学进企业的硕博就业率分别为78.51%和16.25%。对于教育科研机构，四川大学硕博就业率分别为9.44%和47.71%；西南财经大学这一比例差距更大，为4.46%和71.25%。

对比部分高校2017和2018两届研究生就业单位数据发现，大多数高校毕业研究生选择教育（高等+中初）和科研设计单位就业的比率有所下降。在就业人数较为稳定的情况下，四川大学选择该类单位就业的人数下降

20.56%，电子科技大学该类单位就业率下降2.68个百分点，西南交通大学、西南财经大学就业率均下降1个百分点。一方面由于高校和科研机构对应聘者的要求逐年提高，另一方面高校教师所面临的科研和职称压力大，因此选择该类单位就业的毕业生较2017年减少。

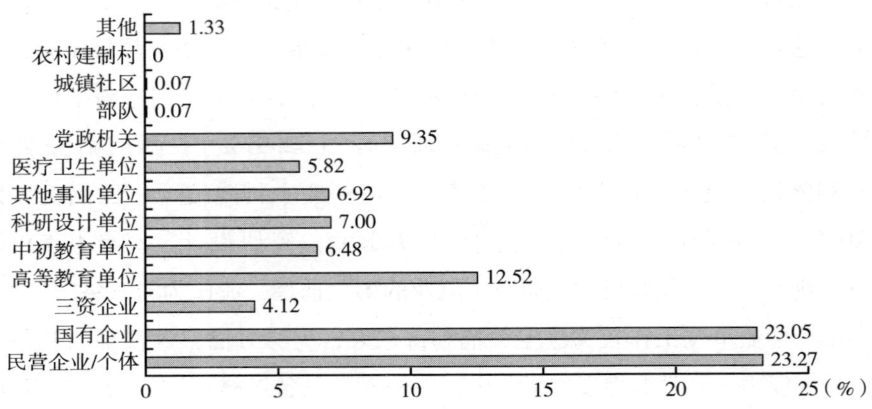

图7　2018届毕业研究生就业单位性质分布

表2　部分高校2017～2018届毕业研究生就业单位性质

单位：%

<table>
<tr><th rowspan="2">就业单位性质</th><th colspan="2">四川大学</th><th colspan="2">电子科技大学</th><th colspan="2">西南交通大学</th><th colspan="2">西南财经大学</th></tr>
<tr><th>2018届</th><th>2017届</th><th>2018届</th><th>2017届</th><th>2018届</th><th>2017届</th><th>2018届</th><th>2017届</th></tr>
<tr><td>民营企业/个体</td><td>26.99</td><td>23.92</td><td>41.42</td><td>49.55</td><td>20.87</td><td>20.94</td><td>39.26</td><td>40.40</td></tr>
<tr><td>国有企业</td><td>21.10</td><td>22.15</td><td>29.57</td><td>21.07</td><td>52.99</td><td>55.95</td><td>32.83</td><td>34.68</td></tr>
<tr><td>三资企业</td><td>8.26</td><td>6.51</td><td>6.98</td><td>5.46</td><td>8.74</td><td>5.95</td><td>4.21</td><td>3.95</td></tr>
<tr><td>高等教育单位</td><td>12.33</td><td>14.27</td><td>5.30</td><td>6.06</td><td rowspan="3">10.66</td><td rowspan="3">11.73</td><td rowspan="3">6.84</td><td rowspan="3">7.58</td></tr>
<tr><td>中初教育单位</td><td>1.91</td><td>2.43</td><td>1.13</td><td>0</td></tr>
<tr><td>科研设计单位</td><td>2.59</td><td>3.34</td><td>8.95</td><td>11.84</td></tr>
<tr><td>其他事业单位</td><td>3.12</td><td>4.37</td><td>1.44</td><td>1.50</td><td rowspan="3">6.40</td><td rowspan="3">4.96</td><td rowspan="3">15.66</td><td rowspan="3">12.83</td></tr>
<tr><td>医疗卫生单位</td><td>14.75</td><td>15.22</td><td>0.88</td><td>0</td></tr>
<tr><td>党政机关</td><td>6.57</td><td>6.69</td><td>3.85</td><td>1.74</td></tr>
<tr><td>部队</td><td>0.88</td><td>0.99</td><td>0.48</td><td>1.41</td><td>0.33</td><td>0.47</td><td rowspan="4">1.21</td><td>0</td></tr>
<tr><td>城镇社区</td><td>0</td><td>0</td><td>0</td><td>0</td><td>0</td><td>0</td><td>0</td></tr>
<tr><td>农村建制村</td><td>0</td><td>0</td><td>0</td><td>0</td><td>0</td><td>0</td><td>0</td></tr>
<tr><td>其他</td><td>1.50</td><td>0.10</td><td>0</td><td>1.37</td><td>0</td><td>0</td><td>0</td></tr>
</table>

四 结论和建议

（一）秉承均衡发展教育的理念，扩大省内高校研究生培养规模

研究生教育具有显著的正外部性，能够为地区经济社会提供强有力的智力保障，而地区经济的发展也在一定程度上促进了研究生教育的发展。然而，四川省高校研究生（尤其博士生）毕业规模显著低于国内其他同类高校，主要原因在于招生指标较少。因此，四川省应首先加大对高层次人才的内培力度。建议国家实施西部地区高层次人才培养特别项目，扶持西部地区高校适度扩大研究生培养规模，尤其是加大对地区紧缺专业的人才培养力度。

（二）根据市场需求，及时调整专业设置

研究表明，高校部分研究生专业设置与市场需求存在一定偏离，造成相关专业研究生签约率低。有鉴于此，高校应随时了解市场对人才需求的动向，及时调整专业设置。如理学相关专业可适当压缩研究生招生规模，或将现有专业与其他学科进行交叉，申请具有交叉性、复合型特点的学科硕士点。

（三）调整研究生培养目标和培养模式，顺应就业多元化发展趋势

鉴于当前研究生就业的多元化，高校需要适时调整研究生培养目标和培养模式。对于硕士研究生，需要着力思考其培养定位问题：既不能简单视为本科的延续，也不能按过往学术型人才的培养模式，使其成为“小型博士”。对于专业硕士和学位硕士，其培养目标的差异性在课程体系设置、教学过程中应得到充分体现。对于博士研究生，尽管高校和科研单位仍是其就业的主流，但分流到企业的比例明显提升，有力地促进了知识向生产力的转化。因此，高校在博士生的培养目标上应遵循“顶天立地”的宗旨，努力培养出水平高、接地气的博士。

（四）加强就业指导理念输送，鼓励毕业生创新创业投身基层工作

一方面，在研究生培养过程中，高校应积极引导研究生树立社会理性和经济理性相结合的就业观，鼓励毕业生到最需要的地方就业；另一方面，地方政府应确立切实有效的人才政策和激励机制，吸引人才落户并服务当地建设。

首先，转变传统的就业观念，鼓励研究生创业，把创新创业打造成与现有“就业”“升学”并列的重要就业途径。其次，鼓励研究生进城镇社区和农村从事基层工作。城镇社区发展和新农村建设需要大量人才，但客观存在的事实是基层生活环境、事业发展条件还不足以吸引高校研究生。这一问题的破解需要地方政府、高校和用人单位的共同努力，通过理念的灌输和切实有效的人才政策引导研究生到基层工作。最后，鼓励研究生进偏远地区支持地方发展。四川省高校招收了大量来自西藏、凉山彝族自治州、甘孜藏族自治州、阿坝藏族自治州等少数民族研究生，通过引导和激励这些研究生回乡就业，能够较好地支持偏远地区经济建设，进而推动社会的整体发展。

B.19
后　记

《四川人才发展报告（2019）》的编写，得到了四川省内外各界的支持、启发、帮助和指导。首先感谢四川省委组织部和人才办领导、成都市委组织部和人才办领导、成都人才发展促进会领导、西南财经大学领导的大力支持，特别是成都市委组织部胡元坤部长、彭崇实副部长两位领导的赐稿，以及人才处阳夷处长、周锋副处长的对接支持；其次感谢中国科学院（科技战略咨询研究院、成都文献情报中心）、中国社会科学院、四川大学、四川省社会科学院、四川省发展与改革研究所、西南财经大学、全球化智库（CCG）、四川师范大学、北京东宇全球化人才发展基金会、深圳前海中铁资产管理有限公司等十余所单位参与本书编写工作的所有研究人员与工作人员。

在本书出版的过程中，离不开西南财经大学发展研究院同人的支持，他们分别是李丁、陆毅茜、吴戈、余津嫺、朱春辉等，同时也离不开全球化智库（CCG）苗绿、李庆等研究人员的贡献。

借此机会，还要特别感谢西南财经大学党委书记赵德武、校长卓志和副校长史代敏，赵书记和卓校长对发展研究院智库研究工作表示了充分肯定并寄予厚望，分管领导史代敏副校长更是对发展研究院的建设和发展给予了大力支持。另外，还要感谢发展研究院名誉院长李晓西教授、科研处处长周铭山教授、公共管理学院院长廖宏斌教授、中国西部经济研究中心主任毛中根教授、人力资源管理研究所所长卿涛教授等领导和专家对发展研究院工作的关心和帮助。

此外，我们还要感谢社会科学文献出版社谢寿光社长、皮书出版分社邓泳红社长对本书的出版完成所提供的积极支持。

鉴于本书撰写和编辑时间仓促，加之学识所限，书中各种疏漏、不足自然也难免，在此欢迎社会各界批评指正，以使我们在未来的研究中加以改进与完善。衷心希望本书能为政府、企业、高校、科研院所以及社会大众对四川人才发展状况的系统了解起到帮助作用，特别是对地方政府建言献策有所裨益，积极推动四川人才发展。

王辉耀　陈　涛

2019 年 11 月

Contents

Ⅰ General Report

Abstract: Since the 19th CPC National Congress, Sichuan's talent work has achieved remarkable progress, and the strategy of Strengthening Province through Talent has been continuously upgraded. Entering the 3. 0 Era, comprehensively improving the modernization level of talent management capabilities has become the core issue of Sichuan's talent governance in the new era. In recent years, the government has systematically focused on building a talent management system in five aspects: system reform, policy innovation, project implementation, platform construction and security services in order to respond to the competition for talent with first-line cities in eastern China. Under the new situation, Sichuan talent governance faces new challenges. With reference to the Coordinated Development of Beijing – Tianjin – Hebei and the experience of regional talent management of the Greater Guangdong – Hongkong – Macao Bay Area, this study puts forward the development strategy of Sichuan's talent governance modernization in the new era: deepen the construction of a modernization strategy for talent governance that is integrated into the country's major strategy, provide a proposal to improve the modernization level of talent governance capabilities, and lead the work of talents to open, coordinated development from China's West to the whole world.

Keywords: Strategy of Reinvigorating Province with Talent; 3.0 Era; Talent Management System; Innovation and Open Coordination in the Whole Province

Ⅱ Administration Practice

B.2 Research on the Coordinated Development of Human Resources in Chengdu

Hu Yuankun / 056

Abstract: The coordination of human resources is a strategic plan made in the report of the 19th National Congress of the CPC for building a modernized economic system and promoting high-quality economic and social development. Human resources allocation is the key for provincial party committee to construct a new pattern of regional development with of "One Stem, Multiple Branches and Five Districts Cooperation". According to the deployment requirements to implement the central and provincial party committee, the thorough practice of the new era of the party organization route new requirements for the work of talents, stick to the development of high quality, adhere to the coordinated development of human resources as suggested the new idea of talent development in the city, Chengdu with the help of the talent development, precise matching, efficient service, to promote and the real economy, science and technology innovation, the modern financial synergies, harmony interaction, raise the level of total factor configuration, implementation of "1 + 1 > 2" superposition effect, in order to promote urban development to provide high quality power and support.

Keywords: Human Resources Coordination; Inside Coordination; Outside Coordination; All-around Coordination

Abstract: The construction of 66 industrial functional zones in Chengdu with clear leading industries, reasonable professional division of labor, distinct development differences and pleasant ecological environment is a strategic decision to optimize urban spatial layout, reshape industrial economic geography, change urban development mode and promote high-quality economic development. To carry out this strategic deployment, talents are the key. We card at home and abroad on the basis of mature experience, it is concluded that industry at five functional areas of talents converging rule understanding, also saw the function in guiding people to industry cluster of Chengdu to the three aspects of work, found 4 existing prominent problems, put forward the current and future a period of accelerating the overall plan of industrial function areas talents converging 5 concrete suggestions: Insist on the concept of the coordinated development of human resources, mechanism, policy, project, the guarantee of the platform, as the key point, promote public resource allocation shift from mainly project oriented dominated by talent, participation main body from the government's leading toward marketization configuration, support services from a single elements to collaborative scene construction, promote talent functional areas accurately in industry cluster, efficient coordination.

Keywords: Industrial Functional Area; Talent Agglomeration; Coordination of Human Resources

Ⅲ Policy Research

Abstract: In today's era, economic competition is, in the final analysis, the competition of science and technology; the competition of science and technology is, in the final analysis, the competition of talent. Innovation leads to development, which in nature means talent leads to development. Whoever has talent will have success and have a bright future. Today, with the increasingly fierce competition for talent, how to formulate a reasonable talent policy, attract, nurture and gather talent is of paramount importance. To this end, the paper selects five provinces – Guangdong, Jiangsu, Zhejiang, Shandong and Henan provinces whose GDP ranks ahead of Sichuan. This paper first plans to compare the strength of talent in all 5 provinces, analyzing the current situation and characteristics of Sichuan talent, and then summarize the advantages and disadvantages of Sichuan talent policy, and finally proposes countermeasures for the development of Sichuan talent.

Keywords: Power of Talent; Talent Policy; Policy Suggestions

Abstract: This paper plans to outline the current situation of talent internationalization in Sichuan Province according to Sichuan's innovation of talent policy in recent years. At the same time, this paper plans to evaluate Sichuan's talent policy situation through the analysis of the existing research data, from the three aspects of international talent perception of Sichuan's talent introduction policy, Sichuan's development environment and housing situation. Lastly, this paper plans to evaluate the advantages and shortcomings of talent internationalization development in Sichuan Province, and then offer suggestions for Sichuan Province on how to upgrade its talent internationalization development.

Keywords: Development of Talent; Talent Policy; Internationalization; Sichuan

Abstract: The strategy of reinvigorating the country with talent is an important strategy of our country. In this context, Sichuan Province has implemented a series of talent policies in recent years. The policies focus on the introduction and cultivation of talents, and clarify the main objectives of the implementation of the policies, the conditions for the introduction of talents, subsidies and guarantees, and the results are obvious. However, as far as the province is concerned, the balance of talent distribution and the cultivation and retention of talents are the issues that should be paid attention to at this stage.

Keywords: Sichuan Province; Talent Policy; the Conditions of Talent Introduction; Protection Methods

Ⅳ Industry Development

Abstract: In the past two decades, the development of Chinese western region has made tremendous progress. However, in order to further narrow the development gap between the eastern and western regions, Chinese Communist Party and the government proposed in 2019 that the development of the western region enter into a new stage of strategic development. At the same time, the "One Belt, One Road" initiative also provides opportunities for the new round of development of the western region. In this context, the further development of the western region will put forward certain demand for the quantity and quality of financial talent. Therefore, based on the characteristics of international financial talents at this stage, the article explores international financial talent from the perspective of government, industry and universities. The training model is dedicated to promoting economic transformation and upgrading in the western region.

Keywords: International Financial Talent; Open Up the West Program; One Belt, One Road Initiative; Talent Development Methods

Abstract: The financial industry is a barometer of the national economy, reflecting the development of different stages of the country and demonstrating different national characteristics. The booming financial industry demonstrates the positive state of rapid economic development, and the adjustment of the financial industry reflects the transformation of the country's economic structure. The establishment and development of financial centers have certain favorable conditions for cities in terms of regional location, financial policies, financial talents and financial facilities. Human resources are the primary productive forces in modern society. The ability of the financial center to compete and talent introduction is an important downfall. How to attract high-end financial talents to take root and how to retain talents after attracting them have become the key to winning the battle for financial talents.

Keywords: Sichuan; Financial Talent; Development Environment; Critics and Suggestions

Abstract: Starting from the status quo of the remarkable achievements in the development of scientific and technological talent in Sichuan Province, this paper plans to sort out relevant policies for the implementation of scientific and technological talent development strategies in Sichuan Province in terms of scientific and technological talent development planning, scientific and technological talents cultivation and investment, recruitment of talent, and optimization of scientific and technological personnel services. Based on the problems of unreasonable structure, unbalanced layout and low industrial matching in the development of scientific and technological talent in Sichuan Province, this paper plans to lay out the opportunities and challenges faced by Sichuan's scientific and technological talent. This paper argues that "cultivating talent and attracting wisdom" is the direction of action, and proposes measures for the development of future scientific and technological talent.

Keywords: Sichuan Province; Scientific Talent; Talent Policies; Measures on Development

Abstract: Under the impetus of globalization, China's outbound tourism has developed rapidly, and Chinese tourists have also become the group that the world's tourism countries are eager to attract. However, compared with the degree of enthusiasm for outbound travel, China's inbound tourism development is relatively slow, and foreigners inbound tourism and mainland Chinese residents have a deficit of more than 40 million in terms of the number of tourists. According to the data from 2005 to 2015, the growth rate of inbound tourists in China is lower than that of inbound tourists from developed and emerging economies, and is lower than the overall level of development in the Asia－Pacific region. In order to alleviate China's inbound and outbound tourism deficit, this paper studies Chengdu, which has a high proportion of foreign tourists and good international tourism development. This paper analyzes Chengdu's experience in inbound tourism development and draws on its development experience to propose and strengthen international tourism promotion and cooperation. Moreover, this paper proposes to improve China's inbound tourism and alleviate the international tourist deficit by strengthening international tourism promotion and cooperation, implementing visa reform, cultivating tourism talents, and improving international tourism services.

Keywords: Inbound Tourism; Outbound Tourism; International Tourism Deficit; Chengdu

Ⅴ Monographic Analysis

Abstract: By clarifying the connotation of urban talent environmental competitiveness, this paper selects 22 evaluation indicators from the four dimensions of economic development, job growth, openness and tolerance and living habitat, and builds an indicator system for urban talent environmental competitiveness, including Chengdu. The comprehensive evaluation of the talent environment competitiveness of 18 cities shows that Chengdu has outstanding performance in the dimensions of "economic development environment" and "living environment", but it lacks development in the dimensions of "talent growth environment" and "open and inclusive environment". Then through cluster analysis, the differences between Chengdu and the sample cities and their influencing factors are further explored, and the optimization path of Chengdu talent environment is proposed based on the four dimensions of the environment. This paper further explores the differences and influencing factors between Chengdu and the sample cities through cluster analysis, and proposes the optimization path of Chengdu talent environment around the four dimensions of the environment.

Keywords: Talent Environment Competition; Evaluation Indicator; Optimization of Talent Environment

Abstract: Under the new situation, the characteristics and functions of human resources as the first resource for economic and social development are more obvious. The talent advantage has become the largest advantage during the international competition. Since the 18th National Congress of the Communist Party of China, the talent development in Sichuan Province has achieved remarkable results. However, issues including the lack of talents supporting the "Multiple Branches around Main Trunk" development strategy, the lack of modern industrial system construction, the lack of high-end talents, and the weakness of grassroots talent are more prominent. To this end, it is recommended to deepen the structural reform of the talent supply side, improve the efficiency of factor allocation, complete the shortcomings of talent development, remove institutional obstacles, and build a scientific, standardized, open, inclusive, efficient and effective talent development governance system to promote the high-quality development of talents.

Keywords: Talent; Reform of Structure; High-quality Development

B. 13 Research on Long-term Development of Civil Servant Construction in Minority Areas of Sichuan Province

Zhong Xin, Bai Xijiang and Gong Lizhu / 243

Abstract: Prime Minister Xi Jinping attended the "One Belt, One Road" International Cooperation Summit in 2017 and pointed out that the "One Belt, One Road" construction had taken solid steps. We must take advantage of the trend to promote the construction of the "Belt and Road" to achieve a better future. Civil servants, especially grass-roots civil servants, are the backbone of the party's ruling at the grassroots level and the bridge between the mass. Strengthening the construction of grassroots civil servants has important practical significance for consolidating the party's ruling status and improving administrative efficiency and level. Therefore, the long-term construction of the civil service is an important guarantee for the "Belt and Road Initiative" initiative. This study takes the civil servants in ethnic areas of Sichuan Province as an example. Through questionnaires and field research, we can understand the status quo of civil servants in ethnic areas, analyze the factors that promote long-term development from individual and group, and give suggestions and measures. This paper expects contributing to the long-term construction of civil servants in Sichuan ethnic areas and promoting the healthy and stable development of local politics, economy and society.

Keywords: Sichuan Minorities Area; Civil Servants; Construction; Long-term Development

Abstract: In 2018, the Sichuan provincial government put forward the development strategy of "One Stem and Multiple Branches" to accelerate regional coordinated development. As a national high-tech park, Tianfu New Area is at the core of the strategy of "One Stem and Multiple Branches" and plays an irreplaceable role in promoting regional coordinated development. After nearly five years development, the industrial development of the new area has taken shape, and the concentration of talents has been accelerating. But at the same time, due to the increasingly fierce competition for external talents, it also faces many challenges in its future development. This paper focuses on the current situation of talent development in Tianfu New Area, introduces SWTO analysis method, sorts out and analyzes the internal and external environment of new area in talent work in the future, identifies its own development merits and demerits. Based on this, we put forward preliminary countermeasures. At the same time, combined with the overall layout of "One Stem and Multiple Branches" strategy, this paper attempts to refine and deepen coping strategies, and explore the path and mode of collaborative development of talents with regional characteristics so as to provide useful reference for the development of foreign manual work.

Keywords: Talent; Coordination Development; Strategy

Ⅵ Social Investigation

Abstract: Under the current international and domestic situation, "doubleclass" universities attach importance to the cultivation of international quality of undergraduate talent. Taking the practice and international curriculum week of Sichuan University and the internationalization quality of undergraduates as an example, the influencing factors and existing problems of undergraduate internationalization talent training are clarified. This paper proposes that Sichuan Province should focus on summer schools and other training measures, and train more international undergraduate talent to meet the needs of the times and social development through the domestic and internationalization of universities.

Keywords: Double Class Universities; Summer School; International Quality Training; Sichuan University Training and International Class Week; Undergraduate Students

Abstract: In recent years, the transfer of rural population in Sichuan Province to urban and non-agricultural sectors has accelerated markedly. The cultivation of new-type professional farmers is not only a realistic choice for promoting the development of modern agriculture in the new stage, but also an objective requirement for the continuous deepening of the division of labor.

In the new era, Sichuan Province must form a new pattern of modern agricultural development with obvious regional characteristics, reasonable industrial division of labor, and complete industrial system. It is necessary to cultivate a large number of new professional farmers with "culture, technology, and management" for the province's agriculture. Development lays a good foundation for the elements. However, there are currently a series of dilemmas and problems in the efficiency of financial funds, training targets, training content and management systems.

Therefore, we have established a sound financial support system to better play the supporting role of finance for the cultivation of new professional farmers in our province. At the same time, we have established a better docking mechanism for financial support and new professional farmers to improve the efficiency of training so that we can better achieve the important goals and tasks of the new stage of Sichuan's agricultural development.

Keywords: Sichuan Province; Professional Farmer Cultivation; Financial Support

B. 17 Investigation and Analysis of College Students' Initiatives and Entrepreneurial Ability in Sichuan Province

Chen Li, *Huang Yi* / 301

Abstract: Based on the literature analysis and qualitative research, this paper prepares questionnaires with good reliability and validity, multi-level stratified sampling, and investigates the entrepreneurial willingness and entrepreneurial ability of college students in Sichuan Province. It is found that 69. 54% of college students are in college. There is a willingness to start a business, and various preparations have begun; 76. 2% of the students believe that the entrepreneurial privilege of a few outstanding individuals agrees that everyone can start a business; the key college students' entrepreneurial willingness is significantly higher than that of ordinary college students, but different types of college students There is no significant difference in the self-evaluation of entrepreneurial ability; the development of college students' entrepreneurial abilities is not balanced, especially the self-evaluation of learning ability is the lowest, and the lack of learning ability becomes the biggest limit for the development of entrepreneurial ability. The overall situation of college students in Sichuan Province is a mismatch between entrepreneurial willingness and entrepreneurial ability development. It is necessary for different types of colleges and universities to develop targeted entrepreneurship education courses according to their own student characteristics.

Keywords: College Students; the Willingness to Start A Business; the Ability of Starting A Business; Entrepreneurship Education

B. 18 Analysis on the Employment Situation and Characteristics of Graduate Students in Sichuan Province

—Based on the employment quality report of college graduates in Sichuan

Abstract: The analysis of the employment situation and characteristics of college graduates can provide important reference and decision-making basis for the reform and development of college graduate training system and the formulation of regional talent policy. Based on the data of the employment quality report of college graduates in Sichuan Province in 2018, this paper investigates the employment situation, employment orientation and contracting rate of graduates in colleges and universities in Sichuan, and analyzes the geographical distribution of employment, industry distribution and the distribution of employment units. The characteristics of employment, and put forward relevant policy recommendations on expanding the training scale of graduate students, adjusting some professional settings, revising postgraduate training objectives and training models, and formulating local talent policies.

Keywords: Employment of Graduate Students; Employment of College Students; Employment Quality Reports; Employment Characteristics

图书在版编目(CIP)数据

四川人才发展报告.2019 / 王辉耀主编. -- 北京 : 社会科学文献出版社，2019.11
(中国人才研究丛书)
ISBN 978-7-5201-5784-1

Ⅰ.①四… Ⅱ.①王… Ⅲ.①人才-发展战略-研究报告-四川-2019 Ⅳ.①C964.2

中国版本图书馆 CIP 数据核字（2019）第 243257 号

·中国人才研究丛书·
四川人才发展报告（2019）

主　　编 / 王辉耀
副 主 编 / 陈　涛
编　　者 / 西南财经大学发展研究院　全球化智库（CCG）

出 版 人 / 谢寿光
责任编辑 / 陈晴钰
文稿编辑 / 陈晴钰　陈　颖

出　　版 / 社会科学文献出版社·皮书出版分社（010）59367127
地址：北京市北三环中路甲 29 号院华龙大厦　邮编：100029
网址：www.ssap.com.cn
发　　行 / 市场营销中心（010）59367081　59367083
印　　装 / 三河市龙林印务有限公司

规　　格 / 开 本：787mm×1092mm　1/16
印 张：23.25　字 数：348 千字
版　　次 / 2019 年 11 月第 1 版　2019 年 11 月第 1 次印刷
书　　号 / ISBN 978-7-5201-5784-1
定　　价 / 128.00 元

本书如有印装质量问题，请与读者服务中心（010-59367028）联系